Besser arbeiten

Bernd Slaghuis / Nico Rose

Besser arbeiten

66 Impulse für eine menschlichere Arbeitswelt und mehr Freude im Beruf

1. Auflage

Haufe Group
Freiburg · München · Stuttgart

Bibliografische Information der Deutschen Nationalbibliothek
Die Deutsche Nationalbibliothek verzeichnet diese Publikation in der Deutschen Nationalbibliografie; detaillierte bibliografische Daten sind im Internet über http://dnb.dnb.de/ abrufbar.

Print: ISBN 978-3-648-14288-2　　Bestell-Nr. 14133-0001
Epub:　ISBN 978-3-648-14289-9　　Bestell-Nr. 14133-0100
ePDF:　ISBN 978-3-648-14290-5　　Bestell-Nr. 14133-0150

Bernd Slaghuis / Nico Rose
Besser arbeiten
1. Auflage, August 2020

© 2020 Haufe-Lexware GmbH & Co. KG, Freiburg
www.haufe.de
info@haufe.de

Bildnachweis (Cover): ©alphaspirit, shutterstock

Produktmanagement: Dr. Bernhard Landkammer
Lektorat: Helmut Haunreiter, Marktl am Inn

Dieses Werk einschließlich aller seiner Teile ist urheberrechtlich geschützt. Alle Rechte, insbesondere die der Vervielfältigung, des auszugsweisen Nachdrucks, der Übersetzung und der Einspeicherung und Verarbeitung in elektronischen Systemen, vorbehalten. Alle Angaben/Daten nach bestem Wissen, jedoch ohne Gewähr für Vollständigkeit und Richtigkeit.

Inhaltsverzeichnis

	Geleitwort	9
	Einleitung	13
1	**Arbeitswelt & Change**	**17**
	Von Arbeitsfreud und Arbeitsleid	18
	Was ist eigentlich Berufserfahrung in Zukunft noch wert?	21
	Die Teilzeit muss weg vom Mutti-Image!	29
	Der Hype ums Scheitern ist ein Fehler	32
	New Work: Hast du wirklich, wirklich Lust auf neues Arbeiten?	35
	Fünf provokante Fragen an CEOs und Personalchefs	39
	Die 4-Tage-Woche macht Arbeit nicht gesünder	42
	Recht auf Homeoffice? Flexibles Arbeiten benötigt Vertrauen statt Gesetze	46
	Querdenker: Wer stört, muss gehen	49
	Geplante Folgenlosigkeit: Change-Management als Werkzeug der Stagnation	53
2	**Führung & Management**	**57**
	Test: Was taugt Ihr Chef als Führungskraft?	58
	Respekt: Du bist das Werkzeug!	62
	Macher müssen machen dürfen	64
	Vom Chef am Steuerrad: über Management-Metaphern	68
	Chefs: Digital Loser oder Digital Leader?	71
	Von Bergspitzen und Seilschaften: Warum ich für zeitlich begrenzte Frauenquoten bin	74
	Management by Ampelmännchen: Wenn Chefs nur noch rotsehen	78
	Führen durch Fragen: Chefs, Schluss mit den Ratespielchen!	82
	Sie sollen arbeiten, nicht denken!	84
	Hand aufs Herz: Wer wird schon wirklich gerne geführt?	89
	Die Führungskraft als Coach? Achtung, nur mit Vorsicht zu genießen	92

	Pseudo-Chefs: Diese 10 Chef-Typen braucht kein Mensch	95
	(Warum) Führen immer die Falschen?	100
	Mitarbeiterbindung: Loyalität ist keine Einbahnstraße	103
	Manager brauchen mehr Bescheidenheit	105
3	**Recruiting & People Management**	**109**
	Hört auf, den Menschen als Produktionsmittel zu betrachten!	110
	Vergesst Lebensläufe, lernt Menschen kennen	114
	Chief Experience Officer: Der neue Chef fürs gute Erlebnis?	118
	Von Krawatten im Kopf und radikalem Wandel	121
	Das Anschreiben abzuschaffen ist populär, aber dumm	123
	Die Mitarbeiter sind unser höchstes Gut. Ja wirklich?	127
	Arbeitszeiterfassung: Die Rückkehr der Stechuhr wird Arbeit nicht gesünder machen	129
	95 Prozent Ihrer Mitarbeiter sind zufrieden mit der Arbeit? Warum das ein Problem sein kann	132
	Wenn wir vor lauter Zielen das Ziel verfehlen	134
	Kann man eine gute Unternehmenskultur in harten Zahlen messen?	138
4	**Teams & Zusammenarbeit**	**141**
	Freude im Job: Wieviel dürfen wir uns erlauben?	142
	Vertrauen führt. Aber welche Führung führt zu Vertrauen?	146
	Wie Führungskräfte positive Emotionen im Alltag nutzen können	148
	Sechs Tipps für Ihre Karriere mit Kopf statt mit Ellenbogen	151
	Der Teufelskreis der Rache beim Knausern	154
	Ist Zeitmanagement verschwendete Zeit?	156
	»Wir müssen die Leute abholen, wo sie stehen.« »Klar Chef, aber wo stehen sie denn?«	158
	Gehöre ich wirklich dazu?	161
	Tagesgeschäft frisst Wertschätzung	165
	Was wäre, wenn wir dem Busfahrer Applaus spendeten?	167
	Ich mach mir die Arbeit, widewide wie sie mir gefällt	169
5	**Freude & Sinn**	**173**
	Zehn Missverständnisse rund um sinnerfüllte Arbeit	174
	Warum Downshifting endlich salonfähig werden muss	175
	Muss Arbeit glücklich machen? Warum das die falsche Frage ist	178

Ich fühle mich im Job wie im Gefängnis! ... 182
Warum wir (k)einen Purpose im Leben brauchen ... 187
Boreout: Mit Langeweile im Job ist nicht zu spaßen ... 189
Kultivieren Sie Selbstmitgefühl statt Selbstoptimierung ... 192
Selbstverwirklichung: Hört mal auf, die Berufung zu finden! ... 194
Wer bin ich auf der Arbeit – und wenn ja, wie viele? ... 198

6 Karriere & Jobwechsel ... 203

Im War for Talents sind Bewerber die Verlierer ... 204
Wir müssen Karriere endlich neu denken ... 207
Führung und (k)ein Weg zurück ... 210
Karriere? – Sorry, keine Zeit! ... 212
Einmal berufliche Neuorientierung, bitte! ... 215
Spießer – oder: von inkrementeller und disruptiver Persönlichkeitsentwicklung ... 219
Laufbahn B: Über Inspiration und das ungelebte Leben ... 221
Generalisten verzweifelt auf Jobsuche ... 224
Zehn Fragen, die Sie vor einer Kündigung mit »Ja« beantworten sollten ... 227
Mehr Gehalt verhandeln? Dieser simple Trick hilft nachweislich ... 231
Quereinstieg: Wie der Jobwechsel durch die Seitentür gelingt ... 233

7 Ausblick ... 241

Die Autoren ... 244
Stichwortverzeichnis ... 246
Endnoten ... 251

Geleitwort

Besser arbeiten – wer möchte das nicht? Und doch bedeutet besser arbeiten für jede und jeden von uns oft etwas ganz anderes. Ich denke da zum Beispiel an meine Bekannte, Führungskraft in Teilzeit, die gerne beruflich vorankommen möchte und zugleich ein erfülltes Leben als Mutter führen will. Oft fühlt sie sich von ihrem Vorgesetzten nicht genug wertgeschätzt. Oder an meinen Mitarbeiter, der mir – schon vor Corona – mitteilte, bei Geschäftsreisen aufs Fliegen verzichten zu wollen, um die Umwelt zu schonen. Er müsse dafür eben länger mit dem Zug anfahren und öfter im Hotel übernachten. Während er auch im Job seinen Prinzipien eines nachhaltigen Lebensstils treu bleiben wollte, musste ich sofort an die Kosten denken.

Für Führungskräfte bedeutet besser arbeiten deshalb immer auch einen Balanceakt: auf die verschiedenen, manchmal widersprüchlichen Bedürfnisse der Mitarbeiterinnen und Mitarbeiter so einzugehen, dass sich ein Team voll entfaltet und zu weit mehr als nur der Summe seiner Teile wird. Ökonomisch sinnvoll muss die Arbeit dabei dennoch bleiben. Besser arbeiten – der Anspruch kann mitunter auch ganz schön anstrengend sein.

»Besser arbeiten« bedeutet meiner Meinung aber noch etwas: zu wissen – oder zumindest eine Ahnung davon zu haben – wohin die Reise gehen soll. Wie will sich das eigene Unternehmen entwickeln und welchen Beitrag können und sollen Mitarbeitenden dazu leisten? Es wird immer herausfordernder, Orientierung zu erlangen. Denn noch nie seit es moderne Arbeit gibt, haben sich die Parameter unserer Arbeitswelt so schnell verschoben wie in der vergangenen Dekade: Das Arbeiten erfordert immer mehr digitale Fähigkeiten, die Arbeitenden suchen immer öfter nach einem höheren Sinn in ihrer Tätigkeit. Zugleich nimmt die Anzahl der Jüngeren unter ihnen stetig ab: Deutschland altert.

Digitalisierung, Wertewandel und demografischer Wandel – diese Trends bringen für jede und jeden von uns Unsicherheiten mit. Allerdings liegen in ihnen auch Chancen, denn der Fachkräftemangel, der aus ihnen resultiert, hat die Verhältnisse am Arbeitsmarkt grundlegend auf den Kopf gestellt: Wer hätte schließlich nach der Weltfinanzkrise 2008 noch gedacht, dass wir im Vorstellungsgespräch mal ein Sabbatical werden verhandeln können?

Geleitwort

Dann schwappte im März 2020 die Corona-Pandemie nach Europa. Seither befinden wir uns mitten im größten Experiment, das es mit der modernen Arbeit je gegeben hat. Geschäftsmodelle eigentlich gesunder Branchen geraten plötzlich ins Wanken, Millionen von Menschen finden sich über Nacht im Homeoffice wieder, Teams koordinieren sich im virtuellen Raum, Manager führen aus der Ferne. Die ganzen Konsequenzen dieser Pandemie-Erfahrungen werden wir wohl erst in ein paar Jahren richtig verstehen. Nur eines ist sicher: Corona wird die Arbeitswelt weiter und tiefgreifend verändern. Wie schön wäre es da, schon heute einen Kompass zu haben, um sicher in Richtung Zukunft aufzubrechen!

Erfreulicherweise helfen bei diesem Aufbruch Nico Rose und Bernd Slaghuis, die Autoren dieses Buches. Seit Jahren ordnen sie als von der XING News Redaktion ausgewählte Autoren die Veränderungen der Arbeitswelt für unsere Nutzerinnen und Nutzer ein. Auf die Zusammenarbeit mit Nico Rose und Bernd Slaghuis sind wir besonders stolz bei XING: Nico Rose ist Professor für Wirtschaftspsychologie an der International School of Management (ISM) in Dortmund und hat lange Jahre im Stab des Personalvorstands bei der Bertelsmann-Gruppe gearbeitet. Er ist heute einer der führenden Experten für Positive Psychologie im deutschsprachigen Raum. Bernd Slaghuis gehört zu den erfolgreichsten Karriere-Coaches in Deutschland und ist Experte für berufliche Neuorientierung und gesunde Führung. Zuvor leitete er die Unternehmensentwicklung der ROLAND Rechtsschutz-Versicherung. Zehntausende unserer Mitglieder folgen den beiden und dem, was sie publizieren, auf XING.

Ich kann die Begeisterung und das Interesse unserer Nutzer gut verstehen: Nico Rose und Bernd Slaghuis beschäftigen sich unaufgeregt und praxisnah mit den wesentlichen Fragen dazu, wie wir besser arbeiten können. Sie geben verständlich erklärte Antworten und konkrete Tipps, die jede und jeder sofort selbst ausprobieren kann. Dafür haben wir sie 2019 zu unseren 25 Top Minds gewählt, den klügsten Vordenkerinnen und Vordenkern der Arbeitswelt.

Die 66 Impulse in diesem Buch fußen auch auf einigen ihrer erfolgreichsten Beiträge auf XING. Der Inhalt dieses Werkes ist damit für Sie, liebe Leserinnen und Leser, von unseren 18 Millionen Mitgliedern gewissermaßen für Sie vorzertifiziert. Es sind Insider wie Bernd Slaghuis und Nico Rose, die unseren XING Mitgliedern dabei helfen, ihr berufliches und menschliches Potenzial voll zu entfalten. Ob Arbeitnehmer, Managerin, Führungskraft oder Jobwechslerin: Für sie alle bietet das in diesem Buch zusammengetragene Wissen aus der Coaching- und Führungspraxis einen guten

Überblick, wie »besser arbeiten« wirklich gehen kann – persönlich oder als Organisation.

Mein liebstes Kapitel lautet übrigens »Die Teilzeit muss weg vom Mutti-Image!«. Ich werde »Besser arbeiten« auch meiner eingangs erwähnten Bekannten, die mit genau diesem Reputationsproblem zu kämpfen hat, empfehlen. Und ihrem Vorgesetzten. Auf dass sie endlich besser (zusammen-)arbeiten.

Astrid Maier

Chefredakteurin XING News

Einleitung

Liebe Leserin, lieber Leser,

es ist keine Überraschung mehr, wenn Krankenkassen jedes Jahr aufs Neue vermelden, wie stark die Fehlzeiten von Arbeitnehmern aufgrund von psychischen Erkrankungen am Arbeitsplatz erneut angestiegen sind. Die AOK etwa berichtet einen Anstieg der Fehlzeiten im Zeitraum 2009 bis 2018 von 64 Prozent. Hinzu kommt, dass die durchschnittliche Ausfallzeit bei psychischen Erkrankungen mit 26 Tagen je Fall mehr als doppelt so hoch ist wie der Durchschnitt. Obwohl nicht nur der Gesetzgeber Arbeitgeber bereits 2014 dazu verpflichtet hat, die Gefährdungsbeurteilung ihrer Mitarbeiterinnen und Mitarbeiter von rein körperlichen auch auf psychische Belastungen zu erweitern und so heute in vielen Unternehmen Maßnahmen zur betrieblichen Gesundheitsförderung, des Arbeitsschutzes oder etwa des betrieblichen Eingliederungsmanagements Standard geworden sind, scheinen diese vor allem organisatorischen Prozesse angesichts des tiefgreifenden Wandels im Arbeitsleben nicht auszureichen, um den Trend umzukehren.

Unter Eingeweihten wird die psychologische Gefährdungsanalyse lakonisch oft auch als Gefährderanalyse bezeichnet. Werfen wir als Coaches einen Blick in Unternehmen und Organisationen hinein, regieren dort immer noch viel zu häufig Macht und Status, Weisung und Kontrolle sowie Führung von oben mit »Druck durch Angst«. Zu umtriebige Mitarbeiter werden zur Sicherheit klein gehalten – und wer stört, muss gehen.

Unsere Arbeitswelt hat in den letzten Jahren rasant an Fahrt aufgenommen: Produktlebenszyklen und Produktionsprozesse gewinnen an Komplexität und Dynamik. Zusammenarbeit wird agiler, Projekte sind normales Tagesgeschäft, Routinearbeiten werden von Maschinen übernommen oder ausgelagert, kreative Kopfarbeit nimmt zu. Kommunikation wird digital und damit immer schneller, einsilbiger und Antwortzeiten werden immer kürzer. Viele Arbeitnehmer haben das Gefühl, dass sie in einem Hamsterrad gefangen sind, dessen Steuerung sie längst nicht mehr selbst unter Kontrolle haben. Die aktuelle Gallup-Studie vermeldet, dass 69 Prozent der Arbeitnehmer in Deutschland nur noch Dienst nach Vorschrift leisten, 16 Prozent haben bereits innerlich gekündigt. Dies ist nicht nur eine Bankrotterklärung an nachhaltiges Management und wirkungsvolle Führung, sondern auch ein deutliches

Signal, dass ein Großteil der Angestellten die Eigenverantwortung für Freude und Erfüllung im Beruf abgegeben hat.

»Der Mensch im Mittelpunkt« – dieser Slogan schmückt heute zahlreiche Karriere-Seiten von Arbeitgebern. Für ein glänzendes Employer Branding werden uns bunte Bilder von glücklichen Menschen in modernen Großraumbüros und chilligen Kaffee-Ecken gezeigt. Doch es sind die gleichen Unternehmen, die Bewerbungen automatisiert mithilfe KI-gesteuerter Matching-Algorithmen scannen und Persönlichkeitstests aus der Black-Box mehr Glauben schenken als einem guten Gespräch von Mensch zu Mensch. Wie passt das alles zusammen?

Besser arbeiten: Wir alle können dazu beitragen
Ob angestellt oder selbstständig, als Manager,[1] Führungskraft oder Mitarbeiter, als Kollegin oder Kollege im Team, als Personaler oder Recruiter, als Berater, Coach oder Dozent – wir alle können etwas dazu beitragen, Arbeit besser zu gestalten: für mehr Freude, Motivation, Sinn und Erfüllung im Beruf, eine wertschätzende Führungskultur auf Augenhöhe sowie ein Recruiting abseits vom Mythos Fachkräftemangel und geschönter Lebensläufe. Für eine persönliche Karriere und Entwicklung, in der alles das erfüllt ist, was wirklich wichtig ist.

»Besser arbeiten« ist für uns nicht die schillernd bunte Fassade mit Kicker und Obstkorb, sondern vor allem das eigene Bewusstsein und die innere Haltung, die Arbeit menschlich gesund und ökonomisch erfolgreich macht.

Die letzten Arbeiten an diesem Buch haben wir im Mai 2020 inmitten der Corona-Krise abgeschlossen: einer Zeit voller Unsicherheit und Zukunftsangst, jedoch auch der Besinnung auf existenzielle Werte und Bedürfnisse im Leben und Beruf. Viele Angestellte haben Wochen zwangsversetzt ins Homeoffice mit der Herausforderung verbracht, in dieser Ausnahmesituation Familie und Beruf unter einen Hut zu bringen. So mancher Arbeitgeber hat erkannt, dass Digitalisierung kein Schreckgespenst, sondern oftmals schneller als gedacht umsetzbar ist. Führungskräfte und Manager haben aus der Distanz erfahren, dass Vertrauen statt Kontrolle Mitarbeiter stärkt und neue Möglichkeiten eröffnet. Auch wenn diese Zeit alles andere als trendiges »New Work« ist, so sind wir davon überzeugt, dass diese Erfahrungen Arbeit und Zusammenarbeit in den nächsten Jahren positiv prägen werden.

66 Impulse für eine menschlichere Arbeitswelt und mehr Freude im Beruf

»Besser arbeiten« ist kein Buch, das Sie mal eben in einem Rutsch vom Anfang bis zum Ende verschlingen sollten. Es ist auch kein Ratgeber oder typisches Sachbuch, das sich mit rotem Faden streng um ein Thema rankt. Mit unseren 66 Beiträgen ist vielmehr so etwas wie ein handliches Lesebuch entstanden, das Sie chronologisch durcharbeiten können, sich jedoch besser – je nach persönlichem oder fachlichem Interesse – jene Häppchen zuerst rauspicken, die Sie in Ihrer beruflichen Situation am stärksten ansprechen. Vielleicht ist es auch nur ein Artikel, den Sie auf Ihrem Weg in der Bahn zur Arbeit lesen und an diesem Tag wirken lassen. Aber entscheiden Sie selbst, wie und wann Sie unsere Impulse in der für Sie richtigen Dosis konsumieren.

Als Autoren verbindet uns beide, dass wir nicht an die Wirkung von oberflächlichen, »schnellen« Tipps glauben. Es ist uns wichtig, mit unseren Texten gezielt und punktuell wertvolle Impulse zur bewussten Selbstreflexion zu setzen. Denn nur so gelingt nachhaltig positive Veränderung:

Mal etwas stärker wissenschaftlich und tiefgründig fundierter, mal ganz praktisch aus dem Nähkästchen der Führungs- und Coaching-Praxis geplaudert. Mal Klartext mit persönlicher Meinung, mal konkrete Anleitung zur Umsetzung im Alltag. Mal mehr Fragen statt Antworten, selten staubtrocken und todernst, sondern oft mit viel Leichtigkeit und Lust beim Schreiben.

Das Ganze immer mit dem Ziel, Sie liebe Leserinnen und Leser zu frischem Denken durch bewusstes Hinterfragen von alten Denkmustern oder Routinen und hin zu jener Veränderung zu inspirieren, die Ihnen persönlich guttut und damit auch unsere Arbeitswelt ein Stück besser macht.

Wir beide veröffentlichen als XING Insider seit einigen Jahren regelmäßig Beiträge direkt auf der Plattform. Wir freuen uns, mit diesem Buch unsere 66 beliebtesten Beiträge neu aufgelegt und thematisch geordnet einer noch größeren Leserschaft zugänglich machen zu können. Die für das Buch ausgewählten Beiträge sind in den letzten Jahren entstanden und so liegt es in der Natur der Sache, dass sowohl wir beide im Laufe der Zeit unserer eigenen Entwicklung zu neuen Perspektiven und veränderten Meinungsbildern gefunden haben als auch untereinander nicht immer gleicher Meinung in einem Thema sind. Dynamik und Vielfalt zeichnen unsere

Arbeitswelt aus und wir sind daher der Auffassung, dass es unmöglich und auch in der Wirkung falsch gewesen wäre, für dieses Buch alle 66 Beiträge auf exakte inhaltliche Konsistenz sowie Einheitlichkeit unserer persönlichen Meinungen zu bringen. Denn wir möchten, dass Sie sich selbst eine und insbesondere *Ihre* persönliche Meinung bilden.

Wir haben das Buch in sechs Kapitel gegliedert: Beginnend im Großen mit dem Wandel der Arbeitswelt und ihren Rahmenbedingungen, über Führung und Management sowie Recruiting und People Management, gefolgt von Themen rund um Team und Zusammenarbeit, Freude und Sinn im Beruf sowie abschließend alles zu Karriere und Entwicklung, Bewerbung und Jobwechsel.

Sie werden beim Lesen spüren, dass unsere Herzen für »Besser arbeiten« ähnlich schlagen, wir jedoch durch unsere Hintergründe und aktuellen beruflichen Ausrichtungen verschiedene fachlich-inhaltliche Schwerpunkte sowie auch unterschiedliche Blickrichtungen auf ein Thema besitzen. Es ist u. a. diese Vielfalt, die wir als unabhängiges Autoren-Duo als sehr wertvoll für Sie erachten. Sie soll dazu beitragen, dass Sie für sich selbst mehr Klarheit gewinnen und selbstbestimmt als Chef Ihres Lebens nicht nur Ihre tägliche, sondern auch unsere gemeinsame Arbeitswelt jeden Tag ein bisschen besser machen.

Damit Sie auf den ersten Blick leicht erkennen können, welcher Text aus wessen Feder stammt, finden Sie am Anfang jedes Beitrags jeweils den Namen des Verfassers.

Wir wünschen Ihnen viel Freude beim Lesen. Möge Ihnen das Buch inspirierende Impulse schenken und in Ihnen eine Portion Neugierde entfachen, die Lust auf Veränderung macht.

Ihr

Bernd Slaghuis und Nico Rose

1 Arbeitswelt & Change

Die Arbeitswelt befindet sich im Wandel – eine Phrase, die inzwischen nicht abgedroschener sein könnte. Und doch gibt es diesen Wandel, im Zuge dessen sich unsere Arbeitswelt mit großer Dynamik hin zu mehr Komplexität entwickelt – was uns vor immer neue Herausforderungen stellt. Dieses Kapitel wirft aus unterschiedlichen Perspektiven einen Blick auf die Frage, was eine ökonomisch wie auch menschlich gesunde Arbeitswelt in Zukunft ausmacht.

Welchen Stellenwert hat Arbeit in unserem Leben heute und in Zukunft – und darf Arbeit überhaupt Freude machen? Diesem Gedanken werden Sie noch an anderen Stellen hier im Buch begegnen.

Wie werden wir in Zukunft arbeiten und welche Arbeitszeitmodelle werden sich als zukunftsfähig, gerecht und umsetzbar erweisen? So haftet beispielsweise der Teilzeit-Karriere heute immer noch das Klischee der Jobs für Mütter oder Low-Performer an. Viele Arbeitgeber wünschen sich innovative Querdenker, doch im Tagesgeschäft ist häufig noch die Devise »Wer stört, muss gehen« traurige Realität. Wir sind der Meinung, dass es nicht nur neuer Rahmenbedingungen von Arbeit bedarf, sondern wir ein vielfältigeres Karrieredenken abseits alter Normen benötigen.

Der Anteil von kreativer Kopfarbeit nimmt mit der Digitalisierung zu, Routinearbeiten werden automatisiert oder ausgelagert. In diesem Zusammenhang wurden in den vergangenen Jahren wiederholt Modelle für die 4-Tage-Woche, 5-Stunden-Tage oder auch das Recht auf Homeoffice diskutiert. Doch sind solche Maßnahmen wirklich geeignet, um in Zukunft einen guten Ausgleich zwischen Arbeits- und Lebenszeit zu schaffen?

Wir sprechen von »New Work« als Inbegriff für eine bessere Arbeitswelt und als Bewegung für mehr Freiheit, Selbstbestimmung und Verantwortung jedes Einzelnen. Doch die Bilder von Kickertischen in trendigen Großraumbüros und den Kaffee-Ecken mit Hängematten sind vielerorts mehr bunte Fassade als veränderte Haltung in gelebter Realität. Was ist es wirklich, das Arbeit nachhaltig besser macht und was können wir alle dazu beitragen, um den Wandel zu gestalten?

Von Arbeitsfreud und Arbeitsleid

Nico Rose

Darf Arbeit eigentlich Freude machen, obwohl sie Arbeit heißt? Und wieviel Leid darf sie verursachen? Handelt der Mensch ausschließlich selbstsüchtig? Und was sehen oder blenden wir aus, wenn wir so über uns denken? Eine Reflexion über Menschen- und Wirtschaftsbilder.

Während meiner Promotion an einem Lehrstuhl für Controlling habe ich mich eine Weile intensiv mit der sogenannten Prinzipal-Agent-Theorie (PAT) auseinandergesetzt, einem der einflussreichsten Denkgebäude der letzten 40 Jahre in der Betriebswirtschaftslehre. Die PAT befasst sich, grob zusammengefasst, mit betriebswirtschaftlichen Problemen, die auftreten, wenn in hierarchisch strukturierten Systemen Menschen für andere Personen Arbeit verrichten. Klassisches Beispiel: Ein Geschäftsführer leitet im Auftrag der Eigentümer ein Unternehmen.

Ein zentrales Axiom, das in vielen betriebswirtschaftlichen Theorien gilt, sieht vor, dass beide Parteien ausschließlich danach streben, ihren eigenen Nutzen zu maximieren. Der Prinzipal (Auftraggeber) möchte folglich möglichst wenig für den Dienst des Agenten (Auftragnehmer) bezahlen. Dieser wiederum ist bemüht, seinen Einsatz zu minimieren und/oder seine finanzielle Kompensation in die Höhe zu treiben. Ferner geht man von einer Informationsasymmetrie aus, weil der Prinzipal den Auftragnehmer in der Regel nicht durchgehend kontrollieren kann. Im Grunde geht es also um einen Klassiker des Büroalltags: Was machen die Mitarbeiter, wenn der Chef nicht im Haus ist?

Vom Arbeitsleid

Das Ganze wirkt in seiner Reinform auf mich etwas weltfremd, so wie viele Ansätze in der BWL, die versuchen, exakte Berechnungen über menschliches Verhalten anzustellen. Ein zentrales Konzept in der PAT ist das sogenannte »Arbeitsleid«, das dem Agenten durch die Ausübung der betreffenden Tätigkeit entsteht. Es wird demnach implizit davon ausgegangen, dass die Arbeit dem Agenten keine Freude bereite, diesen körperlich oder seelisch in Mitleidenschaft ziehe. Als Ausgleich versuche jener naturgemäß, sein Leid zu minimieren oder auf der anderen Seite der Gleichung die Kompensation zu erhöhen. Somit sei er bestrebt, das Ausmaß seines Arbeitsleids übersteigert darzustellen, um mehr Kompensation vom Prinzipal verlangen zu können.

Dieser wiederum investiere Ressourcen, um den vorhandenen Informationsrückstand auszugleichen (z. B. Überwachung) oder anderweitig steuernd einzugreifen (z. B. Zielvereinbarungen). Interessanterweise ist in der PAT so etwas wie Arbeitsfreude oder auch nur -willigkeit im Grunde nicht vorgesehen. Auch andere urmenschliche Eigenschaften, z. B. unsere angeborene Neigung zu altruistischem Verhalten, werden kaum berücksichtigt. Die Idee, dass Prinzipal und Agent genau das Gleiche wollen könnten, z. B. durch ihre gemeinsame Arbeit die Welt zu einem besseren Ort zu machen, gehört quasi ins Reich des Undenkbaren.

Nun ist es normal, weil notwendig, dass Theorien, nicht nur in der BWL, Vorannahmen treffen oder Rahmenbedingungen ausblenden, um Komplexität zu reduzieren. Allerdings wird damit auch eine bestimmte »Brille« aufgesetzt, die gemäß ihrer Färbung einige Beobachtungen ermöglicht, andere dafür ausschließt. Die Welt der PAT ist ein Ort der Nullsummenspiele: Wenn der eine mehr bekommt, hat der andere weniger – und umgekehrt. Wird der Mensch schlechterdings als selbstbezogen und erbsenzählerisch gezeichnet, dann ist es allerdings schwierig, über jene Momente zu sprechen, in denen er es *nicht* ist. Noch schwieriger wird die Annahme, dass alles auch grundlegend anders sein könnte.

Die wissenschaftliche Teildisziplin, der ich mich zugehörig fühle, nennt sich Positive Organizational Scholarship (POS). Diese nimmt eine grundlegend andere Perspektive ein. Sie ist eine Welt:
- der Nicht-Nullsummenspiele und der Kooperation;
- in der Mitarbeiter und Führungskräfte, bei allem gebotenen Eigennutzen, das Beste für ihre Organisation und deren Mitglieder anstreben;
- in der wir nach der Verwirklichung unseres Potenzials streben – wie auch nach der Vergegenwärtigung eines attraktiven, den Eigennutz transzendierenden Sinnhorizonts.

Positives Organisieren
Das primäre Ziel der traditionellen BWL ist betriebswirtschaftliche Exzellenz, nicht menschliche Exzellenz. Die POS strebt ebenfalls danach, Unternehmen erfolgreich zu machen, weil nur nachhaltiger Ertrag das Überleben einer Organisation sichert.

1 Arbeitswelt & Change

Sie strebt allerdings gleichermaßen danach, das Leben in Organisationen durch eine »spezifische Linse« zu betrachten, eine Perspektive der menschlichen Exzellenz.

- Die POS macht sich bewusst auf die Suche nach unseren Stärken – nicht unseren Defiziten.
- Sie strebt nach Fülle und dem Ausbau dessen, was an und in einer Organisation bereits vorbildlich ist.
- Sie bemüht sich zu verstehen, was an und in Organisationen lebensspendend, optimistisch und sinnstiftend ist.

Der Ausdruck »lebensspendend« findet sich sehr häufig in der Sprache der POS, insbesondere in den Schriften von Professor Kim Cameron von der University of Michigan. Ausgangspunkt für diese Formulierung ist der aus der Biologie bekannte heliotrope Effekt, wonach Organismen eine angeborene Tendenz haben, sich auf lebensspendende Umwelteinflüsse zuzubewegen, so wie Pflanzen in Richtung des Sonnenlichts wachsen bzw. ihre Blätter entsprechend ausrichten.

Cameron überträgt dieses Prinzip metaphorisch auf das Leben in Organisationen und postuliert, dass sich Menschen hier ebenfalls nach Kräften in Richtung der lebensspendenden Inseln innerhalb des Netzwerkes bewegen, sich also – eine Wahlmöglichkeit vorausgesetzt – z. B. zu Vorgesetzten hingezogen fühlen, die besonders respektvoll und wertschätzend agieren.

Heiße Leistung vs. kalte Leistung
Michaela Brohm-Badry, Professorin an der Universität Trier, eine der profiliertesten Vertreterinnen der Positiven Psychologie im deutschsprachigen Raum, hat in diesem Zusammenhang den Begriff der kalten Leistung von dem der heißen Leistung abgegrenzt.[2] Kalte Leistung bezeichnet, was wir im Alltagsverständnis physikalisch unter Leistung verstehen: die in einer bestimmten Zeiteinheit verrichtete Arbeit. Dieses Leistungsverständnis ist kalt, weil es zu einer zunehmenden Verdichtung von Arbeitszeit und von auf Wettbewerb ausgerichteten Leistungsstrukturen führt. Es bleibt kein Raum für tiefe, menschengerechte Entwicklung, denn die maximale Leistung wird bei maximalem Output unter minimalem Zeiteinsatz erreicht. Unter diesen Bedingungen bleibt keine Zeit für das Nachdenken über die Konsequenzen des eigenen Handelns, für Reflexion.

Brohm-Badry kommt diesbezüglich zu dem Schluss, dass wir einen neuen Leistungsbegriff brauchen: heiße Leistung, die das körperliche, geistige und soziale Wohlbefinden der Menschen einbezieht. Dies wäre ein humanistisches Leistungsparadigma: Leistung ist dann – mathematisch ausgedrückt – Arbeit mal Wohlbefinden geteilt durch Zeit (Arbeit x Wohlbefinden/Zeit). Die multiplikative Funktion zwischen Arbeit und Wohlbefinden ist bewusst gewählt in dem Sinn, dass Arbeit, die langfristig nicht auch Wohlbefinden erzeugt, am Ende des Tages wertlos ist, weil die assoziierten Kosten (finanziell wie auch psychologisch) ihren Nutzwert übersteigen.

Diese implizierten Kosten sind keineswegs nur theoretisch zu verstehen. Der einflussreiche Management-Forscher Jeffrey Pfeffer (Stanford) kommt auf Basis umfangreicher Untersuchungen zu der Schlussfolgerung, dass schlechte Arbeitsbedingungen bei genauer Betrachtung die fünfthäufigste Todesursache in den USA sind. Gute Arbeit ist in vielfacher Hinsicht ein Segen. Schlechte Arbeit kann töten. Lassen Sie uns gemeinsam darauf hinarbeiten, dass die erste Kategorie jene ist, die sich langfristig und möglichst überall durchsetzt.

Was ist eigentlich Berufserfahrung in Zukunft noch wert?

Bernd Slaghuis

Spielt Berufserfahrung im schnellen Zeitalter der Digitalisierung überhaupt noch eine Rolle oder ist für die Arbeitswelt von morgen nur das frische Wissen der Digital Natives gefragt? 15 nicht-digitale Kompetenzen, die Berufserfahrung auch in Zukunft wertvoll machen.

»Wir stellen nur noch Bewerber unter 35 ein«, erzählte mir der Personalleiter eines Konzerns bei einem Glas Kölsch. In Zeiten der Digitalisierung müsse man sich schließlich frisches Wissen an Bord holen und die jungen Leute seien auch viel flexibler. Ich war von dieser ausgesprochenen Altersdiskriminierung erschüttert und fragte ihn, ob denn Berufserfahrung für sein Unternehmen überhaupt nichts mehr wert sei? Und, ob er sich mit seinen 41 Jahren selbst darüber bewusst ist, den Arbeitgeber bis zum Ruhestand nie wieder wechseln zu können, wenn alle Personalchefs solche Parolen für ihr Haus ausriefen.

Waren es bisher die 49, so rutscht das selbst aufgestempelte Verfallsdatum in den Köpfen vieler Jobwechsler immer weiter nach unten. Kürzlich erklärte mir ein 35-Jähriger, dass er zu mir komme, um seinen wahrscheinlich letzten Wechsel genau zu planen. Ich finde diesen Trend vor dem Hintergrund einer immer längeren Lebensarbeitszeit erschreckend und frage mich, was im Arbeitsmarkt und in unserer Gesellschaft hierfür verantwortlich ist.

Digitalisierung lässt Arbeitgeber Berufserfahrung abwerten
Sind es solche Arbeitgeber mit ihren auf jung getrimmten Stellenausschreibungen, die den »alten Hasen« suggerieren, Berufserfahrung sei wertlos im Vergleich zum frischen Bachelorabschluss mit Onlinekompetenz? Schließlich fühlen sich viele Berufserfahrene nicht mehr angesprochen, wenn sogar die Ausschreibung für den »Senior-Manager« mit viel Fun unter Kollegen, der Getränke-Flatrate und lockerer Duz-Kultur wirbt, Führungserfahrung und Branchenkompetenz jedoch nur idealerweise wünschenswert sind.

Sind sie es, die uns als Gesellschaft das Gefühl geben, dass Werte wie Erfahrungswissen und Entscheidungskompetenz sowie geprägte Persönlichkeit eines Menschen in unserer Arbeitswelt der Zukunft weniger wert sein werden als jugendliche Flexibilität und mit der Muttermilch aufgesogene Digitalkompetenz?

Stülpen wir den berufserfahrenen Angestellten 50-Plus heute rigoros einfach so die High-Tech-Systeme über und erwarten von ihnen, dass sie ab sofort mit ihren Chefs per WhatsApp Rücksprache halten? Sehen wir dabei zu, wie sie in ihren alten Berufen überfordert scheitern und als Jobwechsler im Wettbewerb mit den jungen Hüpfern mit Bachelor-Abschluss ungesehen chancenlos eine Absage nach der nächsten kassieren?

Ich habe im Bewerbungscoaching mit berufserfahrenen Jobwechslern heute oftmals dieses Gefühl. Fünf Jahre Berufserfahrung sind erwünscht, das macht die Neuen schnell arbeitsfähig. Darüber hinaus scheint Berufserfahrung mit steigendem Alter an Wert zu verlieren beziehungsweise keinen Nutzen als Grund für höhere Personalkosten mehr zu stiften. Zumindest überall dort, wo Seniorität an sich keinen Wert darstellt. Sind die Erfahrungen von gestern für das, was in unserer Arbeitswelt morgen benötigt wird, etwa nicht mehr von Relevanz?

Arbeitnehmer vergessen den Wert ihrer Berufserfahrung
Oder sind es die Arbeitnehmer selbst, die nicht mehr realistisch (ein-)schätzen können, was ihre langjährige Berufs- und Lebenserfahrung wertvoll macht im Vergleich zum theoretischen Fachwissen eines unerfahrenen Hochschulabsolventen?

Weil sie selbst inzwischen daran glauben, dass es wertvoller ist, Entscheidungstheorie im Master studiert als 20 Jahre Entscheidungen in der Praxis selbst getroffen und deren Konsequenzen hautnah erfahren zu haben. Weil sie irgendwo gelesen haben, dass ein »agiles Mindset« für eine Führungskraft heute wichtig ist und dabei vergessen, dass auch sie ihre Teams bisher erfolgreich selbst durch stürmische Zeiten geführt haben. Oder weil sie im Bewerbungsprozess einmal gegen einen jüngeren Kandidaten verloren haben und aus dieser Erfahrung für sich als schnelle Wahrheit »*Ich habe in meinem Alter ohne aktuelles Fachwissen keine Chance!*« konstruieren.

Ihre wertvolle Berufserfahrung günstig abzugeben, erscheint für sie als die einzig logische Konsequenz, doch sie übersehen, dass sie mit solch billigem Ausverkauf ihre Möglichkeiten im Arbeitsmarkt umso mehr verspielen.

Es wird Zeit, dass alles das, was Berufserfahrung abseits von Trends nach wie vor wertvoll macht, bei allen Akteuren des Arbeitsmarktes wieder stärker ins Bewusstsein rückt. Denn auch die folgenden 15 nicht-digitalen Kompetenzen werden in Zukunft weiterhin maßgeblich darüber entscheiden, wie Unternehmen geführt werden, Teams gut zusammenarbeiten und Ziele erfolgreich erreicht werden:

15 nicht-digitale Kompetenzen, die Berufserfahrung auch in Zukunft wertvoll machen

1. Gespür für die politische Gemengelage

Sie haben in Ihrer Karriere schon viel politisches Spiel sowohl im Management als auch unter Kollegen erlebt. Sie erkennen schnell die unterschiedlichen Lager in einem Unternehmen, wer mit wem sympathisiert und an welchen Fronten fair oder unfair gekämpft wird. Sie wissen, wo Sie sich einmischen oder besser aus solchen Politik- und Machtspielen heraushalten sollten.

2. Diplomatisches Geschick

Sie haben ein Gespür dafür entwickelt, auf welchen Hierarchieebenen Sie sich wie richtig bewegen. Sie kennen die typischen Fettnäpfchen und haben es gelernt, einen Bogen um sie zu machen. Sie wissen, wann es besser ist, zu schweigen, als den Mund aufzumachen. Und wenn Sie sich einmischen, dann gelingt es Ihnen, den richtigen Ton zu treffen.

1 Arbeitswelt & Change

3. Adressatengerechte Kommunikation

Sie bewegen sich auf sämtlichen Hierarchieebenen sicher und können Ihre Kommunikation entsprechend anpassen. Sie fangen nicht an zu stottern, wenn Sie der Vorstand nach Ihrer Meinung fragt und Sie können auch dem Nerd in der IT verständlich Ihre fachlichen Anforderungen vermitteln. In häufig wechselnden Projekt- oder Team-Zusammensetzungen begegnen Sie Ihrem Gegenüber auf Augenhöhe.

4. Interkulturelle Erfahrungen

Sie haben gelernt, Ihre Kommunikation auch an unterschiedliche Kulturkreise anzupassen. Durch Ihren Austausch mit internationalen Geschäftspartnern wissen Sie, dass Sie Asiaten anders begegnen und ansprechen als Amerikaner. Sie können sich souverän auf internationalem Parkett bewegen und haben Ihre Sprachkenntnisse in den letzten Jahren im Beruf sukzessive ausgebaut.

5. Ruhe und Gelassenheit

Sie haben in Ihrer Berufslaufbahn schon viel erlebt, da bringt Sie so schnell nichts mehr aus der Ruhe. Ihr Verstand hat gelernt, dass Sie jede noch so schlimm anmutende Krise am Ende überleben und sich die Welt am nächsten Tag weiterdreht. Sie wissen, dass Sie schwierige Situationen mit Gelassenheit besser meistern und sind heute darin geübt.

6. Erfahrung mit Prozess- und Struktur-Veränderungen

Sie haben bereits etliche Change- und Reorganisationsprojekte hinter sich und in Ihrer Karriere schon mehrmals das Kästchen im Organigramm gewechselt. Sie können sich schnell auf neue Prozesse und Softwareprogramme einlassen und sehen Veränderungen nicht als Bedrohung, sondern gelassen als einen weiteren Schritt von vielen, die bereits hinter Ihnen liegen.

7. Priorisierung von Aufgaben

Sie haben gelernt, Wichtiges von Unwichtigem zu trennen. Sie haben ein Gespür dafür entwickelt, zu erkennen, was Ihren Vorgesetzten besonders wichtig ist und können Ihre Aufgaben entsprechend priorisieren. Und wenn Sie nicht wissen, welche Relevanz übertragene Aufgaben haben, dann fragen Sie einfach nach, um Klarheit über die Erwartungshaltung zu gewinnen.

8. Koordinations- und Organisationsvermögen

Sie haben in Ihrem Leben bereits viele komplexe Herausforderungen gemeistert. Es gelingt Ihnen, schwierige Sachverhalte in einzelne Aufgabenpakete herunterzubrechen und Lösungswege hierfür zu entwickeln. Sie wissen, wer für was zuständig ist, wo Sie Leistungen in Anspruch nehmen können, um die Umsetzung zielgerichtet zu koordinieren.

9. Das große Ganze sehen

Sie können über den Tellerrand hinaussehen. Sie erkennen Abhängigkeiten zu benachbarten Themen und können Zusammenhänge herstellen. Sie wissen, welche übergreifenden Auswirkungen es hat, wenn Sie an einer kleinen Stellschraube in Ihrem Aufgabenbereich drehen. Sie können die Ihnen übertragenen Aufgaben in den Wertschöpfungsprozess einordnen und erkennen den Sinn für das Unternehmen, die Kunden und Ihr eigenes Handeln.

10. Führungskompetenz

Sie haben entweder bereits Mitarbeiter geführt oder aber indirekt Führungskompetenzen erworben, etwa durch Ihre Mitarbeit in Projekten, die Anleitung von Praktikanten oder die Einarbeitung neuer Kollegen. Sie wissen, wie Sie sich selbst und andere Menschen motivieren. Sie können sich auf unterschiedliche Persönlichkeiten einstellen und Aufgaben individuell delegieren.

11. Umgang mit Konflikten im Team

Sie haben in den letzten Jahren viele Konflikte im Team erlebt und erfahren, wie sie überwunden und auch gelöst werden konnten. Sie kennen Ihre bevorzugte eigene Rolle im Team und wissen, wie Sie sich in bestimmten Situationen verhalten oder in neuen Teams richtig positionieren.

12. Beziehungen aufbauen und Vertrauen schaffen

Sie haben mit vielen Vorgesetzten und Kollegen mit unterschiedlicher Persönlichkeit zusammengearbeitet. Sie wissen heute, wer wie tickt und wie Sie welchen Persönlichkeiten am besten begegnen. Sie sind erfahren darin, gute Beziehungen zu Menschen in Ihrem Umfeld aufzubauen. Sie wissen, wem Sie vertrauen können und wo Sie vorsichtig sein sollten. Ebenso gelingt es Ihnen durch Ihre empathischen Fähigkeiten, anderen Menschen die Möglichkeit zu geben, dass sie schnell Vertrauen zu Ihnen aufbauen.

13. Sparringspartner für Vorgesetzte

Ihre Berufserfahrung macht Sie zu einem wertvollen Gesprächspartner für Vorgesetzte und Kollegen. Durch Ihren fachlichen Erfahrungsschatz können Sie gelassen schnell Neues bewerten und Altes reproduzieren. Besonders für jüngere Kollegen und Führungskräfte ist Ihr Wissen über die Vergangenheit von Unternehmen, Produkten, Prozessen und Strukturen von hohem Wert.

14. Achtsamer Umgang mit sich selbst

Sie wissen, was Ihnen im Beruf und auch im Leben heute wichtig ist. Sie kennen Ihre Werte und Ziele und können auch »Nein« sagen, wenn Entwicklungen in die falsche Richtung laufen. Sie haben gelernt, Ihren Weg zu verfolgen und bei Bedarf auch anzupassen. Sie lassen sich weniger fremdbestimmt steuern, sondern entscheiden mit, was Ihnen guttut, was Sie motiviert und im Beruf gesund hält.

15. Selbst-Bewusstsein und Stolz

Ihre Berufserfahrung macht Sie stark. Sie wissen, was wirklich im Beruf zählt und wie der Hase läuft. Sie kennen Ihre eigenen Stärken und Schwächen und wissen, mit diesen gut und gesund umzugehen. Alle diese Eigenschaften und Kompetenzen helfen Ihnen, neue Situationen und Herausforderungen erfolgreich zu meistern. Ihre Flexibilität und Reaktionsfähigkeit sind stark ausgeprägt. Neben Ihrem Fachwissen können Sie sich auf Basis der vielen Erfahrungen und Erlebnisse in Ihrem Leben auch auf Ihren Bauch und Ihre gute Intuition verlassen.

Berufserfahrung: Wertvoll ist, was Sie wertschätzen

Was geht Ihnen gerade durch den Kopf, nachdem Sie diese 15 Punkte gelesen haben? Vielleicht trifft nicht jeder der Punkte auf Ihre Berufserfahrung zu, doch ich bin mir sicher, dass Sie bei vielen der aufgeführten Kompetenzen »*Ach ja, stimmt, das kann ich gut.*« gedacht haben.

Ist Ihnen bewusst, welchen Wert Ihre Berufserfahrung für Sie selbst und auch für Ihren Arbeitgeber hat? Ist Ihnen bewusst, was Sie als Berufserfahrene von einem jungen Berufseinsteiger mit Anfang 20 unterscheidet? Was können Sie besser und worin sind junge Menschen heute besser? Viele meiner berufserfahrenen Klienten sehen nur das, worin andere womöglich stärker sind.

Besonders für die neuen Formen der Zusammenarbeit in unserer zunehmend komplexen und dynamischen Arbeitswelt sind es aus meiner Sicht besonders solche Erfahrungen und Kompetenzen, wie etwa Flexibilität, Achtsamkeit oder schnell gute Beziehungen zu Menschen aufbauen und pflegen zu können, die in Zukunft benötigt werden.

Wer sagt, dass Digitalisierung nur mit Digital Natives der Generation Y möglich ist und Arbeitnehmer 50-Plus auf dem Abstellgleis besser aufgehoben sind? Ich halte das für einen großen Denkfehler, denn besonders die Kombination aus reicher Erfahrung und frischem Denken im Team erzeugt gute und vor allem auch realisierbare Lösungen für die Zukunft.

Suchen Sie als Jobwechsler mit reichlich Berufserfahrung nach Arbeitgebern und Positionen, in denen Ihre Seniorität einen Wert hat: Bei vielen mittelständischen oder familiengeführten Unternehmen etwa, die nicht den frischgebackenen 29-jährigen Vertriebsleiter zu ihren langjährig besten Kunden schicken möchten. Oder bei Arbeitgebern mit stark erklärungsbedürftigen Produkten und überall dort, wo noch Vertrauen und Persönlichkeit verkaufen.

Fünfzig ist heute zu jung fürs Abstellgleis. Geben wir als Gesellschaft Berufserfahrenen in ihrer Lebensmitte das Gefühl, alles das habe keinen Wert mehr, dann vernichten wir wertvolle Ressourcen, statt sie aktiv zu nutzen. Zudem steht diese Entwicklung für mich in krassem Widerspruch zu einer sich immer weiter verlängernden Lebensarbeitszeit. Manche Bewerber mit Mitte 40 glauben heute fest daran, dass sie keine Chance mehr auf dem Arbeitsmarkt haben, denn sie spüren es im direkten Wettbewerb um Positionen. Das ist Wahnsinn, wenn wir gleichzeitig die Rente mit 73 diskutieren[3].

Was wird aus den heute und morgen 50-Jährigen mit diesem Bewusstsein? Sollen sie über 20 Jahre in ihren jetzigen Jobs auf der Stelle treten, wenn wir ihrer Berufserfahrung keinen Wert beimessen und Arbeitgeber immer weniger bereit sind, hierfür zu zahlen? Es ist für mich verständlich, wenn Berufserfahrene in der Lebensmitte das Gefühl haben, als zweite Wahl wahrgenommen zu werden. Demgemäß ordnen sie sich selbst ebenso ein und treten entsprechend geschwächt im Arbeitsmarkt auf.

Mangelnde Motivation führt zu Dienst nach Vorschrift, führt zu Krankheit, führt zu Ausfall und Kosten im Unternehmen – und in unserer Volkswirtschaft. Eine, wie ich finde, beängstigende Entwicklung, die es gilt, gesellschaftlich und ökonomisch zu hinterfragen und für die Zukunft der Arbeit zu klären.

Berufserfahrung braucht eine neue Relevanz in der Arbeitswelt von morgen
Beide Seiten sind heute gefragt, langjährige Berufserfahrung und die durch sie erworbenen Kompetenzen vor dem Hintergrund von Lebensarbeitszeit und der Anforderungen einer veränderten Arbeitswelt von morgen neu zu bewerten:

Berufserfahrene müssen wieder erkennen, welchen Wert Lebens- und Berufserfahrung in Relation zu frischem Fachwissen haben, auf diese Kompetenzen im Beruf bewusst stärker zugreifen und sie als Bewerber auch selbstbewusster herausstellen.

Arbeitgeber und Personalentscheider in Unternehmen sollten sich fragen, welche Kompetenzen sie für welche Positionen wirklich benötigen, welche Rolle Berufserfahrung in ihren HR-Strategien spielt, und eine neue Haltung gegenüber berufserfahrenen Arbeitnehmern einnehmen, um dem Wandel in der Arbeitswelt sowie der demografischen Entwicklung gerecht zu werden. Manche Arbeitgeber unter Druck haben es bereits erkannt und holen ihre Ruheständler zurück. Lassen wir es nicht soweit kommen, Erfahrungswissen systematisch im digitalen Jugendwahn zu vernichten, um es anschließend wiederzubeleben.

Die Teilzeit muss weg vom Mutti-Image!

Bernd Slaghuis

Der Teilzeit-Karriere haftet immer noch das Klischee der Jobs für Mütter oder Low-Performer an. Warum wir dringend ein neues Karrieredenken abseits von Klischees und Normen brauchen und was Sie bei der Suche nach einem Teilzeitjob beachten sollten.

Wer sich heute, außerhalb der Stereotype, dazu entscheidet, weniger zu arbeiten, kommt in Vorstellungsgesprächen nicht nur in Rechtfertigungsnot, sondern verzweifelt bereits bei der Stellensuche. Dies in einer Zeit, in der nicht lediglich über die Forderung einer 30-Stunden-Woche diskutiert wird, sondern sogar darüber, dass sie zu höherer Produktivität führt; in einer Zeit von Arbeit 4.0 und der Frage, wohin uns die Digitalisierung führen wird. Es klafft eine Lücke zwischen vermeintlicher Offenheit für neue Karrieremodelle und heute gelebter Recruiting-Praxis sowie auch der Haltung von Bewerbern. Ich bin der Meinung, wir müssen zu einem weitsichtigeren Karrieredenken und zu Arbeitszeitmodellen finden, die über Klischees und Normen hinausgehen.

Arbeitszeit: Darf's auch ein bisschen weniger sein?
Mir sitzt Julia im Coaching gegenüber. Sie ist Ingenieurin und Ende Dreißig. Sie erklärt mir, sie habe einige Jahre massig Überstunden geleistet und oftmals auch die Wochenenden durchgearbeitet. Doch sie habe festgestellt, dass sie im Vergleich zu früher sogar deutlich leistungsfähiger ist, wenn sie etwas weniger arbeitet. Es sei ihr wichtig, neben dem Beruf Freiräume für andere Dinge zu besitzen, die ihr im Leben wichtig sind und ihr Kraft für den nächsten Tag im Job geben. Sie suche daher seit Monaten gezielt nach Teilzeit-Positionen, bekomme jedoch nur Absagen – trotz guter Ausbildung, hervorragender Zeugnisse und einigen Jahren Berufserfahrung bei namhaften Arbeitgebern.

Diese sehr reflektierte Entscheidung, bewusst weniger zu arbeiten, begegnet mir in der Karriereberatung immer öfter. Meist bei berufserfahrenen Arbeitnehmern, die nicht weiter nach oben streben, doch vermehrt auch bei jungen Angestellten. Bei Menschen, denen Wettbewerb, das volle Bankkonto oder der gut klingende Job-Titel als Statussymbol nicht wichtig sind, sondern die stattdessen ihr Leben ganzheitlich sehen und früher solche Ziele verfolgen möchten, die sich ihre Elterngeneration erst spät im Ruhestand oder gar nicht mehr erfüllt hat.

So wie Julia mit ihrem bewussten Teilzeitwunsch hat es heute auch jeder Bewerber schwer, der als Downshifter in der beruflichen Entwicklung einen Schritt zurück auf der Karriereleiter gehen möchte und die Fragezeichen im Kopf von Personalern oder künftigen Chefs beantworten muss, um nicht gleich in der anrüchigen Low-Performer-Schublade zu landen.

Teilzeit: Nur etwas für Mütter und Low-Performer?
Die Teilzeitquote bei Frauen mit minderjährigen Kindern im Haushalt lag 2018 bei 66 Prozent, bei Männern mit Kindern bei knapp 6 Prozent (Statista[4]). Dieses Ungleichgewicht möchte ich hier gar nicht bewerten, das ist ein anderes Thema. Auch nicht, dass Frauen heute immer noch Nachteile in Sachen Berufswahl, Gehalt und Karriereentwicklung haben.

Aber klar, jede Frau mit Kind, die sich auf eine Teilzeitstelle bewirbt, wird nicht wie Julia kritisch beäugt und gefragt, warum sie keinen Vollzeitjob schafft. Es ist normal. Ebenso bei Bewerbern mit einem bestimmten Grad der Behinderung oder bekannter Krankenvorgeschichte. Die Motive von Bewerbern für eine Teilzeitentscheidung sind in solchen Fällen für Arbeitgeber leicht nachvollziehbar und zudem in der Gesellschaft anerkannt.

Die Überlegungen von Ingenieurin Julia hingegen sind (noch) nicht normal. Sie entsprechen heute nicht dem gesellschaftlichen Bild von Karriere. Wer gesund und leistungsfähig ist, keine Kinder hat und auch keine Million im Lotto gewonnen hat, der kann und muss bitteschön Vollzeit arbeiten. So die landläufige Meinung – zumindest in weiten Teilen unseres doch so toleranten Arbeitsmarktes.

Abweichungen von der Norm erzeugen Unsicherheit, Angst und in der Folge Distanz oder sofortige Ablehnung. Und scheinbar interessiert sich in ihrem Fall auch kaum jemand dafür, das andere Bild der »Abweichler« zu verstehen. Die Idee, weniger zu arbeiten, um produktiver zu sein, widerspricht zudem unserer in Deutschland immer noch gelebten Präsenzkultur als sichtbarem Zeichen für gute Arbeit durch hohen Zeiteinsatz menschlicher Ressourcen. Weniger arbeiten und mehr leisten? Unvorstellbar!

Oder ist es schlicht zu anstrengend, die individuelle Sichtweise von Arbeitnehmern und Bewerbern zu begreifen, die sich bewusst außerhalb der Norm für eine Teilzeitposition entscheiden? Ist am Ende die Gefahr zu groß, dass eine Bewerberin wie Julia ein falsches Spiel spielt und sich die Entscheidung, sie als Mitarbeiterin einzustellen, doch als große Fehlentscheidung entpuppen könnte? Dann doch lieber die Teilzeitstelle mit einer echten Mutter besetzen und auf Nummer Sicher gehen – so vielleicht die ängstliche Denke mancher Recruiter und Chefs.

Neues Karrieredenken abseits von Klischee und Norm
Julia ist mit ihrer wie ich finde sehr gesunden Haltung gegenüber Beruf und Leben heute kein Einzelfall mehr, der im Arbeitsmarkt vernachlässigbar ist. Ich frage mich, wie lange es sich Arbeitgeber, die seit Jahren lautstark einen mysteriösen Fachkräftemangel beklagen, noch leisten können, solche guten Bewerber, die jedoch nicht in das altbekannte Karriere-Denkraster passen, blindlings im Recruiting zu ignorieren.

Es geht um Bewerber, in deren Lebensläufen kein roter, sondern ein knallbunter Faden mit Knoten und Fransen verläuft. Menschen, die in ihrer beruflichen Laufbahn Entscheidungen getroffen haben, die nicht Mainstream sind. Jobwechsler 50-Plus, die in der Blüte ihres beruflichen Lebens noch einmal etwas anderes tun möchten, bei dem sie ihre Stärken und Talente richtig einbringen können. Generalisten, die als Alleskönner auf keine Stellenbeschreibung so richtig passen. Oder junge Menschen wie Julia, die gerne arbeiten und ihr Wissen und ihre Erfahrungen gut dosiert in 25 oder 30 Stunden pro Woche motiviert einsetzen möchten und die vielleicht sogar produktiver sind als ein Überstunden zählender und teurerer Vollzeitabsitzer.

»Wat de Buer nich kennt, dat frett he nich.« An diesen Spruch aus meiner Kindheit muss ich denken, wenn mir außergewöhnliche Bewerber im Coaching gegenübersitzen, die trotz hoher Qualifikation, beeindruckender Berufserfahrung und sauberen Bewerbungsunterlagen einfach keine Stelle finden. Bewerber, die für Recruiter schlecht greifbar sind, weil sie mit ihrem Werdegang oder ihrer Haltung nicht der gewohnten Norm entsprechen.

> Wer im Recruiting auf Norm setzt, wird im Mittelmaß verharren.
> Wer neues Karriere-Denken zulässt, wird höhere Entwicklungsstufen erreichen.

Bewerberin Julia habe ich geraten, Arbeitgeber mit ihren alten Bedenken, die sie im Kopf haben, offen zu konfrontieren und bereits im Anschreiben Klarheit darüber zu schaffen, zu welcher Erkenntnis sie für ihr Leben gelangt ist und warum es ihr so wichtig ist, etwas weniger als Vollzeit zu arbeiten – und auch darüber, dass dieses Bewusstsein für ihren neuen Arbeitgeber von Vorteil sein wird. Sie soll das nicht länger aus einer Rechtfertigungshaltung heraus, sondern selbstbewusst als Chefin ihres eigenen Lebens tun.

Oder muss sie erst schwanger werden, um ihren Traum vom Teilzeitjob realisieren zu dürfen? Eine Frage, die kein Arbeitgeber öffentlich bejahen würde, doch die Realität da draußen sieht mancherorts noch anders aus.

Der Hype ums Scheitern ist ein Fehler

Bernd Slaghuis

Macht mehr Fehler und redet darüber! Scheitern liegt im Trend, so scheint es. Werden Loser etwa zu neuen Helden unserer Arbeitswelt von morgen? Warum wir aufhören sollten, Fehler und Scheitern zu glorifizieren.

»*Mach was, womit Du scheitern kannst!*« titelte ein großes Management-Magazin. »*Wir müssen mehr über unsere Fehler reden*« las ich woanders am Tag darauf. Sogenannte »*Fuck-up-Nights*« ziehen Scharen von Menschen an und Scheitern ist zu bejubeltem Entertainment geworden. Wer scheitert, der hat es wirklich drauf und ist cool, so scheint es. Keine Fehler machen nur Loser. Der populärste Verfechter dürfte Amazon-Chef Jeff Bezos sein, der regelmäßig öffentlich verkündet, Erfolg und Scheitern seien untrennbar miteinander verbunden.

Die Logik dahinter ist simpel: Keine Angst vor Fehlern, denn Angst lähmt und blockiert uns. Lernen durch Fehler. Persönliches Wachstum durch Überwindung schwieriger Situationen. Innovation durch Eingehen von Risiken. Erweiterung des persönlichen Horizonts durch Verlassen der sicheren Komfortzone. Entwicklung und Wachstum durch erlebte Grenzerfahrungen. Ja, so ist es. Doch ist es daher richtig, mehr Scheitern zu fördern?

Arbeiten 4.0: Fehler und Scheitern erwünscht?
Der aktuelle Hype ums Scheitern ist wohl ein Zeichen der Zeit. Denn unsere Arbeitswelt wird immer stärker von Dynamik und Komplexität und damit extremer Unsicher-

heit geprägt. Innovationen müssen in kürzeren Zyklen erfolgen, Kundenanforderungen werden immer individueller. Der Wandel rund um Industrie 4.0, Digitalisierung und neue Formen der Zusammenarbeit erfordert ein hohes Maß an Veränderung und Bereitschaft hierzu.

Der Aufruf zu mehr Scheitern und damit der Mut zu mehr Fehlern und der Zuspruch dafür wirken in der hohen Unsicherheit und Unberechenbarkeit des täglichen Handelns und seiner Folgen wie eine heiß ersehnte, erleichternde Erlaubnis. Mehr noch, denn derartige Plädoyers sollen unsere Neugierde und Lust aufs ungewisse Ausprobieren beflügeln. Fortschritt durch Absolution des Scheiterns?

Die Angst vor Fehlern sitzt tief
Dabei haben wir doch von klein auf gelernt, dass Fehler schlecht sind und bestraft werden. So laut der Hype ums Scheitern auch sein mag, für die breite Masse der Unternehmen, ihrer Manager und Angestellten wird zumindest in den nächsten Jahrzehnten noch gelten, dass Fehler negativ belegt sind und ökonomisch folgenschwere Fehler auch zu Bestrafung im Beruf oder sogar zur Kündigung führen. Denn Fehler verursachen Kosten und Kosten wiegen in der ebenfalls für unsere Zeit typischen unternehmerischen Kurzsichtigkeit deutlich schwerer als unbestimmte Erlöse aus zufälligem Fortschritt als Folge von Scheitern.

Schauen Sie sich um, wie die Realität in Unternehmen aussieht: Leistung und Erfolg werden an Perfektion und Zielerreichung gemessen. Planungsmethoden und die unbedingte Einhaltung von Prozess-Standards sollen Sicherheit schenken und Qualität sichern. Selbst das momentan so angesagte agile Arbeiten muss sich vielerorts am Ende doch wieder den altbekannten KPIs und der angestaubten Richtig-Falsch-Denke beugen. Wir sind in den meisten Konzernen und vor allem in den vielen mittelständischen Betrieben in Deutschland meilenweit entfernt von einer Unternehmenskultur, die Fehler zulässt, geschweige denn fördert.

Denkfehler: Scheitern um des Scheiterns Willen
Ist es der richtige Zeitpunkt und eine gute Botschaft, Scheitern zu solch wertvollem Gut zu küren? Viele Arbeitnehmer würden ihren Chefs sicherlich liebend gerne die öffentlichen Aufrufe zum Fehler machen vor die Nase halten und fordern: »Boss, loben Sie mich gefälligst, weil ich es verbockt habe!«

1 Arbeitswelt & Change

Ich halte mich für sehr fehlertolerant, doch ich finde, das klingt absurd und ich frage mich, was wohl Jeff Bezos von Amazon seinen Mitarbeitern antworten würde: »Danke für diesen neuen, großartigen Misserfolg«?

Mal ehrlich, jeder von uns erwartet von einem Chirurgen, dass er keine Fehler macht und der Postbote soll den Steuerbescheid, bitteschön, auch nicht in den Briefkasten des Nachbarn einwerfen. Spätestens wenn wir selbst unmittelbar von Fehlern betroffen sind, schrumpft unsere Fehlertoleranz auf ein Minimum.

Es ist ein Fehler, Scheitern um des Scheiterns Willen derart attraktiv zu machen. Denn ich frage mich, wie sähe die Arbeitswelt in Zukunft aus, in der jeder von uns unbesorgt eine Haltung einnimmt, mit der es egal ist, ob Fehler geschehen oder nicht? – Tschüss Selbstverantwortung! Und das Verrückte dabei ist doch, dass Mitarbeiter im Team in Zukunft mehr Selbstverantwortung übernehmen sollen – das heißt es vor allem überall dort, wo strukturell weiter fleißig am Hierarchie-Abbau gebastelt wird. Wie passt das beides zusammen?

Pssst! Fehler dürfen dazugehören
Ich bin der Meinung, die Lautstärke und damit die Aufmerksamkeit machen die Musik. Eine gute Fehlerkultur in Unternehmen fokussiert nicht auf Fehler, sondern sie akzeptiert sie. Fehler und Scheitern gehören dazu, wo Menschen arbeiten – mal mehr, mal weniger. In manchen Organisationen mag es hilfreich sein, für Fortschritt und Innovation bewusst stärker Risiken einzugehen und mehr Fehler zuzulassen, für ein Krankenhaus wird das hoffentlich auch in Zukunft nicht gelten.

Der aktuelle Hype um mehr Fehlertoleranz darf nicht zu einer Haltung in unserer Gesellschaft führen, der Fehler sei egal und damit gleichwertig oder sogar besser als Fehlerfreiheit. Fehler tolerieren bedeutet, sie als möglichen Bestandteil von Arbeit und Leben bewusst anzuerkennen, wahrzunehmen und in einem definierten Toleranzbereich auch zuzulassen. Erst dann kann aus Fehlern Lernen und Entwicklung entstehen.

Bevor wir uns in unserer »Arbeitswelt im Wandel« einreden, dass Scheitern cool ist, sollten wir erst den nächsten Entwicklungsschritt gehen und damit aufhören, Perfektion und jederzeitiges Funktionieren zu fordern, Fehler mit Angst zu belegen und zu verteufeln, im Fehlerfall zuerst nach Schuldigen, statt nach Verantwortlichen zu suchen.

Es ist ein Fehler, Fehler zum Gesprächsthema in Meetings oder Mitarbeitergesprächen zu machen, nur weil es angesagt erscheint, über Fehler zu sprechen. »Redet über Eure Fehler!« wird heute noch nicht den Schalter für mehr Fehlertoleranz umlegen, sondern die Problemfixiertheit in Unternehmen weiter stärken und Schwache weiter schwächen.

Fehlertoleranz: Erst Haltung, dann Verhalten
Erst wer die Verantwortung für sich, sein Denken und Handeln als einzelner Mensch und als Teil eines Teams in einer Organisation oder Gesellschaft übernimmt, der wird mit Fehlern wertschätzend und gesund umgehen und sie als Entwicklungschance begreifen können. Management und Führung haben die Aufgabe, Arbeitnehmern nicht nur oberflächlich rational die Angst vor Fehlern zu nehmen, sondern sie gleichzeitig zu wirklich Verantwortlichen ihres Denkens und Handelns in ihrem Arbeitsbereich zu machen. Es wird nicht funktionieren, Scheitern zu bejubeln und offen über Fehler zu sprechen, solange die hierfür wichtige Haltung als Ergebnis von übernommener Selbstverantwortung nicht vorhanden ist und gelebt wird.

Fehler sind Bestandteil von Arbeit und Leben, doch ihre Glorifizierung ist ein Fehler. Fehlertoleranz erfordert keinen Lautsprecher, sondern Arbeit jedes Einzelnen an seiner individuellen Haltung Fehlern gegenüber. »Lasst uns darüber reden!« ist lediglich das Ventil für heiße Luft. Erst die Übernahme von mehr Selbstverantwortung als Ausdruck einer Haltung, die Erfolge und auch Fehler richtig wertschätzt, wird dazu führen, situativ gut mit Fehlern umzugehen und solch heiße Luft ums Scheitern in Zukunft überflüssig zu machen.

New Work: Hast du wirklich, wirklich Lust auf neues Arbeiten?

Bernd Slaghuis

New Work steht für neue Arbeitsmodelle sowie veränderte Arbeitswelten, für mehr Freiheit, Selbstbestimmung, Verantwortung des Einzelnen. Von Flexibilität, Agilität, Abbau von Hierarchien und Demokratisierung der Führung ist die Rede. Doch haben wir überhaupt noch wirklich Lust auf Veränderung?

»Wir müssen bis Ende des Jahres New Work bei uns einführen«, erzählte mir die Personalleiterin, mit der ich auf der XING New Work Experience 2018 in der Hamburger

Elbphilharmonie ins Gespräch kam. Ihre beiden Geschäftsführer hätten ihr dies auf die Agenda geschrieben. Schließlich komme man als Mittelständler in einer schwachen Region ja nicht darum herum, so etwas mitzumachen, um als Arbeitgeber junge Menschen anzulocken.

Am Nachmittag sehe ich sie wieder. Sie sitzt mit mir in der Session »*Die Kunst, sich selbst und andere zu führen*« mit Pater Anselm Grün und Bodo Janssen. Ich war spät dran und sitze am Rand auf einer Art Tribüne aus Holz und kann von der Seite viele der anderen Teilnehmer beobachten. Sie wirkt gestresst. Auf ihrem Schoß liegt ein kleines, schwarzes Büchlein und sie versucht, jeden Impuls aus der New-Work-Erfolgsstory Upstalsboom[5] mitzuschreiben. Eine Herausforderung, denn vorne wird ein buntes Feuerwerk der Weisheiten abgefeuert: »*Wirtschaftlichkeit ist die Basis unseres Tuns, aber nicht der Sinn unserer Existenz.*« ... »*Wenn ich mir vertraue, kann ich auch anderen vertrauen*« ... »*Es geht nicht um richtig oder falsch*« ... »*Je mehr ich über meine Schwächen gesprochen habe, umso mehr haben meine Mitarbeiter mir vertraut*«.

Ich frage mich, was sie und andere Zuhörer in ihrer Rolle als HR-Verantwortliche aus einem Tag voller Erlebnis-New-Work mitnehmen. Werden sie am nächsten Tag zurück in ihre Büros gehen und ihrem Management berichten, dass sie ab sofort alle mehr über Fehler sprechen müssen? Werden sie Workshops organisieren und Trainer engagieren, um zu lernen, wie alle einander mehr vertrauen? Oder werden sie ihren Chefs nahelegen, für eine gewisse Zeit ins Kloster zu gehen? Schließlich ist es woanders auch so gelungen, erfolgreich New Work einzuführen.

Ich frage mich, was New Work für sie persönlich bedeutet. Macht sie pflichtbewusst einen Job, um die ihr auferlegten Jahresziele zu erfüllen, oder hat sie selbst ein echtes Interesse daran, ihre und die Arbeitswelt ihrer Kollegen ein Stück weit besser zu gestalten? Ich hätte ihr diese Fragen gerne gestellt, doch sie wollte sich schnell einen Platz im Workshop »*Mein Ding ab morgen*« sichern.

New Work einführen? 3 Denkfallen aus Old Work

1: Wir gründen für New Work eine Projektgruppe

Es ist ein Irrglaube, New Work lasse sich wie das neue SAP-System oder die nächste Produktgeneration im Unternehmen einführen – selbst dann, wenn der Vorstand das Vorhaben einstimmig zum höchst priorisierten Projekt erklärt. Denn es gibt sie nicht, diese eine Bauanleitung für New Work, die Sie nur Schritt für Schritt befolgen müssen, um Arbeit auch in Ihrem Unternehmen menschlicher zu machen. Methoden und Tools können hilfreich sein, um Bestehendes zu reflektieren, Veränderungen anzustoßen und neues Denken zu unterstützen, doch echtes New Work ist am Ende vor allem eine Frage der persönlichen Haltung, von erlebbarem Verhalten sowie einer Strategie und Unternehmenskultur, die den Spagat schafft zwischen ökonomischem Erfolg und solchen persönlichen Werten, die den Menschen im Unternehmen wichtig sind – und dies vom Topmanagement bis zur Basis und zurück.

2: Für New Work müssen wir uns alle lieb haben

Es ist ein fataler Denkfehler, die Basis für New Work sei Kuschelkurs und es werde alles gut. Es geht nicht um »Ihr Lieben, ab heute duzen wir uns alle« – weil man es bei New Work halt so macht. Ganz im Gegenteil, es macht Arbeit schwerer. Denn jeder Kuschelkurs-Führung fehlt Sicherheit durch Klarheit. New Work sollte vielmehr wirklich gute Beziehungen zwischen Menschen fördern und so die Grundlage für echte Wertschätzung und eine offene, klare und respektvolle Kommunikationskultur schaffen. Denn nur so können auch die Fetzen fliegen und kann Kritik laut werden, ohne im gleichen Moment die Kollegialität im Team und die gute Beziehung zum Chef infrage zu stellen.

3: Wir brauchen New Work, um als Arbeitgeber attraktiv zu sein

Es ist zu kurz gedacht, New Work sei der neue Stern am Himmel für ein glänzendes Employer Branding. Wer als Unternehmer glaubt, es reiche aus, die eigenen Karriereseiten, Geschäftsberichte und Social-Media-Posts mit »New Work«, bunten Bildern von frischem Obst und fröhlichen Mitarbeitern am Kickertisch zu schmücken, um den Kampf um die besten Talente zu gewinnen, der hat nicht verstanden, worum es wirklich geht. Wer lediglich als Trittbrettfahrer auf den Zug »New Work« aufspringt und darin vor allem ein trendiges Marketinginstrument sieht, dem kann und wird der Wandel hin zu einer wirklich neuen Arbeitswelt in Zukunft nicht gelingen.

New Work: Schmerzvermeidung oder Lustgewinn?
New Work wird häufig im Kontext von Digitalisierung, Industrialisierung, Arbeiten 4.0, künstlicher Intelligenz und anderen unsere Wirtschaft und den Arbeitsmarkt beeinflussenden Entwicklungen genannt. Was mich bei vielen Debatten stört ist, dass uns ein Bild vermittelt wird, als rase ein Meteorit namens »Digitalisierung« auf

die Erde zu und werde schon morgen auf die Arbeitswelt einschlagen. Es werden Horror-Szenarien schwarz-weiß gezeichnet und es wird uns suggeriert, dass wir vor der fundamentalsten und härtesten Veränderung aller Zeiten – ever! – stehen.

Der Philosoph Richard David Precht sagte in seiner Keynote auf der XING New Work Experience unter anderem, dass »Tätigkeiten, die keiner Empathie bedürfen, in Zukunft durch Roboter ersetzt werden. Dies betrifft in Deutschland 10 bis 20 Millionen Menschen.«

New-Work-Vorreiter und ehemaliger Telekom Vorstand Thomas Sattelberger twitterte im Anschluss an seinen Vortrag: »Um digitale Transformation zu bewältigen, brauchen wir #blood, #sweat & #tears. Sonst kann sich Deutschland vom Acker machen.«

Wie geht es Ihnen bei solchen Botschaften? Haben Sie so noch wirklich Lust auf Veränderung? Ich bin der Meinung, dass Horror-Szenarien über Massenentlassungen durch das Schreckgespenst Digitalisierung ebenso wie Mutmach-Parolen und Aufrufe zum Rebellentum, um unter größtmöglicher Anstrengung die Transformation der Arbeitswelt zu bewältigen, stärker die Angst vor Neuem schüren als echte Lust auf Veränderung zu wecken. Angst kann Auslöser für Veränderungen sein, doch gute Lösungen entstehen leichter aus der Lust auf Neues.

Ist New Work kein Lustgewinn, ist es noch kein New Work
Ich habe das Gefühl, dass New Work zunehmend unter Druck steht. Einem Druck aus Zwang zur Veränderung. Wer New Work nicht bis morgen einführt, der kann einpacken. Schnell muss es gehen, also Augen zu und durch. Und so wird New Work in meiner Wahrnehmung immer mehr zum vermeintlich steinigen Weg, den es gilt, nun nach vielen Jahren der Diskussion endlich auch noch tapfer zu beschreiten – bevor es zu spät ist.

Ist uns in den letzten Jahren die wirkliche Lust auf Veränderung so sehr abhanden gekommen? Sind wir der vielen Veränderungen etwa längst überdrüssig geworden? Sehnen wir uns vielmehr nach Sicherheit und Beständigkeit in einer immer schneller und komplexer werdenden Arbeitswelt? Oder war früher doch alles besser und es soll so bleiben, wie es gerade ist?

Ich wünsche mir, dass New Work in Zukunft weniger für Schmerzvermeidung, sondern wieder mehr für Lustgewinn steht. Für Sog statt Druck. Dafür, nicht weg zu **müssen** von einer alten Arbeitswelt, die den Entwicklungen der Zukunft nicht mehr gewachsen sein wird. Vielmehr geht es um ein hin **Wollen** und **Dürfen** zu einer neuen Arbeitswelt, die eine gesunde Verbindung aus Arbeit und Privatleben sowie neue Formen der Zusammenarbeit möglich macht – und gleichzeitig zu den Entwicklungen der Zukunft passt. Vielleicht ist dieser neue Weg überhaupt nicht so steinig, wie wir glauben, sondern es geht viel leichter, als wir denken, und er macht jedem von uns auf seine Art und Weise und in seinem Tempo sogar Freude.

Fünf provokante Fragen an CEOs und Personalchefs

Nico Rose

»Geht nicht gibt's nicht«, sagt ein bekannter Spruch aus der Werbung. Wenn jemand in Bezug auf eine Veränderung im Unternehmen den Satz »Das geht bei uns nicht!« sagt, ist das folglich i. d. R. Quatsch – wenn es denn woanders bereits funktioniert. Manche Veränderung benötigt allerdings einen veritablen Paradigmenwechsel, ansonsten erscheint sie tatsächlich unmöglich.

Das Wort »provokant« wird häufig in einer negativen Konnotation verwendet. Wer provoziert, der (ver-)stört. Im Grunde bedeutet es jedoch zunächst nicht viel mehr als »hervorrufen«. Wer provoziert, will etwas in anderen verursachen: neue Gefühle, Gedanken, Einsichten. Auf diese Weise sind auch die Fragen im folgenden Abschnitt zu verstehen. Sie sind über die vergangenen Jahre entstanden, während ich viele Vorträge über New-Work-Themen – meist vor einem dezidierten Old-Work-Publikum – gehalten habe. Wenn Sie bereits in einem sehr progressiven Umfeld arbeiten, werden Ihnen die Fragen möglicherweise trivial vorkommen. Wenn Sie in einem sehr konservativen Umfeld arbeiten, mögen Sie mir beim Lesen vielleicht innerlich den Vogel zeigen. Beides ist okay.

Gewählte Führung

Wenn Sie Ihren Mitarbeitern zum Jahreswechsel turnusmäßig (z. B. alle zwei Jahre) gestatten würden, demokratisch über die Be- und Absetzung aller Führungspositionen im Unternehmen zu entscheiden: Wieviel Prozent der aktuellen Führungskräfte wären nach einer solchen Wahl noch in Amt und Würden? Vermutlich:
1. ziemlich wenige;
2. ziemlich viele.

Wenn die Antwort 1) lautet: Was sagt das über Ihre Führungskräfteentwicklung aus? Wenn sie 2) lautet – und Sie dennoch keine Wahl zulassen: Was sagt das über Ihre Haltung zu den Mitarbeitern und zu deren Selbstbestimmtheit aus?

Freie Gehaltswahl
Wenn alle Ihre Mitarbeiter zum neuen Jahr ihr Gehalt frei bestimmen dürften, nachdem man ihnen ein paar Nachdenkhilfen an die Hand gegeben hätte (z. B.: »Was würden sie in gleicher Position bei unserem wichtigsten Mitbewerber bekommen?«) – würden die Gehaltskosten:
1. gar nicht steigen;
2. ein wenig steigen;
3. deutlich steigen?

Wenn die Antwort 1) lautet: Was hält Sie davon ab, diese Maßnahme umzusetzen? Wenn sie 2) lautet: Können Sie sich vorstellen, dass das Plus an Vertrauen und Motivation der Mitarbeiter den leichten Anstieg der Kosten mehr als kompensieren könnte? Und wenn sie 3) lautet: Was sagt das über das Lohnniveau in Ihrem Unternehmen und (vermutlich) die Wechselbereitschaft der Mitarbeiter aus?

Selbstorganisation
Wenn jeder Ihrer Mitarbeiter turnusmäßig (z. B. einmal im Halbjahr) komplett frei entscheiden könnte, woran und mit wem dieser in den kommenden sechs Monaten arbeitet – würde:
1. der Laden vermutlich auseinanderfliegen;
2. alles vermutlich genauso gut (und vielleicht sogar besser) funktionieren.

Wenn die Antwort 1) lautet: Was sagt das über den Reifegrad Ihrer Belegschaft, vor allem der Führungskräfte aus? Wenn sie 2) lautet: Was hält Sie davon ab, diese Maßnahme umzusetzen?

Basisdemokratie
Wenn Sie im Intranet ihrer Organisation ein System implementieren würden, mit dem jeder Mitarbeiter (unabhängig von Abteilung und Erfahrungsgrad) zu jedem beliebigen Thema (von der neuen Kaffeemaschine bis zur Unternehmensstrategie) Veränderungsvorschläge einbringen könnte – und die Geschäftsleitung wäre per Unternehmensverfassung dazu verpflichtet, diese Vorschläge umzusetzen, wenn sich nach ausgiebiger Diskussion mehr als 50 Prozent der Belegschaft in einer

Abstimmung dafür aussprächen (so lange nicht gegen geltendes Recht verstoßen wird) – würde:
1. der Laden vermutlich auseinanderfliegen;
2. alles vermutlich genauso gut (vielleicht sogar besser) funktionieren.

Wenn die Antwort 1) lautet: Was sagt das über den Reifegrad Ihrer Belegschaft, vor allem der Führungskräfte aus? Wenn sie 2) lautet: Was hält Sie davon ab, diese Maßnahme umzusetzen?

Transparenz
Wenn sämtliche betriebsrelevanten Daten Ihres Unternehmens (Finanzkennzahlen, Auslastung, Kundenzufriedenheit, Budgets usw.) für alle Mitarbeiter jederzeit frei einzusehen wären (so lange nicht gegen geltendes Recht verstoßen wird) – hätten Sie dann:
1. ein Problem;
2. kein Problem.

Wenn die Antwort 1) lautet: Welches Problem haben Sie dann konkret? Wenn sie 2) lautet: Was hält Sie davon ab, diese Maßnahme umzusetzen?

Das geht bei uns (nicht)
Falls Sie mir beim Durchlesen dieser Fragen innerlich den Vogel gezeigt haben (was, wie eingangs erwähnt, völlig okay wäre), dann lassen Sie mich bitte anmerken, dass es in Deutschland und anderswo schon längst Unternehmen gibt, die genau nach diesen Prinzipien steuern (lassen). Ich weiß anhand der Reaktionen in meinen Vorträgen, dass manche Menschen schnell geneigt sind, in etwa Folgendes zu sagen: »Das klingt ja alles gut und schön, aber das geht bei uns nicht, weil ...«.

Zunächst: Es gibt gute Gründe für diese Reaktion. Wenn Sie beispielsweise Kernkraftwerke betreiben, ist es mir und allen Menschen auf dem Globus sehr recht, dass nicht einfach jeder Ihrer Mitarbeiter Veränderungsvorschläge einbringen und umsetzen darf. Alles hat seinen (guten) Kontext. Auch sonst habe ich volles Verständnis für diese Reaktion. Ich rate meinen Zuhörern an dieser Stelle, möglichst nicht in die »Ganz-oder-gar-nicht-Starre« zu verfallen. Stattdessen könnten die folgenden Fragen hilfreich sein:
- Welche Haltung (oder welches Prinzip) steckt hinter den vorgestellten Ansätzen? Was davon lässt sich auch in unsere bestehende Steuerung integrieren?
- Wieviel Prozent dieser radikalen Vorschläge könnten bei uns funktionieren? Und worin genau könnte sich dieser Prozentsatz äußern?

Bonusfrage
Wenn Ihre Mitarbeiter zu Weihnachten einen Zauberstab geschenkt bekämen, mit dessen Hilfe sie im neuen Jahr ihre Ziele in perfekter Art und Weise erreichen könnten – allerdings mit:
1. nur 5 Stunden Arbeit pro Tag;
2. nur 5 Stunden Arbeit pro Woche.

Wäre das okay? Wenn die Antwort auf 1) oder 2) oder auch auf beide Optionen »nicht okay« lautet: Welche Überzeugungen stehen dahinter?

Die 4-Tage-Woche macht Arbeit nicht gesünder

Bernd Slaghuis

Die 4-Tage-Woche wird im Rahmen neuer Arbeitsmodelle immer häufiger diskutiert. Der Anteil von Kopfarbeit nimmt immer weiter zu, die Reduzierung von Arbeitszeit war in der Vergangenheit die Konsequenz. Warum dies nicht die Lösung für die Zukunft ist und wir alle für unsere »Mental-Hygiene« selbst verantwortlich sind.

Bis 2025 werden Maschinen erstmals anteilig mehr Arbeitsschritte erledigen als Menschen, so eine aktuelle Prognose[6] des Weltwirtschaftsforums. 75 Mio. Arbeitsplätze werden geschätzt bis 2022 weltweit von Technik verdrängt werden, im Gegenzug könnten 133 Mio. neue Funktionen entstehen. Ein Blick in die Top 10 der zunehmenden und rückläufigen Berufe zeigt: Es wird mehr Arbeit für kreative Innovatoren, Software- und Systementwickler, Spezialisten, Change-Gestalter sowie flexible Alltagsmanager geben. Tätigkeiten mit hohem Routine- oder geringem Kreativanteil hingegen werden in Zukunft weiter abnehmen.

Ein Trend, der alles andere als überraschend neu ist, sondern seit der ersten industriellen Revolution Ende des 18. Jahrhunderts voranschreitet und heute als »Industrie 4.0« seine vierte Epoche durchläuft. Mit der Verschiebung der Arbeitsteilung vom Menschen auf die Maschine ging immer auch ein Wandel der Arbeits- und Lebensbedingungen einher. Besonders deutlich wird dies in der Entwicklung der Wochenarbeitszeit von 60 Stunden im Jahr 1900 auf durchschnittlich 37,7 Stunden heute. Mehr Kopfarbeit, weniger Arbeitszeit – eine Gleichung, die auch in Zukunft noch gilt?

»8 Stunden Arbeit, 8 Stunden Freizeit, 8 Stunden Schlaf«
Was Sozialreformer Robert Owen bereits Mitte des 19. Jahrhunderts mit dieser plakativen Formel beschrieb, wurde mit dem Achtstundentag in Deutschland 1918 gesetzlich festgeschrieben. 1955 setzten die DGB-Gewerkschaften mit der Kampagne »*Samstag gehört Vati mir*« die Einführung der 5-Tage-Woche und damit die erneute Reduktion der Arbeitszeit zugunsten von Freizeit durch.

Sprechen wir heute über die 4-Tage-Woche und damit rechnerisch über eine 32-Stunden-Woche, dann setzt sich der Trend Freizeit für Kopfarbeit weiter fort. Doch ich bin der Meinung, wir erliegen einem Denkfehler, wenn wir die Vergangenheit mit der gleichen Logik in die Zukunft fortschreiben, um Arbeit gesund zu gestalten.

Die Work-Life-Balance ist tot, Arbeitszeit ist Lebenszeit
8 Stunden arbeiten, 8 Stunden leben und 8 Stunden schlafen war so lange eine gesunde Regel, wie Arbeit und Leben voneinander getrennt waren. Man ging zur Arbeit, verrichte sein Tagwerk und machte Feierabend. Mein Vater kam früher oft spät abends aus dem Büro, doch ich erinnere mich nicht daran, dass er Arbeit mit nach Hause brachte.

Mit dem Einzug mobiler Kommunikationstechnologien in den letzten 20 Jahren und dem parallelen Anstieg von grenzenloser Kopfarbeit hat Arbeit immer mehr Raum im Privatleben eingenommen und damit die bisherige Grenze zweier Lebensbereiche aufgehoben. Eine Veränderung, die den Rahmen von Arbeit und auch Leben so grundlegend geprägt hat, dass es in Zukunft nicht mehr ausreichen wird, nur neue Arbeitszeitmodelle oder verbesserte Rahmenbedingungen für die Arbeit zu schaffen.

Mit dem Modell der Work-Life-Balance haben wir einige Jahre versucht, die Kraft raubende Arbeitszeit in der einen mit der erholsamen Lebenszeit in der anderen Waagschale in Harmonie zu bringen und so eine neue künstliche Grenze zu ziehen. Doch selbst dieses Ziel ist heute eines unserer stärksten Stressoren, schließlich ist »*Keine Zeit!*« längst nicht mehr nur im Beruf, sondern auch im durch die Freizeit gestressten Privatleben zur belastenden Daueransage geworden.

Arbeitszeit ist Lebenszeit, es gibt keine zwei Seiten mehr aus gut und böse, Energie spendend und Kraft raubend. Stattdessen muss es in Zukunft vielmehr darum gehen, Arbeit individuell zu gestalten, damit sie jedem von uns ausreichend Energie gibt für ein gesundes Leben, in dem wir leistungsfähig sein können. Ein Leben, in dem wir uns von Kopfarbeit erholen können, das uns neuen Freiraum für kreatives Denken im Beruf ermöglicht und in dem alles das mehrheitlich erfüllt ist, was uns heute und in Zukunft wirklich wichtig ist.

Investition in »Feelgood« allein macht Arbeit nicht gesund
Manche Manager glauben, ihren Mitarbeitern Gutes zu tun, wenn sie Entspannungsmassagen verschenken, die Hotline zum Therapeuten bezahlen, Obst und Getränke verteilen und bunte Vergnügungsecken mit Kickertischen und Hängematten einrichten sowie mit schicken Großraumbüros und mobilen Technik-Spielereien den Austausch zwischen Menschen fördern. Keine Frage, dies alles ist nett und kein Arbeitnehmer wird freiwillig »Nein Danke!« sagen, doch wie sich vielerorts inzwischen zeigt, kehrt sich manche anfänglich glänzende Feelgood-Idee heute sogar ins Gegenteil:

Arbeitnehmer, die in Großraumbüros mit Kopfhörern abgeschirmt zwischen Design-Schallschutzwänden stumm ihre Arbeit verrichten und Kickertische, die von mittendrin-jubelnd nun genervt in die hinterste Ecke verbannt wurden. Gesundheitsprogramme, die nur noch auf der Karrierewebsite stattfinden, weil Frau Müller keine Lust hat, morgens um 8:00 Uhr gemeinsam mit Kollege Maier Gymnastik zu treiben. Oder der vegane Bio-Kantinentag, der nach vier Wochen Arbeiterprotest doch wieder gegen Currywurst-Pommes verloren hat. Die Sache mit der schönen neuen Arbeitswelt ist nicht so einfach, wie es New-Work-Berater, Obstlieferanten und Büromöbelhersteller verkaufen.

83 Prozent der befragten XING Mitglieder gaben in einer Trendstudie[7] 2018 an, dass ihre Arbeitsbelastung durch die Digitalisierung heute bereits zugenommen hat. Pausen und bewusste Auszeiten zur Erholung gönnen sich jedoch nur weniger als die Hälfte. Wie kann das sein, zumal Arbeitgeber doch so viel investieren, um Arbeit besser zu gestalten? Feelgood auf Verordnung als Antwort auf mehr Kopfarbeit ist offensichtlich keine wirksame und vor allem keine nachhaltige Lösung für die Zukunft.

Die 4-Tage-Woche ist nett, aber Zukunftsdenke von gestern
Ich frage Sie: Was würden Sie bei einer 4-Tage-Woche am geschenkt freien 5. Tag tun? Den überfälligen Arzttermin einplanen, die Wäsche von Samstag auf Freitag schieben oder endlich die Präsentation für das Strategiemeeting erstellen, zu der Sie im

Büro niemals kommen? Mal ehrlich, wie sehr würde eine 4-Tage-Woche tatsächlich dazu beitragen, Ihren Kopf so richtig zu entspannen?

Die Idee der 4-Tage-Woche fußt ebenso auf der alten Trennung zwischen Arbeit und Leben. Doch gerade Kopfarbeit geschieht jederzeit und überall. Den Kopf einfach einen ganzen zusätzlichen Tag lang frei von Arbeit zu machen, ist eine im wahrsten Sinne des Wortes un-sinnige Idee gestriger, in der Zeit von »gutes Leben gegen böse Arbeit« groß gewordener Manager, Politiker und Gewerkschaftsvertreter. Und für die Zukunft der Arbeit ist es nicht nur realitätsfremd, sondern aus meiner Sicht auch langfristig wirkungslos, wenn es um Anreize für mehr Erholungszeit für eine gesündere Kopfarbeit geht.

Für seine »Mental-Hygiene« ist jeder selbst verantwortlich!
Ich weiß, der Begriff der *»Psychohygiene«* hat eine lange und teilweise auch dunkle Geschichte, doch das Bild der »Mental-Hygiene« erscheint mir zweckmäßig für meinen folgenden Denkansatz: Denn ich bin der Meinung, Hygiene im Kopf ist ebenso Teil unserer Gesundheitspflege wie die Körperhygiene. Es ist heute selbstverständlich für uns, dass wir uns regelmäßig waschen und unseren Körper pflegen. Spätestens dann, wenn es beginnt zu müffeln, werden die meisten von uns sofort aktiv. Doch wenn es im Kopf raucht und es uns wortwörtlich stinkt, dann nehmen wir es mit der »Hygiene« scheinbar nicht so ernst. Schließlich dürfte allen in der oben genannten XING-Studie Befragten bewusst sein, dass sie sich eigentlich mehr Auszeiten und Erholung für den Kopf gönnen müssten – sie tun es jedoch nicht.

Ich habe den Eindruck, dass wir immer mehr vergessen und inzwischen mitunter auch verlernt haben, neben der regelmäßigen äußeren auch innere Hygienearbeit zu betreiben: Pausen zu machen, wenn es im Oberstübchen qualmt. Ausgleich zu kreativem Denken etwa durch Sport zu schaffen. Kopfarbeit immer dann durch Freizeit zu unterbrechen, wenn es sinnvoll ist. Mehr von dem zu tun, was uns Kraft gibt und die Akkus auflädt, sobald uns Arbeit oder Leben Energie genommen haben.

Es ist zu leicht, Arbeitgeber oder Chefs allein dafür verantwortlich zu machen, ob es uns im Beruf gut oder schlecht geht. Management, Führung und Teams können Rahmenbedingungen für gesundes Arbeiten schaffen, doch Mental-Hygiene kann nur in unserer eigenen Verantwortung liegen. Mehr Selbstverantwortung jedes einzelnen als »Hygiene-Chef« des eigenen Lebens wird dazu beitragen, Kopfarbeit in Zukunft durch ein bewusstes Erteilen der Erlaubnis für Erholungszeit gesund zu halten.

Recht auf Homeoffice? Flexibles Arbeiten benötigt Vertrauen statt Gesetze

Bernd Slaghuis

Benötigen wir in Deutschland ein gesetzlich verankertes Recht auf Homeoffice, wie es von der SPD Anfang 2019 gefordert wurde? Warum neue Arbeitszeitgesetze nicht die Lösung sind, sondern den zwischen vielen Unternehmen und Arbeitnehmern vorhandenen Graben weiter verbreitern.

Die SPD verfolgt mit ihrem Anfang Februar 2019 beschlossenen Strategiepapier »Arbeit – Solidarität – Menschlichkeit«[8] unter anderem das Ziel, das Recht auf mobiles Arbeiten und Homeoffice gesetzlich zu verankern. Es geht um »mehr Freiheit für die Beschäftigten, Leben und Arbeiten miteinander zu verbinden«. Sie verweist auf eine Veröffentlichung[9] des Deutschen Instituts für Wirtschaftsforschung (DIW) aus dem Jahr 2016, nach der 40 Prozent der Beschäftigten in Deutschland theoretisch von zuhause aus arbeiten könnten, jedoch nur 12 Prozent der Arbeitnehmer ihren Wunsch nach flexibler Arbeit erfüllt bekommen.

Eines vorweg: Es geht mir weder darum, irgendjemandem aus der Seele zu sprechen, noch möchte ich Parteipolitik irgendwelcher Couleur betreiben. Ich arbeite in der Karriereberatung überwiegend mit Angestellten, die ihre Coachings privat bezahlen. Mir liegt die Gesundheit von Arbeitnehmern und deren Zufriedenheit in ihren Jobs am Herzen, denn ich sehe, warum sie ihre Arbeitgeber frustriert oder bereits krank verlassen und erfahre, was sie sich stattdessen stärker wünschen. Ich weiß aus vielen Coachings, was hinter ihrer Sehnsucht nach mehr Flexibilität und zeitlicher Selbstbestimmung im Beruf steckt und was es ihnen bedeutet oder wann es sie auch belastet, zeitweise zuhause zu arbeiten.

Flexibles Arbeiten ist mehr als ein gesetzliches Recht auf Homeoffice
Ja, flexible Arbeitszeiten stehen bei vielen Angestellten hoch im Kurs. Sie möchten selbst entscheiden dürfen, ob sie mal um 7 oder 9 Uhr beginnen, ob sie nachmittags zum Arzt gehen oder ihr Kind früher aus der Kita abholen und abends die Arbeit des Tages nachholen. Sie möchten zuhause arbeiten dürfen, wenn ihr Kind oder Partner krank ist, das Auto streikt, sie Handwerker erwarten oder ein Schneechaos droht. Es geht um Vertrauen, statt um starre Regeln, Kontrolle und Zeiterfassung per Stechuhr.

Es geht ihnen um Flexibilität im kleinen Rahmen und in Ausnahmefällen. »Arbeiten wo, wann und wie ich will«, das ist der Traum jedes digitalen Nomaden oder freigeistigen Solopreneurs, die Mehrheit der Festangestellten jedoch würde dieses Ausmaß an Flexibilität und damit auch Selbstverantwortung heute noch mehr überfordern als glücklich stimmen.

Natürlich spendet jeder Arbeitnehmer der SPD und anderen Befürwortern schnellen Beifall, wenn es um einen Rechtsanspruch auf Homeoffice geht. Natürlich erfährt die Presse von der breiten Masse ihrer Leser Zustimmung, wenn sie schreiben, ein solches Gesetz sei längst überfällig. Und natürlich empfindet es Frau Meier als ungerecht, wenn Herr Müller einen Tag pro Woche gemütlich zuhause arbeiten darf, jedoch bei ihrem Arbeitgeber starre Präsenzpflicht oberste Ansage ist. Natürlich ist es für die meisten von uns eine verlockende Aussicht, morgens nicht Stunden im Stau zu verbringen, im Großraumbüro nicht den Launen der nervigen Kollegen ausgesetzt zu sein, den guten Kaffee aus der eigenen Maschine zu genießen und bequem in Jogginghose vom heimischen Esstisch aus unseren Job erledigen zu können.

Doch es ist auch nicht alles Gold, was im Homeoffice glänzt: Wem etwa Kollegialität und Einfluss wichtig sind, der fühlt sich schnell außen vor. Führung aus der Distanz läuft Gefahr, zu verkümmern. Die Trennung von Beruf und Privatleben weicht weiter auf. Wer zuhause arbeitet, leistet schnell mehr Überstunden als im Büro. So manche jungen Eltern stresst der Gedanke, ihr Kind könnte im wichtigen Video-Call mit dem Großkunden im Hintergrund Faxen machen. Auch wenn Studien immer wieder zeigen, dass die Produktivität im Homeoffice steigt, so fällt es doch ebenso vielen »Heimarbeitern« schwer, sich selbst zu motivieren und auch zuhause einen gesunden Rhythmus aus effizientem Arbeiten und erholsamen Pausenzeiten zu finden.

Neue Arbeitsgesetze verbreitern den Graben zwischen Arbeitgebern und Arbeitnehmern
Was mich an der Absicht der SPD, einen Rechtsanspruch auf Homeoffice zu schaffen, stört, das ist der alte Glaube von Politikern und Gewerkschaften, die vermeintlich schwachen Arbeitnehmer vor den starken Arbeitgebern beschützen und so Arbeitsgerechtigkeit per Gesetz verordnen zu müssen. Es befeuert die Vorstellung von Unterordnung, Ausbeutung und harter Lohnarbeit. Und es zeigt, dass wir selbst nach einem politischen Generationenwechsel von der seit Jahren von der Bundesregierung diskutierten Idee von Arbeiten 4.0 und »New Work« weiter entfernt sind denn je.

1 Arbeitswelt & Change

Wenn Parteien derart populäre Themen nutzen, um Stimmung für Stimmen zu machen, dann sollten sie in ihrem Verantwortungsbereich bleiben. Wie sich Arbeitgeber und Arbeitnehmer in der freien Wirtschaft darauf verständigen, Homeoffice in individueller Absprache zu regeln, das ist für mich keine Frage von Recht und Gesetz, sondern von Ökonomie, gepaart mit gesundem Menschenverstand – weil Arbeitgeber selbst erkennen, dass sie durch das Angebot von Homeoffice für Jobwechsler attraktiver werden und die Qualität der Bewerbungen steigt. Weil sie mit der Zeit spüren werden, dass ihre Mitarbeiter motivierter und leistungsfähiger sind und Krankenquoten sowie Fluktuationsraten sinken. Weil Manager verstehen lernen, dass innovative Konzepte für flexibles Arbeiten heute und umso stärker in Zukunft strategische Wettbewerbsvorteile bedeuten.

Ist es in unserer modernen Arbeitswelt wirklich noch die Aufgabe von Politik und Staat, Angestellte vor ihren Arbeitgebern zu beschützen? Und ist es richtig, Arbeitgebern per Gesetz etwas aufzuerlegen, was ihnen eigentlich zum Vorteil dient? Ist es nicht vielmehr die gute alte Funktion von Markt und Wettbewerb, genau solche Entwicklungen mit der Zeit zu regulieren?

Und was ist mit der Mehrheit (60 Prozent) der Beschäftigten, deren Jobs kein Homeoffice erlauben? Was bringt ein Rechtsanspruch auf mobiles Arbeiten der Arbeiterin in der Fabrik, dem Bäckereiverkäufer, der Ärztin oder dem Pfleger im Krankenhaus, dem Taxi- oder dem Busfahrer, der KfZ-Mechanikerin und dem Mitarbeiter im Call-Center? Sie alle würden mit diesem Gesetz ein einklagbares Recht auf flexibles Arbeiten und Homeoffice erhalten und Arbeitgeber wären in der Pflicht, die Nichtmachbarkeit formal zu erklären. Es wäre ein weiteres Gesetz samt zugehörigem Bürokratiemonster, das den Grabenkampf Arbeitnehmer gegen Arbeitgeber weiter befeuert, statt beide Seiten in einer modernen Arbeitswelt als Partner auf Augenhöhe vertrauensvoll näher aufeinander zuzuführen.

Flexibles Arbeiten erfordert Vertrauen statt neuer Gesetze
Gesetze verfolgen den Zweck, starre Regeln zu schaffen. Sie geben Sicherheit und sorgen für Ordnung sowie Gerechtigkeit. Keine Frage, es ist wichtig und notwendig, die alten Rahmenbedingungen von Arbeit an eine durch die Digitalisierung heute stark veränderte Arbeitswelt anzupassen. Doch hierfür benötigen wir aus meiner Sicht keine weiteren Vorschriften, sondern stattdessen eine Anpassung und Lockerung der bestehenden Gesetze, um beiden Seiten mehr Flexibilität zu erlauben und so die echten Vorteile von digitalem Arbeiten zu nutzen.

Denn ein Recht auf Homeoffice ist solange wertlos, wie sich etwa der Mitarbeiter eines Großkonzerns ab 21 Uhr nicht mehr mit seinem Laptop einloggen darf, um arbeitsschutzrechtlich definierte Ruhezeiten einzuhalten. Ebenso schädlich wäre dieses Gesetz, wenn es Arbeitgeber dazu animiert, Mitarbeiter ungefragt und regelmäßig in ihr Homeoffice zu verbannen, um Arbeitsplätze und Büromieten zu sparen.

Ich bin der Meinung, dass wir für eine bessere Arbeitswelt die Rahmenbedingungen von Arbeit in Zukunft nicht noch stärker staatlich regulieren sollten, sondern Zusammenarbeit als vertrauensvolle und individuelle gute Beziehung zwischen Arbeitgebern und Arbeitnehmern als Gesellschaft neu gestalten müssen. Dies wird mehr Zeit und Kraft erfordern, als ein Gesetz zu verabschieden. Doch nur so wird es gelingen, Arbeit zu verändern und in Zukunft nachhaltig gesund zu machen. Hierbei kann und sollte Politik einen Beitrag leisten – jedoch anders als gewohnt.

Querdenker: Wer stört, muss gehen

Bernd Slaghuis

Viele Arbeitgeber wünschen sich innovatives Querdenkertum ihrer Mitarbeiter und loben sogar Prämien für Verbesserungsvorschläge aus. Doch die Realität in Unternehmen sieht für viele Querdenker oft noch anders aus. Denn wer stört, der muss gehen.

Seit Tagen schwirrt mir eine Überschrift im Kopf herum: »*Querdenker, mach Dein Ding!*«. Mich beschäftigt diese Headline, weil ich Unternehmen von innen sehe, die vor lauter Risikoaversion und Schwur auf Best Practice an ihren Regeln verstaubter Unternehmensführung langsam, aber sicher selbst ersticken. Weil ich im Coaching täglich mit Angestellten arbeite, die vor großartigen Ideen nur so sprudeln, jedoch von auf Harmonie getrimmten Kollegen oder von Angst getriebenen Chefs Denkverbote auferlegt bekommen. Und weil ich das bunte Gerede von Diversity, New Work und Arbeiten 4.0 nicht mehr hören kann, solange sich in Chef-Etagen falsches Spiel, Machtgehabe sowie patriarchalisches von oben herab Regieren von Generation zu Generation vererben.

Sie werden mir vermutlich zustimmen, dass mehr Querdenker und Gegen-den-Strom-Schwimmer vielen Unternehmen hierzulande einen ordentlichen Schub an Innovation und Wettbewerbsfähigkeit bescheren würden. Doch ich habe mich entschieden, diesen positiven Appell an Arbeitnehmer für mehr mutiges Querdenkertum hier und heute nicht mit gutem Gewissen auszusprechen. Denn ich sehe, was mit kritischen Andersdenkern, visionären Innovationstreibern, kreativen Machern und friedlichen Störenfrieden in viel zu vielen Organisationen immer noch geschieht:

Sie werden mit System mundtot gemacht, hinterrücks aus Meetings ausgeladen, ihr Verantwortungsbereich wird häppchenweise beschnitten und bei nächstbester Gelegenheit erhalten sie die befreiende Chance, sich selbst mit großzügiger Abfindung an die frische Luft zu befördern. Warum sollte ich Sie ermutigen, sich das anzutun?

Querdenker ja gerne, Veränderung nein danke
Wer glaubt, dies sei eine Frage von Unternehmensform, Position, Hierarchie, Alter oder gar Geschlecht, der irrt. Der Sachbearbeiter in der Buchhaltung des kleinen Familienbetriebs, der nach 20 Jahren Formulare ausfüllen die Reisekostenabrechnung digitalisieren möchte, der macht sich genauso unbeliebt, wie die junge Teamleiterin im DAX-Konzern, die sich mit ihren Mitarbeitern ohne auszustempeln wöchentlich gegenüber auf der grünen Wiese zum »Design Thinking Meet-Up« trifft oder der Vorstand, der seinen Aufsichtsrat mit strategischen Visionen in Panik versetzt, während das nächste Quartalsziel die gelb-rote Ampel zeigt.

Ja klar, wie immer gibt es Ausnahmen und so sicherlich auch in manchen Unternehmen solche Inseln der Glückseligkeit, auf denen Querdenkertum nicht nur geduldet, sondern höchst erwünscht ist. Mit Sicherheit noch in vielen der trendigen Start-ups in Berlin oder Hamburg, doch bereits in den agilen Hubs und Digitalablegern deutscher Großkonzerne werden Querdenker nur noch an der langen Leine geführt. Die echten Spielwiesen für Querdenker sind in meiner Wahrnehmung noch mehr die große Ausnahme als in der Breite gelebte Realität – tendenziell nimmt ihre Zahl sogar noch ab, je dynamischer und komplexer unsere Arbeitswelt wird. So kommt es mir jedenfalls vor.

Oder wie ist das bei Ihnen? Hat Ihr Chef die Zeit und Lust, mit Ihnen außerhalb des Tagesgeschäfts in Ruhe über kreative Ideen zu sprechen? Sind Ihre Kolleginnen und Kollegen an Ihren Gedanken interessiert und hören Ihnen zu? Oder gibt es auch bei Ihnen diese anonyme E-Mail-Adresse in der HR-Abteilung, an die Sie Verbesserungsvorschläge schicken können und – wenn das Los auf Sie fällt, Ihnen am Ende des Jahres eine Auszeichnung »blüht«? Mal angenommen, Sie wären ein Querdenker – würden Sie sich als solcher bei Ihrem Arbeitgeber willkommen und wirklich ernst genommen fühlen?

Störung führt zu Bestrafung, Anpassung zu Belohnung

Wer sich anpasst und die Regeln befolgt, der überlebt. Willkommen in der Steinzeit! Aber ja, dies ist eine in unseren Köpfen noch tief verankerte Überlebensstrategie, die uns von Kindesbeinen an prägt und zudem gesellschaftlich weiterhin höchst konsensfähig ist. Wir lernen früh, dass Störung Bestrafung und Anpassung Belohnung zur Folge haben. Der verhaltensauffällige Schüler erfährt die sanktionierende Sonderbehandlung, nicht der angepasste Mitläufer. Wer nicht ist wie die Masse, wird ausgegrenzt, übersehen oder nicht gehört. Zu klug, zu langsam, zu laut, zu zurückhaltend, zu unruhig, zu kritisch, zu fordernd. Einfach lästig.

Ich bin der Meinung, wir können es uns als moderne Gesellschaft und in der Folge auch in einer Arbeitswelt 4.0 nicht mehr leisten, angepasstes Mittelmaß als bescheidene Durchschnittlichkeit zu fördern. Der leise, zurückhaltend Beobachtende hat die gleiche Aufmerksamkeit verdient, wie der lebhaft Laute. Introvertierte Menschen verfügen genauso über besondere Stärken und Talente wie Extrovertierte. Der Optimist braucht den Bedenkenträger in manchen Situationen genauso wie der Futurist den Realisten. Echte Diversity ist mehr als Frauenquote und LGBTI-Toleranz. Sie ist auch und vor allem Offenheit gegenüber und echtes Interesse an anderen Sichtweisen und Meinungen. »*Wer stört, muss gehen*« passt nicht mehr in unsere Zeit.

Störungen sind Signale von Menschen, die etwas zu sagen haben.

Störungen haben Vorrang. Diese Maxime gilt in allen meinen Coachings und Workshops. Arbeite ich mit Gruppen, fordere ich die Teilnehmer zu Beginn dazu auf, an- und auszusprechen, wenn sie sich unwohl fühlen, keine Lust auf etwas haben oder wenn sie glauben, dass ein anderes Vorgehen oder Thema sinnvoller seien. Selbstverantwortung ist mir wichtig und so ist jeder selbst dafür verantwortlich, dass es ihr oder ihm gut geht. Sie glauben gar nicht, wie viel Leichtigkeit es in die gemeinsame Arbeit bringt und welchen Effekt diese Kultur auf ein wertschätzendes Miteinander sowie auf die Veränderungsprozesse selbst hat.

Ich bin davon überzeugt, dass Störungen als positiv wertgeschätzte Signale von Menschen in jeglichem Kontext für sie selbst und ihr Umfeld von hohem Wert sind. Ja, es ist gefühlt kuscheliger unter der »Wir haben uns alle lieb«-Decke, doch diese Kultur ist auch der beste Nährboden für unausgesprochene Konflikte in Teams, Missverständnisse zwischen Kollegen sowie chronische »Bauchschmerzen« von vielen Arbeitnehmern morgens auf ihrem Weg in den Job. Vor allem ist sie jedoch Garant für Stillstand oder – wenn es denn sein muss – Veränderung mit der Brechstange.

1 Arbeitswelt & Change

Der Begriff »Störung« ist in unserem Sprachgebrauch vor allem negativ belegt. Logisch, dass die Störung im Atomkraftwerk oder die des Bordcomputers im Flugzeug lebensbedrohliche Folgen haben kann – das meine ich nicht. Ich bin vielmehr der Ansicht, dass wir im Alltag beobachtete Emotionen, Reaktionen oder Sichtweisen von Menschen in unserem Umfeld zu häufig als unliebsame Störungen bewerten, die es stattdessen wert wären, wertgeschätzt zu werden.

Weil sie uns aus gewohnten Denkroutinen führen und wach im Kopf machen. Weil sie uns daran erinnern, dass die Welt mehr als nur das ist, wofür wir sie halten. Und weil es schlichtweg wertschätzend ist, als Mensch mit seiner Meinung von anderen Menschen gehört zu werden. Störungen sind Signale von Menschen, die etwas zu sagen haben. Wir sollten ihnen den Raum hierfür geben und uns für ihre anderen und vielleicht auch ungewohnten Sichtweisen und Meinungen interessieren.

Ich könnte Ihnen in Tschakka-Guru-Manier »Querdenker, mach Dein Ding!« zurufen. Doch ich habe das Gefühl, dass dieser Appell viele mutige Querdenker noch zum Scheitern bringen würde, solange wir Arbeitsumgebungen pflegen, in denen Andersdenkende als Störer empfunden und sie aus Angst mundtot gemacht oder klein gehalten werden. Wir müssen begreifen und in der Breite positiv erfahren, dass die Vielfalt von Sichtweisen und damit auch der Raum für Querdenker in allen Arbeits- und Lebensbereichen etwas Positives und höchst Bereicherndes ist. Für jeden Einzelnen von uns, für Teams, Arbeitgeber und Organisationen sowie für uns als Gesellschaft.

Wer etwas zu sagen hat, ist willkommen
Diese Kultur sollten Arbeitgeber, die auf Wettbewerbsfähigkeit durch Innovation setzen und echte Vielfalt leben möchten, kommunizieren und etablieren. Bis diese Kultur nicht nur bunt schillernde Fassade, sondern im täglichen Miteinander erlebbar ist, ist es für die Mehrzahl der Arbeitgeber und ebenso für viele Angestellte in meiner Wahrnehmung noch ein weiter Weg. Zu tief ist verankert, dass gefährlich ist, was anders ist. Kulturwandel in Organisationen und Veränderung von Verhalten dürfen dauern. Doch wir sollten beginnen, den Weg bewusst zu gehen. Vielleicht freuen ja auch Sie sich bereits über die nächste »Störung« und empfinden sie als Bereicherung …?

Geplante Folgenlosigkeit: Change-Management als Werkzeug der Stagnation

Nico Rose

Change-Management. Veränderung. Zukunftsgestaltung. Was so dynamisch klingt, soll insgeheim oft das Gegenteil bewirken: Das eigentliche Ziel ist, dass im Grunde alles so bleibt, wie es ist.

Es gibt diese Momente, in denen ein Mensch einem anderen ein neues Wort schenkt, das wirklich etwas verändert. Das Wort bezeichnet etwas, das der Beschenkte schon wahrgenommen hat – doch der neue Begriff eröffnet eine Perspektive, die etwas sichtbar macht, was bisher verborgen bliebt. Für mich ist ein solcher Begriff: Geplante Folgenlosigkeit. Ich lernte ihn kennen während eines Wochenseminars zum Thema Kulturentwicklung, an dem ich vor einigen Jahren teilnehmen durfte. Geleitet wurde es vom Kollegen Prof. Dr. Heiko Röhl und von Klaus Doppler, seines Zeichens so etwas wie der Papst – oder wenigstens Urvater – des Change-Managements in Deutschland.

Beschäftigungstherapie

Geplante Folgenlosigkeit: So bezeichnet Doppler Veränderungsmaßnahmen in Unternehmen, deren eigentliches Ziel es ist, dass sich im Kern *gar nichts* verändert – zumindest nicht am System und bei denjenigen, die am meisten davon profitieren. Da geht es dann um eine »menschlichere Kultur«, »Führung auf Augenhöhe« oder das (Wieder-)Finden eines Leitbilds oder Wertegerüsts; auf Neudeutsch: Purpose.

Solche Aktivitäten fühlen sich aus der Sicht der Beteiligten sinnvoll und hilfreich an – und sie sind es auch in einem gewissen Umfang, wie ich weiter unten erläutern werde. Doch im Kern geht es um eine Art Beschäftigungstherapie, mit der die unteren und mittleren Ebenen einer Organisation ruhiggestellt werden sollen. Etwas bösartig könnte man sagen: Es handelt sich um Brot (Mittagsbuffet im Seminarhotel) und Spiele (»Malt doch jetzt mal ein Bild zu eurem Gefühl«), nur dass Gott sei Dank alle Beteiligten unbeschadet aus der Arena entkommen – abgesehen vielleicht vom Kater nach dem Abend an der Hotelbar.

1 Arbeitswelt & Change

Ein untrügliches Zeichen für geplante Folgenlosigkeit ist ein bestimmter Verlauf des Vorgesprächs zu entsprechenden Projekten. Ich werde als professioneller Begleiter zum Thema Führung oder Veränderung angefragt und sage dann irgendwann, in mir sei der Eindruck entstanden, die angedachten Maßnahmen würden für eine *echte* Veränderung nicht wirklich ausreichen. Sodann werde ich gefragt, was ich denn ergänzend vorschlagen würde. Ich sage dann vielleicht: »Nun, ich würde vorschlagen, dass in Zukunft die Führungsleistung regelmäßig und transparent gemessen wird – inklusive die des Topmanagements.« Wenn der Ansprechpartner dann die Augen verdreht, in schallendes Gelächter ausbricht oder leise flüsternd »Sie haben Recht. Aber das würde bei uns nie funktionieren ...« entgegnet, weiß man im Grunde Bescheid.

Gut gemeint ist nicht gut gemacht
Damit ich nicht missverstanden werde: Geplante Folgenlosigkeit ist nicht per se sinnlos oder gar bösartig. Ein Coaching mag dem Einzelnen helfen, ein Führungstraining mag dabei unterstützen, dass ein Team in Zukunft tatsächlich eine bessere Form der Koordination erfährt usw. Es werden also durchaus gefühlte Fortschritte erzielt und es liegt sehr wohl im Bereich des Möglichen, dass es einzelnen Protagonisten im Anschluss besser geht und diese auch (wieder) mehr leisten. Doch es handelt sich hierbei um eine Art Reparaturbetrieb. Bildlich gesprochen wird die Tapete neu gestrichen, während man tunlichst nicht überprüft, ob die Balken noch tragfähig sind oder der Keller bereits einen Meter unter Wasser steht.

Echte Veränderung beginnt jedoch notwendigerweise an den tragenden Säulen des Systems. Wie und wofür werden Ressourcen (vor allem Budgets und Gehälter) verteilt? Wer darf wann mit wem reden – und zu welchem Zweck? Wie werden Entscheidungen getroffen und legitimiert? Wenn es eine Hierarchie gibt: Wie werden diese Statusunterschiede begründet – und was haben sie zu bedeuten?

Klassische Szenarien für ein bloßes Übertünchen der Tapete – um im Bild von oben zu bleiben – sind beispielsweise:
- Wenn Menschen in Zukunft mehr kollaborieren sollen, ist es sicherlich hilfreich, dass sie vorab diskutieren, wie entsprechende Prozesse und Haltungen aussehen könnten. Wenn aber im Anschluss alle Beteiligten weiterhin für das Erreichen von Individualzielen incentiviert werden, wird sich am Ende des Tages nicht viel ändern.

- Wenn Führungskräfte in Zukunft mehr auf Augenhöhe führen sollen, ist es definitiv hilfreich, dass sie etwas über Empowerment und dienende Führung lernen. Wenn aber an der grundsätzlichen Legitimierung der Führungskonstellation nichts geändert wird – z. B. durch die Möglichkeit der (Ab-)Wahl oder wenigstens durch ein bonusrelevantes Aufwärtsfeedback – wird auch dies mit großer Wahrscheinlichkeit Makulatur bleiben.
- Wenn ein Unternehmen seinen Purpose schärfen möchte, kann es durchaus hilfreich sein, viele Mitarbeiter zu interviewen und das Ganze am Ende kristallisiert in einen Slogan zu gießen. Wenn aber im Anschluss allen Beteiligten klar ist, dass die Produkte oder Services des Unternehmens weiterhin minderwertig sind oder überteuert, dem Kunden schaden oder über Gebühr die Umwelt belasten, dann erzeugt ein Purpose-Statement keine Bindung und Leistung, sondern Zynismus und innere Emigration.

Eine Entscheidung treffen

Jeder externe Berater, Trainer, Coach, aber auch jeder interne Change-Manager und Organisationsentwickler sollte sich sehr gut überlegen, inwieweit er bei diesem Spiel mitmachen möchte. Streng genommen ist jede Maßnahme, die im – und nicht dezidiert am – System arbeitet, geplante Folgenlosigkeit. Gleichzeitig ist mir klar, dass sich das Gros aller Projekte weltweit in Ermangelung eines echten Mandats aus dem Topmanagement in diesem Feld abspielt. Wenn alle Berater (i. w. S.) in Zukunft solche Aufträge ablehnen, bricht ein Wirtschaftszweig – und für viele Leidtragende eine kleine Welt – zusammen.

Auch ich beteilige mich ab und zu an geplanter Folgenlosigkeit, aber ich verspüre über die Jahre weniger und weniger Lust darauf – und bin dankenswerterweise nur bedingt auf das Geld angewiesen. Mehr und mehr traue ich mich, gleich im Vorgespräch einige wichtige Fragen zu stellen, z. B.:
- Welche/n Manager/in aus der obersten Ebene haben sie im Sinne einer echten Sichtbarkeit und Legitimation an Bord?
- Das Anfassen welcher heiligen Kühe durch mich würde dafür sorgen, dass sie richtig Ärger bekommen?
- Wer ist denn vor mir alles schon gescheitert mit ähnlichen Anliegen – und wie?

Wenn ich die Antworten nicht mag, ziehe ich mich heutzutage auch mal zurück und wünsche allen Beteiligten »viel Glück«!

2 Führung & Management

Wie steht es eigentlich um die Qualitäten Ihrer Führungskraft – und mal ganz ehrlich, lassen Sie sich als Mitarbeiter leicht führen? Was macht Sie als guter Chef aus und Ihre Führung gesund? Was sind die wichtigsten Steuerungsinstrumente für ein wirkungsvolles Management von Organisationen sowie ihrer Teams und welche Führungstechniken sind in Zukunft geeignet, um verschiedene Generationen besser unter einen Hut zu bekommen?

In diesem Kapitel geht es unter anderem darum, welche Rolle Wertschätzung und Respekt spielen, welche Art der Führung zu Loyalität und Mitarbeiterbindung führt. Es geht um Frauen in Führung und zeitlich begrenzte Frauenquoten. Um Führen durch Fragen, die Rolle des Chefs als Coach und warum Mitarbeiterführung nicht zu Ratespielen verkommen darf. Und wir stellen die Frage, ob immer noch oft die Falschen führen, weil wir bei der Auswahl von Führungskräften zu wenig zwischen Selbstbewusstsein und Kompetenz unterscheiden.

Es ist egal, ob Sie Mitarbeiter oder selbst Führungskraft sind – nach den folgenden Beiträgen werden Sie entweder Ihren Chef mit anderen Augen sehen oder als Chef Ihre Führung auf den Prüfstand stellen. Denn besser Arbeiten wird in Zukunft immer mehr auch besser *zusammenarbeiten* bedeuten. Beide Seiten können hierzu etwas beitragen: Chefs, indem sie weniger Vorgesetzte, und Mitarbeiter, indem sie weniger Gegenarbeiter sind.

Wir spannen bewusst einen großen Bogen und beleuchten viele verschiedene Aspekte, die aus unseren eigenen Erfahrungen als ehemalige Führungskräfte sowie auch aus unserer Arbeit mit Führungskräften, Teams und Mitarbeitern resultieren. Picken Sie sich heraus, was für Sie in Ihrer heutigen Rolle und jeweiligen Funktion besonders interessant ist.

Test: Was taugt Ihr Chef als Führungskraft?

Bernd Slaghuis

Wie steht es um die Führungsqualitäten Ihres Chefs? Und mal ganz ehrlich, lassen Sie sich als Mitarbeiter leicht führen? Machen Sie hier den Test und finden Sie heraus, ob Sie gemeinsam ein gutes Team sind.

Bei vielen Angestellten, die mir im Karrierecoaching von ihren Chefs erzählen, klingt es so, dass sie es mehr mit einem »Vor-Gesetzten« als mit einer Führungskraft zu tun haben. Ein Boss, der machtvoll ein Kästchen im Organigramm besetzt, jedoch wenig echtes Interesse hat, mit dem Team gemeinsam Ziele zu erreichen. Chefs, die ihre Rolle als Vorbild und Mentor nicht ausfüllen und mehr netter Kumpel als starke Führungskraft sind. Die ihr Team nicht im Blick haben, Aufgaben wie aus der Gießkanne delegieren, keine Entscheidungen treffen und vom Burnout ihres besten Mitarbeiters erst mit der Krankmeldung erfahren.

Wie ist es bei Ihnen und Ihrem Chef bzw. Ihrer Chefin? Womöglich haben Sie ja den besten Chef der Welt und wissen gar nicht, wie glücklich Sie sich schätzen können. Hier sind 10 Anhaltspunkte, anhand derer Sie es herausfinden können:

Ihr Chef: Nur Vorgesetzter oder echte Führungskraft

Stellen Sie sich eine Skala von 1 bis 10 vor und lesen Sie sich jede der folgenden zehn Aussagen einzeln durch. Denken Sie über konkrete Situationen der letzten Zeit nach, anhand derer Sie den jeweiligen Sachverhalt bewerten können. Notieren Sie sich zu jeder Aussage einen Wert zwischen 1 und 10, der für Sie gefühlt passend erscheint: 1 bedeutet, dass die Aussage überhaupt nicht auf Ihren Chef oder Ihre Chefin zutrifft, 10 bedeutet, dass sie absolut passt:

1. Mein Chef interessiert sich für mich und weiß, was mir im Beruf wichtig ist, kennt meine persönlichen Stärken ebenso wie meine Schwächen.
2. Mein Chef delegiert Aufgaben entsprechend der Erfahrungen und Stärken seiner Mitarbeiter und verteilt Aufgaben gerecht nach der Auslastung innerhalb des Teams.
3. Mein Chef räumt mir Gestaltungsspielräume bei der Bearbeitung übertragener Aufgaben ein und vertraut mir, dass ich selbst Lösungen finde oder mich bei Fragen melde.
4. Mein Chef ist für mich erreichbar, wenn ich einen Rat, eine Information oder eine Entscheidung benötige. Er reagiert auf meine Anfragen innerhalb angemessener Zeit.

5. Meinem Chef gelingt es, die Themen und ihren Stand im Team im Blick zu behalten. Er kann den Ressourcenaufwand von Aufgaben beurteilen oder fragt nach unserer Einschätzung.
6. Mein Chef gibt mir regelmäßig Feedback zu den Ergebnissen meiner Arbeit oder zu meinem Verhalten. Das Feedback ist wertschätzend und konstruktiv, Fehler werden nicht bestraft, sondern lösungsorientiert besprochen.
7. Mein Chef ist für mich Vorbild und Mentor, er gibt sein Wissen weiter und fördert mich. Ich nehme ihn ernst, vertraue ihm und weiß, dass ich mit ihm alles besprechen kann.
8. Mein Chef interessiert sich für meine Meinung, lässt andere Sichtweisen zu und diskutiert sie, trifft Entscheidungen und kommuniziert diese so transparent wie möglich.
9. Mein Chef informiert unser Team regelmäßig über unternehmensrelevante Entwicklungen und macht die Leistungen seines Teams im Führungskreis und Management sichtbar.
10. Mein Chef denkt strategisch, hat eine Vision von der Weiterentwicklung unseres Bereichs und fördert die Entwicklung sowohl des gesamten Teams als auch jedes Mitarbeiters.

Welche Bewertungen sind Ihnen leichtgefallen und bei welchen Aussagen mussten Sie länger nachdenken? Was haben Sie dabei gefühlt, als Sie über die Zusammenarbeit und das Verhältnis zwischen Ihnen und Ihrem Chef oder Ihrer Chefin nachgedacht haben? War es ein Gefühl von Glück oder Zufriedenheit oder war es Angst, Wut oder Trauer? War dies immer schon so wie heute oder hat sich etwas in der letzten Zeit verändert? Wenn ja, was konkret hat sich positiv oder negativ verändert – und was war früher anders?

Bei welchen Aussagen haben Sie die niedrigsten Punktzahlen vergeben? Was glauben Sie, warum sich Ihr Chef oder Ihre Chefin nicht so verhält, wie Sie es von ihm/ihr erwarten würden? Haben Sie eine Idee, was womöglich auch Sie in Zukunft dazu beitragen können, damit sich etwas an dieser Situation positiv verändert?

Bei welchen Aussagen schneidet Ihre Chefin bzw. Ihr Chef besonders gut ab? War Ihnen dies zuvor bereits bewusst? Was können Sie tun, damit es in Zukunft so gut bleibt oder sogar noch besser wird? Und vielleicht haben Sie Lust, ihr oder ihm bei nächster Gelegenheit auch einmal zu sagen, was Sie besonders an ihr/ihm schätzen?

2 Führung & Management

Sind Sie ein Gegenarbeiter oder Mitarbeiter?
Nachdem Sie die Führungsqualitäten Ihres Chefs schonungslos bewerten konnten, ist es nur gerecht, nun auch die Perspektive zu wechseln. Schließlich ist wirkungsvolle Führung auch davon abhängig, wie gut sich jeder einzelne Mitarbeiter und ganze Teams führen lassen. Denken Sie ans Paartanzen: Was nützt die beste Führungstechnik, das Wissen um atemberaubende Figuren und eine gute Haltung, wenn sich die andere Seite hängen lässt oder sogar aktiv dagegen arbeitet? Führen und Folgen ist immer ein gutes Zusammenspiel.

Selbsttest: Wie gut lassen Sie sich als Mitarbeiter führen?
Hier sind 10 Aussagen, die Sie für sich bewerten und so erkennen können, was es Ihrer Führungskraft vielleicht schwer macht, Sie gut zu führen. Denken Sie wieder an die Skala von 1 bis 10 und vergeben Sie dieses Mal die Punkte für sich selbst: 1 trifft überhaupt nicht zu, 10 bedeutet volle Zustimmung – und seien Sie ehrlich mit sich selbst, es bekommt ja niemand mit ;-)

1. Ich betrachte meinen Chef nicht als Feind, sondern als wichtigen Teil des Teams. Ich kämpfe nicht gegen ihn, seine Meinung oder Entscheidungen, sondern tausche mich offen und konstruktiv mit ihm aus.
2. Ich sage meinem Chef, was mir im Beruf wichtig ist und was ich benötige, um motiviert gute Leistungen zu erbringen. Ich mache deutlich, wenn ich mich zu stark kontrolliert fühle und mir mehr Freiheit wünsche oder mehr Führung und Struktur benötige.
3. Ich spreche meinen Chef direkt darauf an, sobald mich etwas an seinem Verhalten stört. Ich begegne ihm nicht mit pauschalen Vorwürfen, sondern mache Dinge an konkreten Situationen fest. Ich spreche aus, was ich mir für die Zusammenarbeit in Zukunft anders wünsche.
4. Ich achte auf mich und meine Gesundheit und versuche, an solchen Situationen zu arbeiten, die mich privat oder beruflich belasten.
5. Ich weiß, dass Chefs nicht die geborenen Führungskräfte sind und in dieser Rolle lernen müssen, was für sie gute Führung bedeutet und welche Führungshaltung zu ihnen und ihrem Team passt. Auch mein Chef darf Fehler machen.
6. Ich fokussiere mich auf das Finden von Lösungen, denke zielgerichtet und interessiere mich dabei auch für andere Meinungen und Lösungsvorschläge.
7. Ich fühle mich nicht als Opfer der Umstände, sondern übernehme jederzeit die volle Verantwortung für mich, mein Denken und Handeln.
8. Ich möchte Neues lernen und mich fachlich sowie persönlich weiterentwickeln. Ich spreche mit meinem Chef offen über meine Entwicklungsziele und interessiere mich auch für seine Sichtweise auf meine Stärken, Leistungen und Ziele.

9. Ich stelle die Ziele des Teams über meine persönlichen Ziele und unterstütze meine Kollegen, wenn sie mich um Hilfe bitten. Ich teile mein Wissen, wo es nützlich ist.
10. Ich versuche, Konflikte zunächst selbst oder mithilfe meiner Kollegen zu lösen, bevor ich meinen Chef um Hilfe oder Einmischung bitte.

Und, wie war's? Konnten Sie sich leicht an die eigene Nase fassen oder denken Sie in diesem Moment »*Wenn mein Chef nicht so wäre, dann wäre ja alles ganz anders!*« – »*Ansprechen, was mich stört? – Vergessen Sie‹s, Herr Slaghuis, da wird sich niemals etwas ändern!*«

Merken Sie was? Wenn dies die Gedanken sind, die Ihnen beim Lesen dieser 10 Aussagen durch den Kopf gehen, dann sind Sie aktuell mehr Gegen- als Mitarbeiter. Wenn Sie sich jeden Tag aufs Neue vornehmen, es Ihrem Boss mal so richtig zu zeigen und er doch sehen soll, wie er ohne Sie zurechtkommt, sich am besten noch mit Ihren Teamkollegen brüderlich gegen ihn verbünden – wie kann dann gute Führung gelingen?

Führung ist das Management guter Beziehungen
Ja klar, es ist der Job Ihrer Führungskraft, an einer guten Beziehungsebene zu Ihnen als Mitarbeiter zu arbeiten. Doch hierfür müssen Sie Ihrem Chef nicht nur die innere Erlaubnis geben und es zulassen, sondern ebenfalls Ihren Teil dazu beitragen und aktiv daran mitarbeiten, dass ihre professionelle Arbeitsbeziehung nachhaltig stabiler wird. Denn eine vertrauensvolle und stabile Beziehung zwischen Führungskraft und Mitarbeitern ist die Basis für eine wirklich gute und gesunde Zusammenarbeit.

Probieren Sie es aus und arbeiten auch Sie als Mitarbeiter an guter Führung. Werfen Sie noch einmal einen Blick auf Ihre Bewertungen der 10 Aussagen zu Ihrem Verhalten und überlegen Sie sich insbesondere für die Punkte mit einer niedrigen Bewertung, was Sie konkret und ganz praktisch im täglichen Miteinander dazu beitragen können, um mehr mit als gegen Ihren Chef oder die Kollegen zu arbeiten. Ich verspreche Ihnen, Sie werden überrascht sein, welchen Einfluss Ihr Verhalten auf das Ihrer Führungskraft hat und wieviel Freude gemeinsame Arbeit im Team wieder machen kann.

Und falls Sie jetzt der Meinung sind, dass Sie mit Ihrem Chef oder Ihrer Chefin ganz sicher niemals wieder auf einen grünen Zweig kommen werden, dann sollten Sie darüber nachdenken und als Chef/in Ihres eigenen Lebens bewusst entscheiden, was es für Ihre persönliche Zukunft in diesem Team oder bei diesem Arbeitgeber bedeutet.

Respekt: Du bist das Werkzeug!

Nico Rose

Ein bisschen Respekt hat schon die Soul-Queen Aretha Franklin in einem ihrer bekanntesten Songs eingefordert. Vielen Arbeitnehmern geht es ähnlich – aus gutem Grund.

In den vergangenen Monaten habe ich vermehrt Vortragsanfragen zum Thema Wertschätzung erhalten, von einer bunten Reihe ganz unterschiedlicher Organisationen. Auslöser dieser Gesuche war meist eine vorausgegangene Mitarbeiterbefragung, die entsprechende Defizite – wenn schon nicht neu aufgedeckt – dann zumindest in harten Zahlen manifestiert hat. Nun ist Wertschätzung ein breites Thema. Wertschätzung gegenüber den Mitarbeitern einer Organisation kann sich durch verschiedene Aspekte ausdrücken, z. B. durch:

- ein adäquates Gehalt,
- attraktive Nebenleistungen,
- gesundheitsförderliche Arbeitsbedingungen,
- eine ansprechende Firmenkantine,
- und nicht zuletzt durch Freiräume (Homeoffice, flexible Arbeitszeiten usw.).

Nicht alle, aber doch einige der anfragenden Unternehmen haben ihre Hausaufgaben zu diesen Punkten bereits erledigt, zum Teil schon vor Jahren. Die »Wertschätzungsbaustelle« hingegen ist geblieben. Meines Erachtens liegt das zum einen daran, dass sich Menschen nachweislich rasch an neue äußere Umstände gewöhnen. Ein paar Wochen freut man sich über den neuen Kaffeevollautomaten in der Büroküche (oder das erhöhte Gehalt), doch nur wenig später ist das, was ursprünglich einmal ein Plus – und damit gefühlte Wertschätzung – war einfach der neue Normalzustand. Rein aus Kostengründen muss einleuchten, dass Unternehmen dieses Spiel nur begrenzt betreiben können.

Zum anderen bleibt die Baustelle erhalten, weil es den meisten Menschen nach meiner Erfahrung (und Forschung) eben nicht nur um die »systemseitige« Wertschätzung geht, sondern immer auch um jene auf der persönlichen Beziehungsebene. Wir möchten von anderen Menschen wertgeschätzt werden, und so lange eine Hierarchie besteht, liebend gerne auch vom Vorgesetzten.

Ein bisschen Respekt, bitte

Nun ist Wertschätzung schon ein großes Wort. Vielleicht geht's ja auch eine Nummer kleiner? Eine wichtige Vorbedingung für Wertschätzung ist Respekt. Auch hier hapert es in vielen Unternehmen, weil gut gemeint nicht immer gut gemacht ist. Respekt lässt sich auf das lateinische Wort respicere zurückführen und bedeutet wörtlich übersetzt so viel wie »zurücksehen auf«, »*in einem etwas umfassenderen Sinne auch ›berücksichtigen‹, ›beachten‹. [...] Eine andere Person zu beachten bedeutet, ihre Bedeutung und ihren Wert zu erkennen, es bedeutet, sich aktiv mit ihr auseinanderzusetzen, um zu erkennen, was oder wie sie ›wirklich‹ ist, also sie aus ihrem Bezugsrahmen heraus zu verstehen.*«[10]

Dieses Sich-Auseinandersetzen, das Hinschauen, das Erkennen: Das ist es, was im stressigen Arbeitsalltag regelmäßig zu kurz kommt. Dementsprechend sagen manche Auftraggeber im Vorgespräch sinngemäß: »Uns wäre es dann auch wichtig, dass sie unseren Führungskräften ein paar *Tipps und Tricks* an die Hand geben. Am besten wären ein paar knackige Werkzeuge, die wir dann nach und nach in der Organisation ausrollen können.«

Nach meiner Erfahrung ist jedoch genau diese Haltung – diese Suche nach einem »Hack« – der Grund, warum im gelebten Führungsalltag so vieles im Argen liegt. Menschen sind keine Software, bei der man über den richtigen Shortcut ohne Umwege ins relevante Menü gelangt. Gerade dieses »Alle-über-einen-Kamm-Scheren«, »Die-richtigen-Knöpfe-Drücken«, wird von vielen Menschen auf lange Sicht als respektlos erachtet.

Wertschätzung ist niemals »one size fits all«

Respekt (und damit auch Wertschätzung) ist niemals »one size fits all«. Eine Führungskraft kann einen Mitarbeiter für etwas loben (gut gemeint), was letztgenannter Person völlig am ~~Arsch~~ Gemüt vorbeigeht, z. B., weil ihr die Aufgabe gar nicht wichtig ist oder weil sie selbst nicht glaubt, das Ganze besonders gut erledigt zu haben. Das ist zwar letztlich besser, als gar nicht zu loben, aber das Gros der Energie läuft im Grunde ins Leere. Die Führungskraft glaubt, einen guten Job gemacht zu haben, beim Mitarbeiter ist jedoch etwas anderes angekommen: »Tja, wüsste er, was mir wirklich wichtig ist, dann hätte er etwas anderes gesagt ...«

Wenn Führungskräfte möchten, dass sich die ihnen anvertrauten Menschen respektiert und wertgeschätzt fühlen, sodass sie wachsen und dieses Wachstum auch als

erfüllend erleben, dann kommen sie nicht umhin, mehr zu beobachten, mehr zu verstehen, mehr darüber nachzudenken:
- wer über welche Stärken und Motive verfügt,
- wer welche Aufgaben und Entwicklungspfade benötigt,
- und wie sich diese Entwicklungspfade im Unternehmen mit der Entwicklung des Menschen und seines »Systems« abseits der Arbeit in Einklang bringen lassen.

Das ist schwieriger, als ab und zu den Kopf durch die Bürotür zu stecken und ein »Daumen hoch« zu geben. Es ist auch schwieriger, als ein oder zweimal im Jahr im Rahmen von institutionalisierten Gesprächen ein Kompetenzmodell durchzunudeln. Gute Führung ist anspruchsvoll, das war schon immer so und wird auch immer so bleiben. Deswegen wird die Wertschätzungsbaustelle meines Erachtens auch nie ganz geschlossen werden. Sie muss notwendigerweise immer »work in progress« bleiben, weil sich die Menschen und ihre Rahmenbedingungen ständig ändern. Wenn mich ein Manager diesbezüglich nach einem Werkzeug fragt, dann pflege ich zu sagen: »Das gibt es nicht. Du *bist* das Werkzeug.«

Macher müssen machen dürfen

Bernd Slaghuis

Machen Macher Arbeitgebern heute Angst? Warum viele Macher trotz hoher Qualifikation bei Personalern und Chefs nicht richtig punkten können und worauf sie daher bei Jobsuche und Bewerbung achten sollten.

Ich möchte Ihnen von Joachim (Name geändert) berichten. Er kam vor einigen Monaten zu mir ins Coaching und er steht Pate für viele andere Klienten, wie ich sie im Bewerbungscoaching immer häufiger erlebe. Joachim ist 41, studierter Wirtschaftsingenieur, hat diverse Weiterbildungen als Projektmanager und sein Lebenslauf zeigt eine über 15-jährige Karriere bei namhaften Industriekonzernen. Seit vier Monaten ist er nun Bereichsleiter bei einem internationalen Logistikkonzern.

Ich frage ihn, was ihn zu mir ins Coaching führt. Man wolle ihn dort nicht machen lassen und er werde permanent von seinem Chef ausgebremst, erzählt er mir. Dabei habe er doch so viele Ideen im Kopf. Es frustriere ihn, nichts bewegen zu können und täglich nur mit Bedenkenträgern umgeben zu sein. Er habe schon Gespräche mit seinem Chef geführt, doch auch der habe Angst vor seinem Boss und er könne angeblich nichts für ihn tun. Er ist sich sicher, dass er dort schnellstens wieder raus muss.

10 Bewerbungen habe er in den letzten Wochen an andere Konzerne verschickt, erzählt er mir stolz. Zu fünf Gesprächen wurde er eingeladen, doch immer war nach der ersten Runde Schluss. Er wisse einfach nicht, woran es liegt, schließlich kann er gute Qualifikationen und jede Menge Berufserfahrung vorweisen. »Suchen Arbeitgeber denn keine Leute mehr, die motiviert sind und was verändern wollen?«, fragt er mich sichtlich verunsichert. Er begreife es nicht, schließlich reden doch alle vom Fachkräftemangel.

Macher brauchen ihre Freiheit
Ja, Joachim ist so ein typischer Fall von Macher und Generalist, wie ich sie im Bewerbungscoaching oft verzweifelt gegenübersitzen habe: Freiheit im Denken und Handeln ist ihnen wichtig, gepaart mit Abwechslung und ständig neuen Herausforderungen. Hoher Wissensdurst, schnelle Auffassungsgabe, Abstraktionsvermögen, Kreativität, Lösungs- und Umsetzungsorientierung mit Hands-on-Mentalität sowie eine extrem starke über ihre Selbstwirksamkeit definierte Motivation. Macher brauchen keine Chefs, die ihnen sagen, wo es langgeht, sondern eine Führungskraft als fachlich versierten Sparringspartner auf Augenhöhe und mit verlässlicher Rückendeckung. Sie wollen Teil eines starken Teams sein, das gemeinsam mit ihnen Visionen mitgeht und Risiken eingeht.

Doch alles das bleibt Joachim und auch vielen anderen Macherinnen und Machern heute verwehrt – vor allem bei Arbeitgebern mit strengen Hierarchiegefügen, fest definierten Zuständigkeiten und Entscheidungskompetenzen, starren Prozessstandards und in der Vergangenheit stur auf Effizienz getrimmter Performancekultur. Keine Sorge, liebe Macher! Es gibt sie, die Arbeitgeber, die auf euch stehen. Worauf es jedoch bei der Jobsuche und Bewerbung ankommt, dazu später mehr.

Macher, bitte nicht stören!
Macher sind bei solchen Arbeitgebern unerwünscht, bei denen politisches Schauspiel zur Erhaltung von Status und Macht über echte Veränderung gesetzt wird. Wo es zählt, die Politik des Topmanagements stillschweigend bis zur Basis mitzutragen, ist kein Platz für eigenständig denkende Führungskräfte in den immer unbequemer werdenden Sandwichpositionen. Wer zu viel hinterfragt oder sich sogar in den Weg stellt, der wird mit gutem Gehalt geschmeidig gehalten, durch Druck und klare

Ansagen von oben mundtot gemacht oder per Abfindung großzügig verabschiedet. Macher stören in solchen Systemen. Auch wenn sie vor Ideen nur so sprudeln, wird dieses Potenzial lieber im Keim erstickt, als dass sie unerwünschte Unruhe in die Organisation bringen, die am Ende womöglich auch die Machtspiele der Obersten torpediert. Dass Macher in einem solchen Arbeitsumfeld frustriert auf Dienst nach Vorschrift umschalten, ist verständlich und mehr Selbstschutz als Böswilligkeit. Sie haben keine Chance, alles das auszuleben, was ihnen persönlich so wichtig ist. Erst der Wechsel des Arbeitgebers ist für die meisten von ihnen der befreiende Ausweg.

Jobsuche: Wenn Macher zu angepassten Mitläufern werden

Doch auch bei der Suche nach einem neuen Arbeitgeber wird schnell klar: Obwohl von jedem Bewerber in den immer gleich klingenden Stellenausschreibungen hohe Durchsetzungsstärke und Belastbarkeit erwartet werden, müssen Macher oftmals draußen bleiben. Zu gefährlich, zu generalistisch, nicht greifbar, zu anstrengend – und Tschüss.

Und so specken viele Jobwechsler vom Typ »Macher« mit zunehmender Suchdauer und dem schlechten Gefühl von Ablehnung ihre Lebensläufe ab. Sie verheimlichen ihre größten Erfolge aus vorherigen Positionen, spielen verliehenen Einfluss herunter, vertuschen die hohe Budget- oder Führungsverantwortung und glauben, sich so dem Bild des scheinbar erwünscht harmlosen Mittelmaßbewerbers anpassen zu können.

Aus ehemals begeisterten Machern werden geschmeidige Mitläufer. Doch dass so auch die Gefahr steigt, erneut bei genau solchen Arbeitgebern zu landen, die tatsächlich nur angepasste Mitläufer statt ambitionierte Macher suchen, das vergessen die meisten von ihnen vor lauter Bewerbungsfrust irgendwann.

Macher müssen in ihren Jobs machen dürfen

Dass hoch qualifizierte Bewerber ihre Lebensläufe mit zunehmender Ablehnung kleinschreiben und sich nach niedrigeren Positionen umsehen, das ist der eine Grund dafür, dass es immer weniger passt und die Absagen zunehmen. Gleichzeitig beobachte ich bei vielen Jobwechslern, dass sie bei der Stellensuche zu ungenau vorgehen und weiterhin auf gewohnte Weise mit ihrem alten System genau solche Arbeitgeber identifizieren, die kein echtes Interesse an Machern wie ihnen haben.

Macher brauchen echte Macherjobs in einem Arbeitsumfeld, das ihre Macherqualitäten wirklich zu schätzen weiß. Sie benötigen das bedingungslose Zugeständnis von oben, frei mitdenken, Schwachstellen aufdecken und die Dinge in Angriff nehmen zu dürfen – um Kreativität und Innovation zu fördern oder Strukturen und Prozesse umzukrempeln. Das sichtbare Ergebnis ihres täglichen Tuns ist für Macher die höchste Anerkennung ihrer Arbeit.

Ja, es gibt sie noch, die angstfreien Verwirklichungsoasen für echte Macher und generalistische Alleskönner: ob die trendigen Innovationshubs als herausgelöste Töchter schwerfälliger Konzerne, die dynamisch-agilen, am Markt etablierten und in der Wachstumsphase befindlichen Start-ups oder die vielen traditionsreichen Mittelständler, die erkannt haben, dass sie sich in Zeiten der Digitalisierung dringend neu erfinden müssen, um im Wettbewerb weiterhin bestehen zu können.

Es gibt sie dort, wo es um ernst gemeinten »Change«, statt nur um das nächste Projekt geht, wo Produkte und Vertriebe neu aufgestellt, IT-Systeme und Schnittstellen modernisiert oder harmonisiert sowie Strukturen und Prozesse im Auftrag des Topmanagements schonungslos auf den Prüfstand gestellt werden dürfen; dort, wo in Fortschritt investiert und Innovation gelebt wird. Wo Fehler nicht Bestrafung, sondern Fortschritt bedeuten; dort, wo es mehr um konzeptionell-strategische Aufgaben statt um operativ-verwaltende Routinen geht; wo Strategien entwickelt und umgesetzt, neue Märkte erschlossen oder neue Technologien eingeführt werden.

Wer bei der Stellensuche mit diesem Bewusstsein und eigener Klarheit genauer hinsieht, der findet Arbeitgeber mit echtem Interesse an Machern. Womöglich dauert es länger und erfordert mehr Kreativität, doch wenn es dann für die nächsten Jahre wirklich passt, ist es das wert.

Bewerbung und Vorstellungsgespräch: Macher, zeigt Kante!
Es ist nach meiner Erfahrung der falsche Weg, sich als Bewerber an wie auch immer geartete Erwartungen anzupassen. Insbesondere für Macher ist es wichtig, sich – schon aus Selbstschutz –als Bewerber mit klarem Profil zu erkennen zu geben. In Anschreiben und Vorstellungsgesprächen Klarheit darüber zu schaffen, was im Beruf wichtig ist und was alles erfüllt sein muss, um motiviert auf Dauer einen guten Job zu machen. Schreiben und sprechen Sie darüber, welche Entscheidungs- und Gestaltungsspielräume Sie sich wünschen und welche Erwartungen Sie auch an Ihren Chef und die Zusammenarbeit im Team haben. Kann Ihr Gegenüber damit nicht umgehen oder empfindet Sie womöglich als unverschämt, dann ist es vermutlich der falsche Arbeitgeber für Sie.

Klären Sie, welche Aufgaben konkret mit der Position verbunden sind und versuchen Sie, im Gespräch ein gutes Gefühl dafür zu bekommen, wofür genau Sie wirklich eingekauft werden. Fragen Sie Ihren zukünftigen Chef beispielsweise, woran er nach 6 Monaten konkret festmachen wird, ob Sie einen guten Job gemacht haben. Bekommen Sie als Antwort »Sie halten das Tagesgeschäft am laufen« oder »Das werden wir nach einem halben Jahr sehen«, dann sollten Sie besonders als Macher hellhörig werden, die Antworten hinterfragen und entscheiden, ob Sie die Aufgabe in den nächsten Jahren wirklich ausfüllen wird.

Joachim hat seinen Job im Konzern noch während der Probezeit gekündigt ist wenig später zu einem Mittelständler gewechselt. Als Leiter Strategie- und Innovationsmanagement soll er mit seinen zwei Mitarbeitern die Strategieentwicklung aufbauen, neue Vertriebskanäle erschließen sowie IT-Technologien einführen, um den Betrieb fit für die digitale Zukunft zu machen. Es sei eine Herausforderung wie für ihn gemacht, schrieb er mir und schlug vor, dass ich seine Geschichte und meine Erfahrungen aus der Arbeit mit Machern wie ihm mit anderen teile. Denn »Macher, bitte draußen bleiben!« muss angesichts der wachsenden Herausforderungen in unserer Wirtschaft und auch Gesellschaft endlich der Vergangenheit angehören.

Vom Chef am Steuerrad: über Management-Metaphern

Nico Rose

Unsere Sprache ist, bewusst und unbewusst, gespickt mit Vergleichen und Metaphern. Sie können unsere Imagination beflügeln und das Lösen von Problemen erleichtern. Doch nicht alle Metaphern sind wirklich hilfreich.

Neulich las ich auf Handelsblatt online einen Gastartikel einer Management-Beraterin mit dem Titel »Wie Sie als Chef das Ruder in der Hand behalten«. Über den Inhalt des Artikels möchte ich hier nicht urteilen, das kann der geschätzte Leser für sich selbst tun. Mich hat vor allem der Titel des Beitrags stutzig gemacht. Mir schoss sofort die Frage in den Kopf: Muss ich als Chef überhaupt das Ruder in der Hand (be-)halten?

Ich glaube, es ist eine wertvolle Übung, ab und an die Metaphern zu hinterfragen, nach denen wir unser Leben ausrichten – ganz allgemein, aber natürlich auch bezogen auf die Arbeit, vor allem, wenn wir Menschen führen. Metaphern, Bilder und Analogien, ob implizit oder explizit genutzt, können eine enorme Wirkung auf unser Denken und Handeln ausüben. Sie transportieren schlechterdings bestimmte Vorannahmen und Überzeugungen, die, je nach Ursprungsgebiet (hier: Schifffahrt), auf das Zielgebiet angewandt (hier: Führung) mehr oder weniger sinnhaft sein können.

Kapitän, Steuermann, Rudergänger
Zunächst: Bereits aus rein nautischer Perspektive ist die Metapher vom Chef am Ruder Quatsch. Der Chef eines Schiffes, also der Kapitän, hält bei einem hinreichend großen Schiff das Steuer nicht selbst in der Hand. Das tut noch nicht einmal der Steuermann. Dafür gibt es den sogenannten Rudergänger, er bedient die entsprechenden Instrumente.

Dieses technische Detail einmal außen vor gelassen, ist es trotzdem leerreich, das Ganze einmal für bare Münze zu nehmen, um zunächst zu prüfen, welche Vorannahmen und Überzeugungen mitschwingen – und um dann zu schauen, wie nützlich diese für den Kontext der modernen Führung sind. Die folgenden fünf impliziten Vorannahmen greife ich einmal heraus:
1. Das System hat eine klare Hierarchie.
2. Der Chef weiß, wo es langgeht.
3. Der Chef steuert das System.
4. Wenn der Chef das Steuer bedient, reagiert das System wie gewünscht.
5. Bei dem zu steuernden System handelt es um ein kohärentes Gebilde, dass sich im Ganzen in die gleiche Richtung bewegt.

Zu Punkt 1)

Fakt ist: In 99 Prozent aller Unternehmen findet sich noch eine formelle Hierarchie. Es gibt jedoch auch Organisationen, die gänzlich ohne diesen Koordinationsmechanismus auskommen – und es werden eher mehr als weniger. Indem man den Chef eines Unternehmens mit einem Kapitän gleichsetzt, zementiert man die Idee einer Hierarchie zur Steuerung als zwingend notwendig. Sie ist es definitiv nicht.

Zu Punkt 2)

Natürlich ist es wünschenswert, wenn ein Chef das Ziel der Reise kennt, also beispielsweise eine Strategie für das Unternehmen formuliert hat. Notwendig ist das allerdings nicht – und in bestimmten Kontexten auch gar nicht wünschenswert. Das

Bild eines Schiffs impliziert eine Reise mit einem Start, einem Ziel und dem korrespondierenden Kurs, bei gemütlicher Reisegeschwindigkeit – es hat noch etwas vom einem 5-Jahres-Plan. Die Realität ist für solche Unternehmen, die stark von der Digitalisierung betroffen sind, eine andere. Da ist der Kurs häufig schon veraltet, bevor er überhaupt ausgerufen wurde. In solchen Kontexten braucht es dezentrale Strukturen, die autonom entscheiden können, anstatt erst den Kapitän um Erlaubnis fragen zu müssen.

Zu Punkt 3)

Das Bild vom Chef am Steuerrad impliziert, dass dieser das System auch tatsächlich steuert. Das ist, wie bereits weiter oben angedeutet, schon für den Bereich der Seefahrt eine falsche Vorstellung. Der Kapitän hat eine Vielfalt an unterschiedlichen Aufgaben, das Schiff wird von seinen Mitarbeitern auf Kurs gehalten. Ergänzend sei angemerkt, dass es nicht zwingend eine einzelne Person geben muss, die das Ziel und den Kurs bestimmt. Eine Vielzahl von Unternehmen erledigt diese Aufgabe heute per Selbstorganisation – mit großem Erfolg.

Zu Punkt 4)

An dieser Stelle hinkt der Vergleich meines Erachtens am deutlichsten. Wenn jemand bei einem funktionierenden Schiff das Ruder betätigt, folgt das Schiff diesem letztlich mechanischen Impuls. Auf der Brücke wird befohlen, im Maschinenraum ausgeführt, ohne Verzögerung, Widerspruch oder Reibungsverlust. Ich brauche niemandem erläutern, dass Unternehmensrealität anders aussieht.

Zu Punkt 5)

Schließlich impliziert die Metapher, dass es sich bei dem zu steuernden Gebilde um ein kohärentes System handelt, dass also im wahrsten Sinne des Wortes alle im gleichen Boot sitzen. Es leuchtet jedoch ein, dass das bei Unternehmen ab einer bestimmten Größe kaum der Fall sein wird. Nicht umsonst sprechen viele CEOs von dem Wunsch, ihren metaphorischen Tanker in eine Armada kleiner Schnellboote zu verwandeln. Ein Schnellboot kann, wenn notwendig, leichter den Kurs wechseln. Mehrere Schnellboote können bei Bedarf außerdem in unterschiedliche Richtungen fahren.

Sprache formt Denken
Unsere Sprache ist gespickt mit Bildern, Vergleichen und Metaphern. Das ist gut so. Sie helfen uns, Bedeutung zu erzeugen. Sie machen das Unverständliche begreifbar, das Komplexe einfach(er). Allerdings können sie auch in die Irre führen – vor allem dann, wenn der Ursprungskontext der Metapher zu wenig strukturelle Ähnlichkeit mit dem Zielkontext aufweist. Man läuft dann Gefahr, die Vorannahmen und Spielregeln eines Kontextes mit geringer Komplexität auf ein deutlich komplexeres System zu übertragen. Man orientiert sich dann sinnbildlich an einer Landkarte, die nicht wirklich mit dem tatsächlichen Gebiet übereinstimmt. Und das führt nur selten zum Ziel.

Chefs: Digital Loser oder Digital Leader?

Bernd Slaghuis

Wer in den Medien über Chefs und ihre digitale Unfähigkeit herzieht, dem sind Klicks und auf kommerziellen Plattformen am Ende auch Einnahmen garantiert. Warum »Chef-Bashing« unserer Arbeitswelt schadet und was es für ein verantwortungsvolles Miteinander im Team stattdessen braucht.

Ist Ihnen auch schon aufgefallen, wie häufig über Chefs und ihre Unfähigkeit als Führungskräfte berichtet wird? Ob die Gallup-Studie, die alljährlich beweist, wie viele Angestellte nur noch Dienst nach Vorschrift machen, und die Schuld dafür einseitig den Chefs in die Schuhe schiebt oder die vielen Studien zu »Digital Leadership«, die aufzeigen, welche Kompetenzen Führungskräften heute fehlen und die sie unbedingt sofort erwerben müssen, um für die Digitalisierung gerüstet zu sein – alles das rückt Chefs in ein Scheinwerferlicht als Digital Loser statt als Digital Leader.

Der Graben zwischen Chefs und Mitarbeitern wird größer
Öffentliches Chef-Bashing ist in den Medien ein Garant für hohen Traffic, denn es spielet der breiten Masse der frustrierten Angestellten und vermeintlichen Opfer ihrer bösen Chefs perfekt in die Karten. Denn sie erhalten die »offizielle« Bestätigung dafür, dass ihre Chefs unfähig und vom Wandel in der Arbeitswelt überfordert sind.

Doch die Gefahr ist groß, dass sich dadurch eine arrogante und abschätzige Haltung dem eigenen Chef gegenüber entwickelt. Chefs werden nicht mehr ernst genommen, im Team werden Jammerer-Koalitionen gebildet und es entstehen Fronten. Eine Kultur, die Zusammenarbeit noch schwieriger macht und den Graben zwischen Führungskräften und ihren Mitarbeitern vergrößert. Für die im Scheinwerferlicht der Kritik stehenden Chefs wird es so immer schwieriger, den Kontakt zu ihrem Team zu halten, ganz zu schweigen davon, eine gute Bindung zu ihren Mitarbeitern auf- und auszubauen.

Viele Chefs stecken heute mehr denn je in der Sandwich-Position zwischen Topmanagement und den eigenen Mitarbeitern. Es herrscht ein immens hoher Handlungsdruck, der nahezu ungefiltert vom Topmanagement in die Organisation nach unten weitergegeben wird. Die Erwartung von Kostensenkung und gleichzeitiger Effizienzsteigerung nimmt zu. Mit dem Wegfall von Hierarchieebenen geht eine Vergrößerung der eigenen Führungsspanne einher. Zudem gibt es die Erfahrung aus dem Tagesgeschäft, dass die bisher erfolgreichen Führungsmethoden immer häufiger versagen, weil sie nicht nur die heutigen Werte vor allem der jungen Generationen verletzen, sondern schlichtweg für die dynamische und komplexe Arbeitswelt zu unflexibel sind.

Doch was macht es mit Chefs auf der menschlichen Ebene, wenn sie wie gewohnt von oben und neuerdings auch von unten vor Augen geführt bekommen, wie unfähig sie sind? Uns allen sollte klar sein, dass es nicht funktioniert, als Führungskraft mal eben ein paar Seminare zu besuchen und den Koffer an Methoden und Techniken auf einen aktuellen (digitalen?) Stand zu bringen, wie bei einer Maschine, auf der das Update installiert wird. Oder ist es etwa diese Denkweise, die wir benebelt vom lauten Digitalisierungs-Getöse längst unreflektiert verinnerlicht und auf Führung übertragen haben?

Führung ist verantwortungsvolles Miteinander
Viele der Beiträge in den Medien – und auch viele Mitarbeiter – vergessen, dass Führung Zusammenarbeit ist. Es ist zu einfach, als Mitarbeiter über den unfähigen Chef zu schimpfen, sich zurückzulehnen und auf baldige Besserung zu hoffen. Es ist zu einfach, mit dem Finger auf andere zu zeigen, dabei jedoch zu vergessen, dass auch dieser Finger einem Menschen gehört, der Teil des Systems ist und Verantwortung trägt.

Führungskräfte sind nicht allein dafür verantwortlich, dass es ihren Mitarbeitern gut geht. Denn Mitarbeiter sind keine hilflosen, schutzbedürftigen Kleinkinder, sondern erwachsene Menschen. Führung ist die Übernahme von Verantwortung, das bedeutet jedoch im Umkehrschluss nicht, dass der Geführte die Selbstverantwortung aufgibt.

Die Veränderung von Führung und deren Anpassung an eine im Wandel befindliche Arbeitswelt erfordert eine Veränderung der eigenen Haltung als Führungskraft – und auch als Mitarbeiter. Eine Haltung als Mensch anderen Menschen gegenüber.

Auch im Zeitalter der Digitalisierung bleibt Führung das Management guter Beziehungen. Kein Schema-F, sondern individuell entsprechend der eigenen Werte und Ziele sowie derer der anderen Menschen. Es ist ein fortlaufender Prozess der Selbstreflexion, des gegenseitigen Feedbacks und der Zeit sowie der Übung, die es braucht, um eine neue Haltung einzunehmen und professionell gute Beziehungen zu pflegen.

Statt lautstarkem Chef-Bashing brauchen Führungskräfte die Unterstützung ihrer Mitarbeiter und ihrer eigenen Vorgesetzten.
- Sie müssen neu erkennen lernen, was den einzelnen Personen in ihren Teams wichtig ist und Delegation entsprechend anpassen.
- Sie müssen erfahren, was die Währung für ihre Arbeit ist, also woran ihre eigenen Chefs gute Ergebnisse und ihre Mitarbeiter im Team gute Führung messen.
- Sie benötigen das Wissen, wohin das Unternehmen und seine Kultur in den nächsten Jahren entwickelt werden soll.
- Sie müssen das eigene Bewusstsein darüber wiedererlangen, was ihnen selbst als Mensch und in ihrer Rolle als Chef an der Seite ihrer Mitarbeiter wichtig ist.

Chefs zu Losern zu erklären, ist ein aufmerksamkeitsstarker Aufschrei, doch auf Dauer keine Lösung. Druck und Schuldzuweisungen sowie die Suche nach Sündenböcken und eine Kultur der Fronten aus »Die da oben – wir hier unten« werden nicht den notwendigen Rahmen für ein vertrauensvolles Miteinander schaffen, um Zusammenarbeit in Organisationen auf die nächste Entwicklungsstufe zu heben.

Ich bin der Meinung, Management, Führung und Mitarbeiter können in Zukunft neues Terrain nur Hand in Hand gemeinsam betreten. Alle Mitglieder einer Organisation oder eines Unternehmens sollten daran arbeiten, die vielen vorhandenen Kompetenzen, wertvollen Erfahrungen und individuellen Persönlichkeiten zu erkennen, sinnvoll (neu) miteinander zu verbinden und so den digitalen Wandel als gemeinsame Aufgabe und Chance zur Veränderung begreifen.

Von Bergspitzen und Seilschaften: Warum ich für zeitlich begrenzte Frauenquoten bin

Nico Rose

Für manche sind sie »die Lösung«, für manche ein rotes Tuch: Quotenregelungen für Frauen in Führungspositionen. Ich halte sie – in einer vorübergehenden Variante – für hilfreich. Hier erläutere ich, warum ich dieser Ansicht bin.

Ich spreche mich bereits seit Jahren für zeitlich begrenzte Frauenquoten für Organisationen in Wirtschaft und Gesellschaft aus. Damit mache ich mir naturgemäß nicht nur Freunde bei meinen Geschlechtsgenossen – das ist okay. Mir fiel im Laufe der Zeit bei diversen Diskussion allerdings prägnant auf, dass sich neben vielen Männern auch einige Frauen gegen eine Quote aussprachen.

Nach meiner Erfahrung ergibt es wenig Sinn, darüber zu streiten, was »gerecht« ist, das hat selten zu etwas geführt. Besser ist es meines Erachtens, sich darüber zu streiten, was bei gegebener Sachlage »gerechtfertigt«, also angemessen ist, um einem Problem Herr zu werden (an dieser Stelle fällt mir auf, wie sehr Sprache ein Teil des Problems sein kann) – wohlweislich der Tatsache, dass jede Lösung die Wurzel eines neuen Problems sein kann. Ich greife hier verkürzt jene drei Argumente auf, die mir am häufigsten begegnet sind:
1. Quoten sind nicht liberal.[11]
2. Quoten benachteiligen Männer bzw. führen dazu, dass nicht »die Besten« nach oben kommen.
3. Als Frau möchte man/frau keine Quotenfrau sein.

Zu Punkt 1)
Das stimmt. Wenn allerdings die Hälfte der Bevölkerung systematisch, mittlerweile aber vor allem systemisch, benachteiligt wird (ja, das ist auch heute noch dezidiert der Fall, wie ich weiter unten ausführen werde …), ist das eben auch nicht liberal. Der Markt regelt nicht alles (gut). Hier geht es um eine klassische Güterabwägung.

Zu Punkt 2)
Das ist möglich. Die einfache Wahrheit ist allerdings, dass es seit Anbeginn der Zivilisation in praktisch allen Bereichen des wirtschaftlichen und politisch-öffentlichen Lebens strenge implizite, zum Teil auch explizite, Männerquoten gab – zumindest

überall dort, wo es um die Verteilung von Macht und Geld ging. Kleines Beispiel gefällig? Ich wurde 1978 geboren. Bis zum Jahr davor durften Männer in Deutschland (theoretisch) noch per Gesetz bestimmen, ob ihre Ehefrauen überhaupt arbeiten gehen durften.

Zu Punkt 3)
Das kann ich gut nachvollziehen. Die Herausforderung: Das Gros der Männer hat und hatte noch nie ein Problem damit, durch ungerechtfertigte Vorteile aufzusteigen; siehe Punkt 2. Ich habe lange in einer gehobenen Position in der Wirtschaft gearbeitet, bin jetzt Professor, Menschen zahlen mir gutes Geld für meine Vorträge. Die Wahrheit: Vieles davon hat mit diversen Formen von »Unconscious Bias« zu tun: Ich bin Weiß, 1.90 m groß, habe eine tiefe Stimme und ein kräftiges Kinn. Das reicht in vielen Kontexten, um (unbewusst) als »tauglich« angesehen zu werden.

Der blinde Fleck: Systemische Benachteiligung
Es gibt allerdings noch ein weiteres Argument gegen Quoten, das mir häufig begegnet. Diesem möchte ich mich im Hauptteil dieses Textes annehmen, weil hier meines Erachtens die größte Hürde auf dem Weg zu echter Gleichstellung von Frau und Mann besteht. Das Argument lautet verkürzt: »Wo ist denn das Problem? Wir haben doch schon seit Jahrzehnten Chancengleichheit in Deutschland.« Das ist juristisch korrekt – betrachtet allerdings ausschließlich die Kirsche auf der Sahne des Eisbechers, der auf der Spitze des Eisbergs abgestellt wurde. Das Argument blendet die stärkenden oder schwächenden Wirkungen von Systemen und inkrementellen Effekten über den Verlauf der Zeit aus. Da heutzutage kaum noch etwas ohne Storytelling geht, versuche ich es einmal mit einer Metapher:

Vom Bergsteigen
Stellen wir uns vor, eine Gesellschaft hätte es sich vor einigen Jahrzehnten zum Ziel gesetzt, möglichst gleich viele männliche und weibliche Bergsteiger »auf die Spitze« zu bekommen. Es wird durchaus anerkannt, dass Männer hier Vorteile genießen durch ihre – im Mittel – größere Körperkraft. Allerdings glaubt man, dass Frauen dies durch – im Mittel – höhere Beweglichkeit und andere Vorzüge ausgleichen können.

Nach ein paar Jahrzehnten der gesetzesmäßigen Gleichstellung aller Bergsteigerinnen und Bergsteiger fragen sich einige Menschen, warum es nach Faktenlage so wenige Frauen bis ganz nach oben schaffen. Tatsächlich zeigt sich, dass auf vielen Bergspitzen kaum Frauen zu finden sind. Wenn es doch einmal eine schafft, wird ihr zumeist nicht die gleiche Anerkennung zuteil – oder es wird gesagt, sie habe das nur geschafft, weil sie ja eigentlich (wie) ein Mann sei.

Eine Expertenkommission wird daraufhin mit einer Analyse beauftragt. Das Ziel: die Gründe für den Mangel von Frauen auf der Bergspitze herauszuarbeiten – obwohl ja offensichtlich gleiches Recht für alle herrscht. Dabei wird ganz bewusst neben den Jahrzehnten, in denen vor dem Gesetz alle gleichgestellt waren, jene Periode betrachtet, in der dies nicht der Fall war. Konkret: mehrere tausend Jahre, bis zum Anbeginn der menschlichen Zivilisation. Diese Analyse trägt Folgendes zutage:

- Etwa während 99,9 Prozent der gesamten »zivilisierten Zeit« haben Männer (ihren) Frauen schlicht und ergreifend verboten, auf Berge zu klettern. Zur Not wurde dieses Verbot auch mit Gewalt durchgesetzt.
- Seit rund 100 Jahren nehmen Männer das mit dem Verbot zumindest in Teilen der westlichen Welt nicht mehr so genau. Man hat sich mehrheitlich darauf beschränkt, viele Frauen, die sich an den Aufstieg machen, zu verunglimpfen, anstatt sie direkt zu behindern.
- Hier und da wurde der Zugang zur Talstation einfach gesetzlich reglementiert. Ehefrauen durften bis zum Fuße des Berges mitkommen, um sich dort von ihren Männern zu abschieden. Ob sie selber klettern durften, lag bei der Entscheidung des Mannes.
- Weil Bergsteigen ein hohes Gut für die Gesellschaft darstellt, hat man bereits vor ein paar Jahrhunderten Schulen und Universitäten gegründet, um Menschen das Bergsteigen beizubringen. Allerdings dürfen Frauen erst seit wenigen Jahrzehnten am Unterricht teilnehmen, und in der Bergsteiger-Lehre sind sie immer noch massiv unterrepräsentiert.
- Viele Männer an der Spitze mussten Jahrhunderte lang gar nicht klettern. Bei jenen Bergen, die in Familienbesitz sind, haben die Inhaber das erstgeborene Kind einfach direkt auf der Spitze absetzen lassen (sofern es sich um einen Jungen handelte, versteht sich). Der weibliche Nachwuchs wurde stattdessen mit einem erfolgreichen Bergsteiger verheiratet, durfte aber selbst nicht klettern.
- Ansonsten haben die Männer – durchaus richtig – erkannt, dass man leichter auf den Gipfel kommt, wenn man Seilschaften bildet und sich gegenseitig hochzieht. So sind auch viele Männer oben angekommen, die es auf sich allein gestellt niemals geschafft hätten.
- Zudem habe diese Seilschaften über die Zeit Trampelpfade in die Berge getreten, Wegmarker hinterlassen oder Pflöcke in den rohen Stein gehauen. Den Ort die-

ser Zugänge und Schleichwege haben sie über Jahrhunderte in Clubs weitergegeben, zu denen Frauen selbstverständlich nicht zugelassen waren.
- Um den Aufstieg an die Spitze besser zu managen, hat man über die vergangenen Jahrzehnte verschiedene Zwischenstationen eingerichtet, Basislager und befestigte Camps auf unterschiedlichen Höhen. Diese werden naturgemäß seit Jahrzehnten mehrheitlich von Männern bevölkert. Der Ton dort kann ganz schön rau sein. Viele Frauen fühlen sich damit nicht besonders wohl und beschließen folglich, nicht weiter zu klettern, weil ihnen zu Ohren gekommen ist, dass die Atmosphäre weiter oben noch schlechter sein solle.
- Viele Frauen ziehen es vor, nach der Geburt von Nachwuchs einige Zeit mit dem Bergsteigen aufzuhören, weil es schwierig ist, gesunde Kinder großzuziehen, wenn man die Hände eigentlich zum Klettern bräuchte. Männliche Kletterer ziehen in dieser Zeit oft uneinholbar davon. An den Talstationen wurden zwar hier und dort Kinderbetreuungseinrichtungen geschaffen, aber bislang zu wenige. Im Übrigen wird es vielen Bergsteigerinnen, nicht aber den Bergsteigern, persönlich angelastet, wenn sie ihre Kinder zeitweise in die Obhut anderer Menschen geben.
- Weil über die Jahrhunderte praktisch nur Männer an die Spitze gelangten, hat sich in die Köpfe der Menschen eingebrannt, dass erfolgreiche Bergsteiger eben männlich sind. Wenn man Menschen beispielsweise bittet, aus dem Kopf einen erfolgreichen Bergsteiger zu malen, zeichnet eine überwältigende Mehrheit intuitiv einen Mann. Diese »Marke« sitzt so dermaßen tief, dass das Ganze im Übrigen auch für Bergsteigerinnen gilt.[12]

Soweit die Ergebnisse der Analyse. Als eine von vielen Gegenmaßnahmen schlägt die Expertenkommission vor, man könne doch – für einen begrenzten Zeitraum von einigen Jahren – leistungsfähige Lifte bauen, um ganz gezielt Frauen in die Nähe der Spitze zu bringen. Warum nicht sogar ein paar besonders qualifizierte Frauen mit Hubschraubern direkt oben absetzen (so, wie es die Inhaber der Berge in Privatbesitz schon immer mit ihren Söhnen getan haben)? Von dort aus könnten diese Frauen eigene Seilschaften koordinieren, jungen Bergsteigerinnen den Weg leuchten – und schlicht und ergreifend dafür sorgen, dass Bergsteigerinnen auf der Spitze ein völlig normales Bild werden –, sodass sich über den Verlauf einiger Jahrzehnte echte Chancengleichheit, nicht nur Gleichheit vor dem Gesetz, ergeben würde.

Ausblick
Ich bin verhalten pessimistisch, was die Wahrscheinlichkeit der Umsetzung dieses Vorschlags zum Wohle von Bergsteigerinnen angeht. Es müsse doch ausreichen,

dass Frauen schon seit längerer Zeit nicht mehr offen und aktiv diskriminiert würden, werden viele sagen. Positive Diskriminierung für Frauen, wenn auch nur für ein paar Jahre, so wie seit Jahrtausenden unverhohlen für Männer praktiziert, sei einfach nicht hinzunehmen.

Was mir wichtig ist: Ich respektiere ausdrücklich die Haltung jener Frauen, die sagen: »Ich möchte keine Quotenfrau sein.« Gleichzeitig halte ich diese Auffassung für nicht hilfreich, um das Problem schnell und nachhaltig anzugehen. Wir reden bei Vorschlägen zur Lösung von Problemen schnell über die neuen Probleme, die diese Lösungsvorschläge mit sich bringen werden. Und es ist korrekt: Eine Frauenquote wird Probleme verursachen. Diese Betrachtungsweise ist allerdings unterkomplex. Wir sollten als Gesellschaft gemeinsam verstehen wollen, ob diese neuen Probleme *besser* sind als die alten.

Eine Frauenquote wird uns als Gesellschaft »bessere Probleme« bringen.
Genau dies ist meine Prognose: Die Einführung von vorübergehenden Frauenquoten würde uns vor bessere, modernere, interessantere Herausforderungen stellen im Vergleich zum gegenwärtigen Zustand. Sie ist kein Allheilmittel. Sie ist nicht frei von Nebenwirkungen. Es wird vielerorts ordentlich quietschen und kratzen. Aber sie ist nach Sachlage das Mittel der Wahl – wenn man wirklich möchte, das schnell echte Fortschritte erzielt werden.

Management by Ampelmännchen: Wenn Chefs nur noch rotsehen

Bernd Slaghuis

Ampeln sind als Reporting-Instrument im Management beliebt. Mit einem Blick ist erkennbar, wie es um die wichtigsten Prozesse oder Projekte bestellt ist. Doch so simpel die Symbolik ist, so häufig versagt die Steuerung nach Ampelfarben in der Praxis. Warum der Blick auf Ergebnis- oder Performance-Ampeln nicht ausreicht, um Unternehmen und Teams in Zukunft nachhaltig wirksam und erfolgreich zu steuern.

»Alles im grünen Bereich!« Diese Aussage wäre wohl den meisten Chefs recht, wenn es um die laufenden Projekte und die Performance der wichtigsten Prozesse im

Unternehmen geht. Topmanager möchten hören, dass alles läuft. Sie haben keine Lust auf die ausschweifenden, sich zwischen Rechtfertigung und Schuldzuweisung hin und her bewegenden Erklärungsversuche ihrer Führungsmannschaft, warum es im vergangenen Berichtszeitraum wieder einmal zu Zeit- oder Kostenüberschreitungen gekommen ist.

Rote, gelbe oder grüne Ampel. Das ist in Management-Reports übersichtlich und für jedermann intuitiv verständlich. Freie Fahrt bei grün, Stopp bei rot. Und so wird im Vorfeld von Meetings heiß diskutiert, ob ein tiefes Gelb nicht doch ein helles Rot sein sollte, um die da oben endlich mal wach zu rütteln. Oder es werden in den letzten Tagen des Monats noch schnell ein paar Überstunden geschoben, um gerade noch grün für die Höhe des Arbeitsrückstands vermelden zu können und als Team nicht schon wieder negativ aufzufallen.

Ob die kurzfristige Hygiene von Ampelfarben in Reports der nachhaltigen Steuerung eines Unternehmens dient, ist für mich mehr als zweifelhaft. Hinzu kommt, dass mit diesem Management by Ampelmännchen sogar falsche Signale bei Entscheidern ankommen können und damit nicht die richtigen Steuerungsmaßnahmen durch sie beschlossen werden.

Grüne Ampel: Erfolge sind keine Rede wert!
Einige Unternehmen präsentieren in Management-Meetings keine grünen Ampeln mehr. Was läuft, das benötigt keine Aufmerksamkeit. Zeitverschwendung, denn schließlich gibt es dort nichts zu entscheiden.

Die Konsequenz: Erfolge werden nicht gesehen und wertgeschätzt und auch der Blick auf die Zusammenhänge und Abhängigkeiten zwischen den Wertschöpfungsprozessen geht verloren. Vielleicht ist es aus der Perspektive des Gesamtunternehmens sinnvoller, dass drei wichtige Kundenprozesse grün sind, darunter jedoch die Performance der Buchhaltung leidet.

Auch grüne Ampeln sollten daher berichtet werden. Ob und in welchem Umfang im Meeting über Erfolge und gute Performance gesprochen wird, liegt dann im Ermessen des Managements.

Gelbe Ampel: Wir haben Sie ja gewarnt!
So wie Gelb von uns im Straßenverkehr eine schnelle Entscheidung zwischen Bremsen oder Beschleunigen verlangt, so ist es auch hier: Gelb ist eine Botschaft im Executive-Report, die irgendwo zwischen »*Ganz ruhig, das wird schon wieder!*« und »*Achtung, Problem in Sicht!*« liegt.

Für die operativ verantwortlichen Ampelsteller bedeutet gelb häufig pflichtbewusstes Melden von noch geduldeten Normabweichungen bei gleichzeitiger Beschwichtigung durch die Prognose einer baldigen Besserung. Springt die Ampel dennoch im nächsten Report auf Rot um, dann heißt es gerne »*Wir haben Sie ja gewarnt, doch nichts ist geschehen!*«

Gelbe Ampeln sind weder Fisch noch Fleisch. Weil sich auch damit viele Manager heute nicht mehr abgeben möchten, teilen sie in Status-Meetings oftmals das Schicksal der grünen Ampeln, nämlich die Nichtbeachtung. Dabei wäre es so wichtig, bei gelben Ampeln genauer hinzusehen: Das Kind ist noch nicht in den Brunnen gefallen und wahrscheinlich würden kleine Korrekturen und Gegenmaßnahmen ausreichen, um aus gelb wieder grün werden zu lassen.

Gelbe Ampeln haben einen großen Effekt auf das Ergebnis. Denn die Kosten einer geringen Kursanpassung sind in diesem Stadium in der Regel niedriger als die mühevolle Reparatur roter Ampeln. Hinzu kommt, dass mit roten Ampeln häufig negative Außenwirkungen, etwa bei Kunden oder Lieferanten, einhergehen, die bei rechtzeitiger Reaktion gänzlich hätten vermieden werden können.

Rote Ampel: Wie konnte das passieren und wer ist schuld?
Wer Rot meldet, der kann mit diesen und anderen unbequemen Fragen rechnen. Es sei denn, Ampeln zeigen ein Dauer-Rot und werden schon aus Gewohnheit ohnmächtig hingenommen. Doch das, was dieses Signal eigentlich bewirken sollte, geschieht heute in den wenigsten Unternehmen: die Suche nach Lösungen und das Beschließen von kurzfristig wirksamen, korrigierenden Maßnahmen.

Stattdessen bedeutet rot häufig erst einmal Stillstand. Denn die Suche irgendeines Schuldigen und dessen Rechtfertigungsversuche als Antwort auf das Warum führen zu lästigen Diskussionen, die einer Lösung meist wenig zuträglich sind. Es geht viel zu oft um Schuld statt um Verantwortung und um Probleme statt um Lösungen.

Ein weiteres Signal: Wer rot meldet, der eskaliert. Rot ist ein häufig viel zu später Hilferuf der operativ Verantwortlichen an die Entscheider, etwas zu unternehmen. Doch leider ist das Melden von rot meist gleichzeitig verbunden mit dem Ziel, die eigene Verantwortung für das Problem nach oben abzugeben.

Damit rote Ampeln richtig wirken, ist eine offene Fehlerkultur im Unternehmen erforderlich. Erst dann, wenn die Antwort des Managements bei Rot lautet: »*Danke für Ihren Hinweis, was können wir zu einer Verbesserung der Situation beitragen?*«, führt diese Art von Steuerung nicht mehr zu Angst bei den operativ Verantwortlichen, sondern zu Klarheit und Fortschritt im Gesamtkontext.

Trau keiner Ampel, die Du nicht selbst gestellt hast!
Der Blick hinter die Kulissen der Ampelsteuerung zeigt in vielen Unternehmen, dass Grenzwerte für Ampelfarben nicht einheitlich definiert sind. Wird die Ampelsetzung sogar den Prozess-Ownern überlassen, ist der Willkür Tür und Tor geöffnet.

Da werden über Nacht Kennzahlen und deren Berechnungsmethodik modifiziert sowie die Grenzwerte für das Umspringen der Ampelfarben neu definiert. Es werden Ampeln auf farblos weiß gesetzt, weil der letzte Berichtszeitraum mal wieder eine besondere Ausnahme war – sei es wegen Systemumstellungen, Problemen bei der Datenbeschaffung oder weil sonst irgendwelche außerplanmäßigen Effekte eingetreten sind, die eine ehrliche Ampelbewertung unmöglich machen.

Ein weiterer Schwachpunkt der Ampel-Steuerungen liegt darin, dass die Aussage über das Gefahren- oder Verlustpotenzial unberücksichtigt bleibt. Dabei kann eine gelbe Ampel zu einem Prozess mit hohem Verlustpotenzial für das Unternehmen eine größere Bedrohung und damit einen höheren Handlungsdruck bedeuten als eine rote Ampel mit ökonomisch unwichtigem Hintergrund.

Steuerung der Zukunft statt Kontrolle der Vergangenheit
Egal, ob auch in Ihrem Unternehmen Ampelmännchen die Tagesordnung bestimmen oder andere Controlling- und Führungsinstrumente eingesetzt werden, achten Sie einmal bewusst darauf, wie lange in einem Meeting über die Vergangenheit und Probleme gesprochen wird und wie lange über die Zukunft und über Lösungen.

Das Management by Ampelmännchen ist nur ein Beispiel für die Perspektive, die Management und Führungsmannschaft heute in vielen Organisationen und Unternehmen immer noch einnehmen: der Blick in die Vergangenheit und auf den Status quo. Es geht zu oft um das Warum für Rot und um die Schuldigen statt um das Wie für Grün und die hierfür Verantwortlichen. Dabei ist es für die Lösung unwichtig, warum ein Problem entstanden ist. Wer in der dynamischen Arbeitswelt heute weiterhin darauf setzt, das Gestern erklären zu wollen, der wird für das Morgen keine Zeit mehr haben.

Führen durch Fragen: Chefs, Schluss mit den Ratespielchen!

Bernd Slaghuis

Wer fragt, der führt. Ein Leitsatz, den viele Chefs im Rahmen von Führungskräfteentwicklungen eingebläut bekommen. Chefs sollen heute mehr Coach als Boss sein und ihre Mitarbeiter befähigen, selbst auf Lösungen zu kommen. Doch allzu oft verkommt diese Maxime zu verrückten Ratespielchen.

Klar ist, dass Führung nach dem Muster Command, Order and Control heute nicht mehr funktioniert, ohne dass Angestellte inzwischen aller Generationen Reißaus nehmen oder auf Dauer in Dienst nach Vorschrift verfallen. Mitarbeiter möchten einbezogen werden, selbstverantwortlicher arbeiten, Freiheiten in gewissem Rahmen genießen.

Führen durch Fragen statt Order and Control ist daher keine dumme Idee: die Sichtweisen der Mitarbeiter zu hören und zu verstehen, sie in Entwicklungs- und Entscheidungsprozesse aktiv einzubeziehen und ihnen die Chance zu geben, eigene Lösungen für Aufgaben zu entwickeln. Eine Art der Führung, die gut zu den Vorstellungen von zeitgemäßer Führung vieler Arbeitnehmer passt.

Führen durch Fragen ist kein Ratespiel
Die Idee ist gut, doch die Umsetzung von »Führen durch Fragen« wird in der Praxis häufig zu einem absurden Ratespielchen: Der Chef hat eine Idee, geht zu seinen Mitarbeitern und löchert sie so lange mit Fragen, bis sie seine Lösung endlich erraten.

Das ist es offenbar, was manche Führungskräfte aus Seminaren mitnehmen, wenn »Führen durch Fragen« aus dem Methodenkoffer ausgepackt und in den Stuhlkreis geworfen wird: Keine klaren Ansagen mehr machen, sondern viele offene Fragen stellen. Den Mitarbeiter immer selbst auf Ideen kommen lassen – ihm zumindest das Gefühl vermitteln. Merke: Wer fragt, der führt!

Ich vermute, solche Notizen stehen auf vielen Seminarmitschriften zum Thema. Ein paar systemische Fragen werden an die Wand geworfen und in Rollenspielen ausprobiert und dann: Viel Erfolg bei der Umsetzung im eigenen Team!

Das kann nicht funktionieren. Denn die Grundvoraussetzung für wirkungsvolles Führen durch Fragen ist die eigene Haltung als Führungskraft – und erst danach kommen die Fragen.

Führen durch Fragen erfordert echtes Interesse
Wer als Chef jedoch weiter wie gewohnt seine Idee oder sein präferiertes Vorgehen durchboxen möchte, sollte kein Ratespiel im Team veranstalten, bis die Mitarbeiter selbst darauf kommen – und am Ende noch glauben, es sei ihre Lösung gewesen. Eine klare Ansage und das offene Ohr für andere Sichtweisen wären in diesem Fall wertschätzender – und auch zeitsparender.

Führen durch Fragen gelingt erst dann, wenn Chefs wirklich (!) echtes Interesse an den Antworten ihrer Mitarbeiter haben. Wenn Fragen keine (Verhör-)Methode sind, sondern Chefs offen für andere Sichtweisen sind; wenn sie sich die Zeit nehmen, ihren Mitarbeitern aktiv zuzuhören, sich zurücknehmen und ihnen bewusst den Raum für einen Lösungsfindungsprozess geben, den sie benötigen.

Führen durch Fragen ist keine Technik, sondern eine Haltung
Es braucht hierfür eine gute Beziehung zwischen Führungskraft und Mitarbeitern und das echte Vertrauen, dass ein Mitarbeiter oder das ganze Team über alle Fähigkeiten und Potenziale verfügt, selbst gute Lösungen zu entwickeln.

Führen durch Fragen hat weder etwas mit Dominanz nach dem Grundsatz »Wer fragt, der führt!« zu tun, noch etwas mit modernem Kuschelkurs gegenüber den Mitarbeitern, die keine klaren Ansagen mehr aushalten und hiervor beschützt werden müssen – übrigens ein Irrglaube insbesondere gegenüber jüngeren Generationen.

Es geht vielmehr um die Einbeziehung der Mitarbeiter, den offenen und wertschätzenden Dialog auf Augenhöhe, ohne die hierarchische Chef-Mitarbeiter-Beziehung samt eigener Ziele an den Nagel zu hängen. Es geht um eine Führungskraft, die auch einmal die eigene Brille absetzen kann und interessiert ist an der Denk- und Sichtweise anderer Menschen sowie ihrer Erfahrungen; die sich erlaubt, an der Seite der Mitarbeiter gemeinsam an Lösungen zu arbeiten, Neues zulässt, offen für Feedback und Kritik ist und es nicht als Niederlage oder Gesichtsverlust empfindet, einen anderen als den ursprünglich selbst gedachten Weg zu gehen.

Der Chef wird weder zum Coach seiner Mitarbeiter, weil er nun Fragen stellt, noch ist Führen durch Fragen das alleinige Allheilmittel für neues Arbeiten und motivierte Mitarbeiter. Als Angestellter würde ich wahnsinnig werden, wenn mir mein Chef ab sofort nur noch Fragen stellen würde.

Werden Sie sich in Ihrer Führungsrolle darüber bewusst, in welchen Situationen Ihnen Klarheit durch Ansage wichtig ist und wann die Delegation von Verantwortung an das Team und die Lösungsfindung im Team zweckmäßig sind. Achten Sie im Führungsalltag darauf, wann Sie ein echtes Interesse an den Antworten Ihrer Mitarbeiter haben, weil es Sie und Ihr Team weiterbringt, oder wann es Ihnen wichtig ist, auch einmal klar einen Weg vorzugeben. Aus vielen Coachings mit Angestellten weiß ich, dass sie sich beides von ihren Führungskräften wünschen.

Sie sollen arbeiten, nicht denken!

Bernd Slaghuis

»Sie sollen arbeiten, nicht denken!« ist eine Ansage, die Mitarbeiter von ihren Chefs heute zu hören bekommen, wenn sie das Tagesgeschäft stören und unbequem werden. Warum Denkverbote in unserer Arbeitswelt von morgen nichts mehr zu suchen haben.

Ich denke, also bin ich hier falsch
Diesen Satz entdeckte ich neulich, als ich bei einem Kunden durch ein Großraumbüro ging. In fetten Lettern ausgedruckt gut sichtbar auf dem Schreibtisch liegend. Was für eine Aussage, dachte ich mir, während der Chef dieses Teams an meiner Seite ging.

Ich habe es später im Coaching angesprochen. Was sagt so etwas über den Mitarbeiter, das Team, die Führungskraft und vielleicht sogar die Kultur im ganzen Unternehmen aus? Mitarbeiter, deren Hilfeschrei so öffentlich wird – und dort einfach liegen bleibt. Menschen, die offensichtlich längst ihren Kopf aus und den Modus »Dienst nach Vorschrift« eingeschaltet haben. Und eine Führung, die verunsichert und hilflos zusieht. Mehr noch: Eine Führung, die ausstrahlt, dass mitdenkende Mitarbeiter dort nicht erwünscht sind.

Digitalisierung: Denken ist ineffizient?
Ist das etwa diese Digitalisierung, von der zurzeit alle sprechen? Sind die nach Prozessoptimierung und Kostenminimierung übrig gebliebenen Menschen bereits zu Arbeitsmaschinen mutiert, um den letzten Kampf gegen die unheimliche Jobvernichtungsmaschine namens Roboter zu gewinnen? Auf Effizienz und Fehlerfreiheit getrimmte, jeden Handgriff beherrschende 37 Grad warme Körper in Großraumhaltung, die einfach nur gewissenhaft ihre Arbeit verrichten sollen?

Das ist keine Übertreibung. Zumindest überall dort nicht, wo es heute um Menge und Effizienz geht. An den Fließbändern der hoch technisierten Fabriken, in Callcentern, bei Kundenhotlines und anderen großen Einheiten, in denen viele Hände das Gleiche tun. Immer mehr jedoch auch in den ehemals kuscheligen Büros und mittelständischen Strukturen familiärer Glückseligkeit, die sich heute gegen Onlinehandel und internationalen Wettbewerb zu behaupten haben.

Mit dem Einzug immer stärkerer Standardisierung von Arbeitsprozessen und Systemen scheinen uns gleichzeitig andere, ebenso für Wachstum und Erfolg elementare Dinge abhanden gekommen zu sein: Flexibilität und Kreativität im Denken, Selbstverantwortung und Reflexionsvermögen, Neugierde und Lust auf Veränderung. Ist das alles ineffizient? Ja, scheinbar. Zumindest für die große Masse, die Menge schaffen muss.

Meier, Sie werden nicht fürs Denken bezahlt!
Karl Meier (Name geändert) ist seit sechs Monaten Führungskraft eines kleinen Teams in der Produktentwicklung bei einem Mittelständler. Er ist hoch motiviert, hat viele Ideen im Kopf und Lust, seine Mitarbeiter zu entwickeln und das Unternehmen voran zu bringen. Sie alle haben gut zu tun, die Arbeitsbelastung ist sehr hoch. Karl sitzt bei seinem Chef und die beiden sind im Gespräch. Er sieht, wie sehr auch er

2 Führung & Management

mit der Fülle an Aufgaben überfordert ist und bietet seinem Chef spontan an, etwas hiervon zu übernehmen.

Eine Woche später. Alle haben sich zum Abteilungsmeeting eingefunden. Karl mit seinem Team, sein Chef und auch dessen Vorgesetzter, der Geschäftsführer. Es geht um ein neues Projekt:»Meier, Sie übernehmen (...), denn Sie scheinen ja nicht ausgelastet zu sein, wenn Sie Ihrem Chef noch Arbeit abnehmen können.« Karl musste nach Luft schnappen, doch es fehlten ihm die Worte, erzählt er mir. Woher weiß der Geschäftsführer das? Warum stellt er mich vor der ganzen Mannschaft so bloß? Ist dies das Ergebnis von ehrlicher Hilfsbereitschaft und meiner Vorstellung von Zusammenarbeit im Team? Es sind viele Fragen, die ihm nach diesem Meeting, das alles veränderte, noch durch den Kopf gehen. Er habe damals beschlossen, ab sofort Dienst nach Vorschrift zu machen – und nun sitzt er mir gegenüber, um den Jobwechsel gut vorzubereiten.

Es war nur ein einziger Satz, der aus maximaler Motivation und höchstem Arbeitseinsatz betäubende Demotivation werden ließ. Vielleicht unüberlegt daher gesagt, vielleicht auch durch die Brille des Geschäftsführers rational richtig. Doch die Botschaft für Karl war klar: Mitdenken ist nicht erwünscht! Für ihn war es sogar noch mehr: Wer hier mitdenkt, der wird bestraft.

Ich denke, also bin ich
Die alten Lateiner unter Ihnen kennen dieses Zitat von René Descartes. Wir möchten uns selbst erfahren und fühlen können. Im Leben und auch im Beruf. Wir möchten mit unserer Arbeit wirksam werden, den Sinn unseres Tuns erkennen und hierfür Anerkennung von uns selbst oder von außen erfahren. Wir möchten uns weiter entwickeln, Herausforderungen annehmen, meistern und daran wachsen. Selbstverwirklichung im Beruf ist für viele Arbeitnehmer heute zu einem der wichtigsten Antreiber geworden.

Denken, um zu sein. Wer Mitarbeitern das Denken nimmt, lässt sie nicht mehr sein was, wie und wer sie sind. Sie werden zu Arbeitsmaschinen mit Personalnummern, die zu funktionieren haben. Menschen, die täglich gegen ihre inneren Werte und ureigenen Bedürfnisse anarbeiten. Zuerst kommt der Frust, auf Dauer macht es sie krank.

Betriebliches Vorschlagswesen ist Denke von gestern
Gibt es in Ihrem Unternehmen auch noch so ein Programm für Verbesserungsvorschläge? Einen Briefkasten, heute natürlich elektronisch, in den Sie Ihre Ideener-

güsse einwerfen können, und für die Sie mit etwas Glück Monate später ein paar Euro mehr auf dem Gehaltszettel stehen haben? Erfunden hat das 1872 Alfred Krupp für Mitarbeiter aller Hierarchie-Ebenen, die Lust auf Denken hatten und dies abseits von Führung und Team frei ausleben durften.

Ich halte es mit Reinhard K. Sprenger, der schon 1993 forderte, dieses Innovationsinstrument in Unternehmen abzuschaffen: »Ideen bringen Geld. Bringt Geld auch Ideen?« Seine These: Man kann sich nicht anstrengen, kreativ zu sein. Heute kommt hinzu, dass Geld für die meisten Angestellten zwar ganz nett ist, doch als dauerhafter Motivator nachweislich versagt.

Ist es in unserer heutigen und erst recht der morgigen Arbeitswelt, in der wir über sich selbst organisierende Teams, Vernetzung und agiles Arbeiten nachdenken, überhaupt noch richtig, Denken zur Belohnung auszusetzen? Sollte Denken nicht vielmehr selbstverständliche Normalität sein und ist es nicht das, was sich auch die meisten Angestellten heute intrinsisch motiviert wünschen?

Denkende, kreative und für Innovation offene Mitarbeiter dürfen nicht länger das Ergebnis eines Prämiensystems sein. Sie sollten vielmehr das Ergebnis einer wertschätzenden Führungshaltung in einer Unternehmenskultur sein, die von echtem Interesse an der Ressource Mensch geprägt ist.

Konzerne gründen Think Tanks ohne Denk-Verbote
Mancher Konzernlenker hat das Problem großflächig gelernter Denkverbote erkannt und versucht nun, das schwerfällige Schiff in neue Bahnen zu lenken. Doch was tun mit der Masse an Mitarbeitern, denen das Denken über Jahre abgewöhnt wurde – und dies für die effiziente Produktion von Menge im internationalen Wettbewerb vielleicht sogar gut und richtig so ist?

Ob die Think Tanks der Automobilhersteller im Silicon Valley, die Start-ups, Inkubatoren oder Acceleratoren großer Konzerne im trendigen Berlin: Sie alle haben das Ziel, außerhalb starrer Prozesse, langer Entscheidungswege und unternehmenspolitisch komplizierter Gemengelagen in Konzernen Kreativität, Innovation und Fortschritt zu ermöglichen.

Diese Think Tanks als Ableger großer Konzerne sind für mich symptomatisch und ein logischer Zwischenschritt auf dem Weg durch die Transformation hin zu einer veränderten Arbeitswelt im Zeitalter von Industrie 4.0.

Was wird uns in Zukunft von programmierten Robotern unterscheiden? Für welche Aufgaben und Tätigkeiten werden wir als Menschen in den nächsten Jahrzehnten (noch) einen Mehrwert leisten?

Kreative Denker werden in Zukunft gefragt sein
Wir können es uns nicht länger leisten, Menschen nur stumpf etwas abarbeiten zu lassen. Es ist egal, ob sie an Maschinen stehen, in Großraumbüros sitzen oder ihre Zeit im Homeoffice verbringen. Sie sind Individuen, deren Ressourcen heute vielmals nur zu einem geringen Bruchteil genutzt werden.

Auch wenn es im schnellen operativen Alltag eine bequeme Lösung ist, Arbeiter und Angestellte zu fleißigen Bienchen zu erziehen, werden es doch genau diese Jobs sein, die in den nächsten Jahren weiter von Maschinen übernommen werden.

Je früher in Unternehmen und Organisationen wieder stärker Kreativität gefördert und behutsam Flexibilität trainiert werden, desto besser. Denn auf diese menschlichen Kompetenzen wird es aus meiner Sicht in Zukunft bei den Aufgaben ankommen, die so schnell nicht durch Technik zu ersetzen sind.

Chefs und Mitarbeiter: Lust auf frisches Denken im Team?
Eine solche Veränderung funktioniert nicht von heute auf morgen, doch Sie können als Führungskraft und auch als Mitarbeiter gemeinsam daran arbeiten – wenn Sie es denn für richtig halten.

Für Manager und Führungskräfte bedeutet es, Beziehungen zu ihren Mitarbeitern aufund auszubauen sowie bewusst jedes Handeln in den individuellen Kontext zu setzen. Es bedeutet ferner, Individuen und ihr Denken zu sehen und zu verstehen, Ihre persönlichen Werte zu kennen, sie zu schätzen und danach zu führen. Es heißt auch, Selbstverantwortung auf Mitarbeiter zu übertragen, wo sie richtig und sinnvoll ist. Verantwortung für das eigene Handeln zu übernehmen, wo es nötig ist. Echtes Interesse an den Sichtweisen ihrer Mitarbeiter zu entwickeln und ihnen zuzuhören. Und es bedeutet, eine Fehlerkultur zu etablieren, die im Kontext des Unternehmens Kreativität und Innovation fördert, Menschen zu lieben, statt nur Ressourcen zu planen.

Für Mitarbeiter bedeutet es, das eigene Denken und Handeln bewusster und konsequenter an den persönlichen Werten auszurichten. Nicht wie im Beispiel oben den Zettel auf den Tisch zu legen und darauf zu hoffen, dass der Chef den Hilferuf erkennt und Sie rettet, sondern selbst als Chef des eigenen Lebens aktiv zu werden und eigenverantwortlich etwas zu verändern. Den Boss nicht als bösen Feind, sondern als Partner mit besonderen Kompetenzen und Stärken im Team zu erkennen. Die Werte von Kollegen und Dritten zu schätzen. Weniger Ich, mehr Wir. Zu sagen, was wichtig ist, Fehler sichtbar zu machen und daraus zu lernen. Quer zu denken und Veränderung nicht nur als Bedrohung, sondern ebenso als Chance zu sehen. Mehr von dem zu tun, von dem Sie denken, dass es für Sie, das Team und die Organisation wichtig und richtig ist.

Hand aufs Herz: Wer wird schon wirklich gerne geführt?

Nico Rose

Die meisten Angestellten in Deutschland fühlen sich schlecht geführt. Doch liegt das tatsächlich an der mangelnden Führungsfähigkeit der handelnden Personen? Oder liegt es an einem eingebauten Systemfehler?

Neulich wurden wieder einmal die Ergebnisse des »Gallup Engagement Index« für Deutschland veröffentlicht. Es zeigt sich – oberflächlich betrachtet – wie schon so oft ein Bild der emotionalen Verwüstung: 70 Prozent der deutschen Angestellten leisten maximal Dienst nach Vorschrift, sie haben nur eine geringe emotionale Bindung an ihren Arbeitgeber. 15 Prozent haben bereits innerlich gekündigt, lediglich die restlichen 15 Prozent der Arbeitnehmer seien wirklich mit ganzem Herzen bei der Sache. Dieser niedrige Level an Engagement und emotionaler Beteiligung koste die deutsche Volkswirtschaft jährlich mehr als 100 Milliarden Euro, so ein Fazit der Forscher von Gallup.

In den meisten Medienberichten wird, angelehnt an die Interpretation des Forschungsinstituts, mit dem Finger auf die Führungskräfte gezeigt. Mangelnde Kommunikation, vor allem zu wenig positives Feedback und zu wenig ausgedrückte Wertschätzung seien die Haupttreiber hinter diesem betrüblichen Ergebnis. Leuchtet ein, nicht wahr? Gute Führung ist verdammt schwierig und ein jeder von uns kann »Kriegsgeschichten« erzählen von »diesem furchtbaren Chef, unter dem ich früher bei XYZ arbeiten musste«.

Führung: Schlechte Individuen oder schlechtes System?
Was mich stutzig macht: Die Ergebnisse der Gallup-Studien[13] schwanken seit Jahren nur sehr geringfügig. Die Zahlen verschieben sich mal um zwei, drei Prozentpunkte, aber das grundlegende Muster bleibt immer gleich: Ein bedeutender Prozentsatz der Angestellten ist verdammt unzufrieden. Dies zeigt sich übrigens weltweit, es gibt kein Land, in dem Gallup Zahlen erhebt, wo die Zufriedenen in der Überzahl wären. Nun geht es mir hier nicht darum, die Ergebnisse der Gallup-Forscher an sich infrage zu stellen. Die Zahlen sind, wie sie sind – auch wenn man natürlich immer die Methodik einer Studie hinterfragen kann, zumal das Unternehmen Gallup auch davon lebt, Unternehmen in puncto Mitarbeiterengagement zu beraten.

Es lohnt sich meines Erachtens jedoch, die handelsübliche Interpretation der jährlichen Ergebnisse zu hinterfragen. Das Problem der schlechten Führung dürfte seit langer Zeit bekannt sein. Nicht umsonst pumpt die deutsche Wirtschaft laut Institut der der deutschen Wirtschaft (IW) jedes Jahr viele Milliarden Euro in die Aus- und Weiterbildung ihrer Arbeitnehmer (2014 waren es beispielsweise mehr als 33 Milliarden Euro). Es ist anzunehmen, dass ein stattlicher Teil diese Summe in Kommunikations- und Führungstrainings fließen dürfte. Eine berechtigte Frage lautet folglich: Warum tut sich nichts, warum verbessert sich die wahrgenommene Führungsleistung nicht – trotz dieser Investitionen?

Meine Vermutung: Es liegt nicht an den Führungskräften, den Individuen per se – auch wenn es zwischen verschiedenen Personen sicher eklatante Qualitätsunterschiede hinsichtlich dessen, wie sie ihren Job erledigen, geben mag. Stattdessen sollten wir den Blick stärker auf das System der hierarchischen Führung an sich richten. Das heißt im Klartext: Falls meine Hypothese zutrifft, dann ist es ziemlich gleichgültig, welche Menschen man zu Führungskräften ernennt und wie intensiv man diese fortbildet: Das Ergebnis wird immer ungefähr gleich (schlecht) ausfallen. Einmal Hand aufs Herz: Gehen Sie morgens tatsächlich mit folgendem Gedanken im Hinterkopf ins Büro:

»Oh prima, heute werde ich wieder so richtig toll geführt ...«
Geführt werden ist notwendigerweise immer ein – geduldetes – Aufgeben eigener Autonomie, es bedeutet zwingend ein gewisses Ausmaß an Kontrollverlust. Dieser Umstand wird durch moderne, weiche Formen der Führung ein Stück weit kaschiert, ist aber systemimmanent.

Ich habe einen kleinen Sohn. Was glauben Sie, was bei uns los ist, wenn ich ihm, der schlechte Vater, der ich nun mal bin, bei etwas helfen will, was er (gefühlt) schon alleine kann, beispielsweise Socken anziehen? Dann bricht die Hölle los, aus seiner Sicht durchaus zurecht. Er empfindet mich in diesem Moment als übergriffig, als eine Zumutung.

Die Sache ist die: Dieses Streben nach Autonomie und nach Erleben der eigenen Kompetenz, nach Selbstwirksamkeit, das geht nicht weg, nur weil wir erwachsen werden. Und es geht auch nicht weg, wenn wir morgens Eingangshallen und Werkstore durchschreiten. Unternehmen scheinen bisweilen zu erwarten, dass wir dieses urmenschliche Grundbedürfnis an der Garderobe abgeben, aber das funktioniert offensichtlich nur sehr bedingt. Meine Prognose: Die Ergebnisse der Gallup-Studie (und ähnlicher Untersuchungen) werden sich – wenn überhaupt – erst dann nachhaltig zum Positiven verändern, wenn eine signifikante Anzahl an Unternehmen erkannt hat, dass alternative Formen der Führung, beispielsweise gewählte Führung, Führung auf Zeit, oder auch verschiedene Formen der Selbstorganisation, letztlich spürbar stärker dem menschlichen Grundbedürfnis nach Autonomie und Kompetenzerleben entgegenkommen.

Ich stelle übrigens nicht die Sinnhaftigkeit von Hierarchien infrage. In vielen Kontexten sind sie hilfreich und sinnstiftend, weil sie Klarheit schaffen, die Übernahme von Verantwortung regeln – und bisweilen auch schlicht und ergreifend schneller funktionieren als andere Wege der Koordination. Doch Hierarchien müssen in Zukunft anders legitimiert werden. Die Menschen werden zunehmend weniger damit einverstanden sein, dass ihnen einfach so »jemand vorgesetzt« wird, ohne eigenes Mitspracherecht und ohne schlüssigen Kompetenznachweis der führenden Person. Es gab schon immer eklatante Unterschiede zwischen formeller und informeller Führung. Organisationen täten gut daran, diese Lücke spürbar kleiner werden zu lassen – sprich: Menschen in Führungsrollen zu bringen, denen die Mitarbeiter folgen *wollen* – und nicht *müssen*.

Die Führungskraft als Coach? Achtung, nur mit Vorsicht zu genießen

Nico Rose

Führungskräfte sollen neuerdings als Coach ihrer Mitarbeiter agieren. Doch unter welchen Umständen ist das »sauber« möglich? Und wo sollen die Führungskräfte die entsprechenden Kompetenzen hernehmen? Eine kritische Betrachtung.

In den vergangenen Jahren wird unter dem Deckmantel der New-Work-Bewegung vermehrt gefordert, Führungskräfte mögen doch bitte als Coach ihrer Mitarbeiter agieren. Als jemand, der seit 2008 als Coach am Markt ist und darüber hinaus viele Jahre als Führungskraft in einem Konzernumfeld gearbeitet hat, sage ich an dieser Stelle: Obacht! Das Ganze ist sicherlich (wie so oft) gut gemeint, aber nicht wirklich zu Ende gedacht. Warum?

Die Rollen eines Coaches und jene der Führungskraft sind, zumindest in hierarchischen Organisationen, hochgradig widersprüchlich. Dies ist die gekürzte Version einer Coaching-Definition gemäß des Deutschen Verbands für Coaching und Training (dvct e. V.): »Professionelles Coaching setzt ganz auf die Entwicklung individueller Lösungskompetenz. Der Klient bestimmt das Ziel des Coachings. Der Coach verantwortet den Prozess, bei dem der Klient neue Erkenntnisse gewinnt und Handlungsalternativen entwickelt.«

Der wesentliche Passus an dieser Stelle ist: Der Klient bestimmt das Ziel des Coachings. Ein professioneller Coach muss den Zielen des Klienten *gleichgültig* gegenüberstehen, in dem Sinn, dass letztlich alle Ziele gleich gültig sein könnten. Der Klient bestimmt, wo die Reise hingeht, der Coach hilft bei der Erstellung des Reiseplans und beim Verstehen der Landkarte. Aber Sinn und Zweck der Reise müssen vom Klienten kommen – und *nur* von ihm.

Führungskräfte haben notwendigerweise eine eigene Agenda
Führungskräfte in hierarchischen Organisationen können gerade nicht gleichgültig sein gegenüber den Zielen ihrer Mitarbeiter. Sie haben eigene Zielvorgaben, die aus den Unternehmenszielen abgeleitet wurden. Auf Basis dieser Zielvereinbarungen werden wiederum Zielvorgaben für die eigenen Mitarbeiter definiert. Dies geschieht bei geschulten Führungskräften heutzutage in einem dialogischen Prozess: Den Mit-

arbeitern werden also Gestaltungsspielräume gegeben. Nichtsdestotrotz können sie ihre Ziele nicht wirklich frei wählen. Diese systembedingte Abhängigkeit ist mit einer klassischen Coach-Klienten-Beziehung unvereinbar.

Selbstverständlich können sich Führungskräfte für ihre Führungsaufgabe bestimmter Methoden bedienen, die im oder für den Coaching-Kontext entwickelt wurden, beispielsweise bestimmte Fragetechniken. Doch ändert das rein gar nichts an der Tatsache, dass die Rechte und Pflichten einer Coach- beziehungsweise Führungsrolle grundverschieden bleiben.

Manche mögen nun sagen, dass es hier lediglich um eine sprachliche Nuance geht, aber diese Haltung greift zu kurz. Es ist unethisch gegenüber den Mitarbeitern, wenn ihnen ihre disziplinarisch verantwortliche Führungskraft als Coach »verkauft« wird. Denn am Ende des Tages bleibt trotz der Umbenennung eine hierarchische Abhängigkeit, die mit der Rolle eines wohlwollend-neutralen Begleiters auf Augenhöhe unvereinbar ist. Die Tätigkeit des Coachings inklusive des zugrundeliegenden Menschenbildes und der damit verbundenen Haltung sind für mich etwas ausgesprochen Wertvolles und Schützenswertes. In diesem Sinne ist es für mich weit mehr als Wortklauberei, wenn ich versuche, Coaching und Führung zu trennen, um beiden ihren guten Platz zu geben.

Ein Coach darf nicht bestrafen können
Der entscheidende Punkt ist: Die Coaching-Rolle verträgt sich unter keinen Umständen mit Sanktionsmacht, also der Möglichkeit, Belohnungen oder Bestrafungen auszusprechen, zum Beispiel durch das Vergeben oder Vorenthalten von Boni. Diese Sanktionsmacht als *Asymmetrie in der Beziehung* ist der Kern fehlender Augenhöhe zwischen Vorgesetzten und Mitarbeitern.

Jahres- und Bonusgespräche beispielsweise sind immer ein dezidierter Moment der Wahrheit: Ich werte, du wirst bewertet. Hier wird der hierarchische Unterschied, die Macht, besonders spürbar – selbst, wenn man das ganze Jahr über versucht hat, »gut Freund« zu sein. Von daher ist die Coach-Rolle einer hierarchischen Führungskraft notwendigerweise »vergiftet«, weil der Mitarbeiter sich letztlich nie zu 100 Prozent sicher sein kann, wen (bzw. welche Rolle) er gerade vor sich hat. Im ungünstigen Fall weist das Ganze in Richtung einer unangenehmen Form von Übergriffigkeit: »Du, Mitarbeiter, wirst schon sehen, was du davon hast, wenn du dich von mir nicht in die richtige Richtung coachen lässt.«

Ich kann mir prinzipiell vorstellen, dass bei einer hervorragend ausgebildeten und gereiften Führungskraft, gepaart mit einem ausgesprochen offenen und ebenfalls gereiften Mitarbeiter, eine Konstellation entstehen kann, in welcher der situative Rollenwechsel gelingt. Doch wie häufig findet sich ein solches Paar in der Realität? Zudem: Ein gewisses Maß an Restunsicherheit bliebe strukturell immer bestehen.

Die Frage der Kompetenz

Eine weitere Frage, die sich bei dem Thema aufdrängt, ist jene nach dem Können. Ich habe zwei Studiengänge der Psychologie abgeschlossen und zusätzlich eine deutlich vierstellige Anzahl Stunden an Schulungen in verschiedenen Veränderungsmethoden absolviert. Trotzdem scheint mir, dass ich gerade erst an der Oberfläche kratze. Menschen sind einfach verdammt kompliziert. Wenn jetzt alle Führungskräfte coachen sollen: Wo kommt diese Coaching-Kompetenz dann her? Eine Untersuchung[14] des Berufsverbands »Die Führungskräfte« hat ergeben, dass sich rund zwei Drittel der Führungskräfte von ihren Unternehmen nicht einmal ausreichend auf die »handelsüblichen« Führungsaufgaben vorbereitet sehen. Und jetzt sollen alle zusätzlich eine weitere Rolle mit einem zum Teil konträren Skill Set übernehmen?

Wenn ich die Diskussionen verfolge, entsteht bei mir der Eindruck, dass zwischen den Zeilen bisweilen die folgende Haltung existiert: Coaching ist etwas, was »man eben einfach so macht«. Dagegen verwahre ich mich entschieden. In diesem Zusammenhang ist ein Artikel aus der Harvard Business Review[15] relevant: Für eine Studie wurden rund 100 Manager gebeten, mit einer weiteren Person ein Coaching-Gespräch zu führen. Diese Gespräche wurden aufgezeichnet und von verschiedenen Experten bewertet. Nach der Auswertung kamen die Forscher zu einem ernüchternden Urteil: Die Manager glaubten in der Mehrzahl, die Person gecoached zu haben, während sie tatsächlich einfach Ratschläge erteilten.

Am Ende des Tages möchte ich Unternehmen vor allem davor warnen, in puncto Menschenbild und Haltung alles beim Alten zu lassen, dem Ganzen dann aber einen oberflächlichen New-Work-Anstrich zu verpassen. Eine klar als solche deklarierte Hierarchie ist möglicherweise altbacken, aber zumindest transparent – man weiß dann, »was Sache« ist. Bei allen offenkundigen Nachteilen bietet dies zumindest ein gewisses Maß an Schutz für die Mitarbeiter. Unappetitlich wird es dort, wo New Work »gespielt« wird, um die Menschen bei Laune zu halten, während die eigentlichen Machtstrukturen unangetastet bleiben.

Ausblick: Wie es funktionieren kann
Eine Führungskraft kann Coach des Mitarbeiters sein, wenn die Führungsrolle a) weitgehend von der Rolle des Zielevorgebers und b) vollständig von der Sanktionsmacht bereinigt wurde. Ketzerisch lässt sich allerdings fragen, ob eine solche Konstellation überhaupt noch als Führung bezeichnen werden kann. Beides ist möglich, wenn diese Aufgaben beispielsweise in einen selbstorganisierten Gruppenprozess überführt wurden. Zudem ist natürlich denkbar, eine Coaching-Konstellation über Abteilungsgrenzen hinweg zu etablieren: Der Mitarbeiter aus Abteilung A wird von einer Führungskraft aus Abteilung B gecoacht. Auf diese Weise werden die immanenten Rollenkonflikte weitgehend eliminiert. Doch auch hier bleibt eine Restunsicherheit: Was, wenn der Mitarbeiter aus der Abteilung A z. B. über einen Konflikt mit einem Mitarbeiter aus Abteilung B sprechen möchte? Auch in einem solchen Fall wäre die Coaching-Konstellation von Anfang an nicht wirklich tragfähig.

So wohlklingend das Ideal von der Führungskraft als Coach ist: Unternehmen sollten gut überlegen, ob und wie sie diesen Weg mit ihren Mitarbeitern gehen wollen. Die Fallstricke sind zahlreich, der potenzielle Schaden am Menschen ist hoch. Auch wenn es auf den ersten Blick teurer erscheinen mag: Ich rate aus gutem Grund zum guten alten externen Coach.

Pseudo-Chefs: Diese 10 Chef-Typen braucht kein Mensch

Bernd Slaghuis

Wo Chef draufsteht, muss noch lange kein Chef drin sein.

Viele Angestellte sind heute führungslos unterwegs, denn sie haben Chefs, die keine sind. Diese 10 Pseudo-Chefs sind weit verbreitet – vielleicht ist Ihrer auch dabei? Unten erfahren Sie, wie Sie aus solchen Mogelpackungen wieder echte Chefs machen – vorausgesetzt, Sie wünschen sich einen richtigen Chef als Chef.

1. Beförderte Chefs: »Mitarbeiter sind nur lästig bei der Arbeit!«
Das ist der Klassiker unter den Pseudo-Chefs. Sie werden hochbefördert zum Boss, haben aber eigentlich überhaupt keine Lust auf diesen Job. Mitarbeiter führen und ihr Team entwickeln sind für sie lästige Pflichten. Viel lieber möchten sie sich wie

2 Führung & Management

früher tief in ihre Themen stürzen und fachlich arbeiten. Beförderte Chefs sind besonders dort anzutreffen, wo berufliche Entwicklung Automatismus ist. Wer lange genug gute Arbeit leistet, wird irgendwann zum Chef ernannt. Und wer ist schon so verrückt, für die Karriere solch ein Angebot auszuschlagen?

2. Kontrolletti-Chefs: »Vertrauen ist gut, Kontrolle ist besser!«
Das ist die tägliche Arbeitsdevise dieser Chefs. Oft gepaart mit dem Glauben, selbst der beste Experte seines Fachs zu sein. Kontrolletti-Chefs müssen stets über alles informiert sein und legen besonderen Wert auf eine saubere Dokumentation. Entscheidungsspielräume bei Mitarbeitern werden auf ein Minimum reduziert, um sicher die Kontrolle zu behalten. Betreibt auch Ihr Chef kleinteiligstes Micro-Management, dann haben Sie es womöglich mit exakt diesem Kontrolletti-Chef zu tun.

3. Promi-Chefs: »Die erste Reihe gehört nur mir!«
Diese Chefs müssen ständig im Scheinwerferlicht stehen und lieben den lauten Applaus. Rampensau-Chefs, die vor allem sich selbst am nächsten sind. Je häufiger sie die Gelegenheit bekommen, sich im besten Schein zu präsentieren, umso besser. Sie nehmen die grandiosen Ideen ihrer Mitarbeiter auf und verkaufen sie als die eigenen. Sie sonnen sich im Schatten ihres Teams. Sie umgeben sich lieber mit einflussreichen Menschen als mit ihren Mitarbeitern, schließlich sind sie ständig auf dem Sprung nach oben zum nächsten Job – für noch mehr Ruhm, Macht und Status.

4. Angsthasen-Chefs: »Bloß nichts selbst entscheiden!«
Für Mitarbeiter gibt es nichts Schlimmeres als Chefs, die aus Furcht vor Fehlern lieber keine Entscheidungen treffen, als klar zu sagen, wo es lang geht. Probleme werden erst klein- und anschließend schöngeredet, bevor sie fein säuberlich unter den Teppich gekehrt werden. Hauptsache, niemand ihrer Chef-Kollegen oder gar das Management bekommt Wind davon, dass es überhaupt Probleme gibt. Angsthasen-Chefs sind große Meister darin, Entscheidungen in ihr Team zurück zu delegieren. Keine Verantwortung zu übernehmen ist ihre Versicherung im Beruf.

5. Rentenanwärter-Chefs: »Besser nicht auffallen in den letzten Jahren!«
Dies sind Chefs, die gut gebettet auf ihren Pöstchen sitzen und dort friedlich in Ruhe gelassen werden. Neues geht an ihnen vorbei, schließlich ist bekannt, dass ihre besten Zeiten der Vergangenheit angehören. Sie zählen die Jahre bis zum Tag ihrer

Befreiung aus dem Job. Jetzt sind auch mal die Jungen dran und müssen sich beweisen, also bloß nicht einmischen, auffallen oder zu laut »Hier!« rufen, wenn es um Aufgaben und Veränderung geht. Aushalten und Durchhalten bis zur Rente ist ihr Ziel.

6. Larifari-Chefs: »Was interessiert mich meine Meinung von gestern!«
Dieser Typ Chef treibt seine Mitarbeiter in den Wahnsinn. Gestern war es noch A, heute gilt B. Gestern war Schnelligkeit wichtig, heute Genauigkeit. Wie das Fähnchen im Wind ändern Larifari-Chefs ihre Sichtweisen und Meinungen, leiden an chronischem Gedächtnisverlust und machen sich ihre Welt, widde widde wie sie ihnen gefällt. Viele von ihnen sprudeln ständig voller neuer Ideen und schütten diese ungefiltert in ihre eh schon völlig orientierungslos überlasteten Teams.

7. Jammer-Chefs: »Puh, wir schaffen das doch zusammen, oder?«
Ein Alptraum für jedes Team, das sich einen starken Chef wünscht. Doch statt sich für Team-Themen auch nach oben stark zu machen und den eigenen Mitarbeitern den Rücken zu stärken, hängen diese Jammer-Chefs lieber nörgelnd bei ihren Schäfchen ab, verschwören sich gegen die bösen, dummen anderen Chefs und ihre Teams und schmieden Pläne, wie sie es zusammen schaffen, nicht gemeinsam unterzugehen.

8. Placebo-Chefs: »Und, wie wirke ich?«
Dieser Typ Chef ist die wortwörtliche Mogelpackung. Es steht Chef drauf, doch innen drin ist nichts als heiße Luft. Sie entfalten ihre Wirkung, solange ihre Mitarbeiter den Schwindel nicht bemerken. Wer fest genug daran glaubt, er habe einen Chef, der hat auch einen. Doch fliegt der Zauber auf, etwa wenn es um die Übernahme von echter Verantwortung geht, dann zerplatzt die Seifenblase und übrig bleibt ein Team, das seinen Chef ohne Substanz nicht länger ernst nehmen kann.

9. Abwesenheits-Chefs: »Ihr kommt ja auch ohne mich zurecht!«
Viele Mitarbeiter glauben, dass ihnen ihre permanent durch Abwesenheit glänzenden Chefs große Spielräume einräumen und sie einfach in Ruhe arbeiten können. Doch wenn sie ihn brauchen, ist er nicht nur freitags nie da. Chefs, die per SMS kurz vor dem nächsten Boarding die drängendsten To-dos übermitteln, nur sonntags abends Zeit für einen kurzen Call haben, sich wichtig auf Konferenzen rumtreiben und bei denen die Abwesenheitsnotiz zur Standardeinstellung geworden ist. Hauptsache, das Team hat alles und sich selbst im Griff.

2 Führung & Management

10. Kuschel-Chefs: »Ihr habt mich doch noch alle lieb?«
Je mehr solche Chefs über neue Formen der Führung in der Arbeitswelt von Morgen lesen, umso stärker entwickeln sie ihre Kuschel-Qualitäten. Aus den alten Patriarchen und autoritär Mächtigen wird nun der beste Kumpel ihrer Mitarbeiter. Der Chef als Kollege, wertschätzend, auf Augenhöhe, verständnisvoll und mitfühlend. Entschieden wird im Team nur noch demokratisch, Harmonie geht vor Konflikt. Samthandschuhe werden zum wichtigsten Equipment zeitgemäß kuscheliger Führung. Schließlich hat sich herumgesprochen, dass die jungen Generationen sofort den Arbeitgeber wechseln, sobald es auch nur etwas ungemütlich wird.

Wieviel Pseudo-Chef darf's sein?
Es ist Ihre Entscheidung, ob Sie als Mitarbeiter oder ganzes Team daran arbeiten und somit auch Zeit investieren möchten, Ihrem Chef in Sachen Führung auf die Sprünge zu helfen. Schließlich werden Sie hierfür ja nicht bezahlt. Und vielleicht mögen Sie auch die eine oder andere Seite an Ihrem Nicht-Chef und wünschen sich sogar, dass es genau so bleibt.

Na klar, es ist sympathisch und verbindet, wenn der Chef mal mit dem Team gemeinsam jammert. Es ist entspannend zu wissen, dass der Chef auf Reisen ist und nicht in der nächsten Sekunde mit neuen Ideen um die Ecke kommen kann. Es ist beruhigend, darauf zu vertrauen, dass der Chef alle Ergebnisse kontrolliert, bevor sie die große Runde machen. Und für das Team kann es überaus vorteilhaft sein, ihren Promi-Chef in der ersten Reihe zu haben.

Sie sehen, jeder meiner 10 Pseudo-Chefs hat für seine Mitarbeiter und das Team auch etwas Gutes. Treten jedoch die beschriebenen Eigenschaften oder Verhaltensweisen in den Vordergrund und prägen die Zusammenarbeit dauerhaft, dann werden Sie es höchst wahrscheinlich zu sehr als persönliche Belastung, frustrierend und als Hürde empfinden, um motiviert und gesund gute Arbeit zu leisten.

Echter Chef statt Mogelpackung: So ist für Sie mehr Chef drin
Machen Sie sich bewusst, was konkret Sie sich als Mitarbeiter gerne mehr, weniger oder anders von ihrer Führungskraft wünschen. Vielleicht sind es regelmäßige Besprechungen unter vier Augen? Oder klarere Meinungen und Entscheidungen? Stärkeres Vertrauen und größere Entscheidungsspielräume? Mehr Anerkennung

und Wertschätzung Ihrer Leistungen? Eine gerechtere Verteilung von Aufgaben oder ein Nein, wenn die Nachbarabteilung mal wieder Arbeit über den Zaun wirft? Oder was ist es genau, das Sie sich in Zukunft anders von Ihrem Chef oder Ihrer Chefin wünschen?

Schaffen Sie zunächst für sich oder innerhalb des Teams genau diese Klarheit über Ihre Erwartungshaltung, bevor Sie vorwurfsvoll ins Büro des Chefs rennen und ihm ein »Chef, so geht es nicht weiter!« an den Kopf werfen. Je konkreter Sie benennen können, warum Ihnen dies so wichtig ist und inwiefern sich eine Änderung seines Verhaltens positiv auf Ihre oder die Leistungen des gesamten Teams auswirken wird, umso besser kann Ihr Chef Ihre Sichtweisen und Emotionen verstehen und umso leichter wird es ihm fallen, über sein bisheriges Verhalten nachzudenken und sich zu entscheiden, daran etwas zu verändern.

Führung ist keine Einbahnstraße
Chefs und Mitarbeiter sind zusammen dafür verantwortlich, an guter Zusammenarbeit zu arbeiten. »*Ja, aber ist es nicht viel zu gefährlich, den eigenen Chef zu kritisieren?*«, denken Sie womöglich in diesem Moment. Nunja, dann halten Sie am besten die nächsten Monate oder Jahre stillschweigend aus, bis Ihr Chef endlich gelernt hat, was gute Führung ausmacht, oder Sie setzen darauf, dass er irgendwann selbst das Handtuch schmeißt und sich mit einem neuen Chef alles zum Guten wendet. Und vielleicht haben Sie ja auch das Glück, dass schon morgen Ihr neuer Traumjob inklusive Traumchef vom Himmel fällt und Sie Ihrem unfähigen Boss die Kündigung aussprechen können.

Es ist Ihre Entscheidung, denn Führung ist keine Einbahnstraße. Auch Sie haben die Möglichkeit, Gestalter einer guten Zusammenarbeit zu sein. Meine Erfahrung aus der Arbeit sowohl mit Mitarbeitern als auch mit Führungskräften ist, dass viele Chefs sehr dankbar sind, Feedback zu ihrem Führungsverhalten von Mitarbeitern zu erfahren. Denn auch Chefs werden nicht als perfekte Vorgesetzte geboren und wissen oftmals nicht, was genau ihren Mitarbeitern bei der Arbeit wichtig ist. Hier können und dürfen Sie Aufklärungsarbeit leisten. Wenn Sie Lust haben, dann füllen sie die alte Mogelpackung mit neuem Leben, damit auch für Sie in Zukunft wieder mehr Chef drin ist.

(Warum) Führen immer die Falschen?

Nico Rose

Viele Angestellte sind unzufrieden mit der Art und Weise, wie sie geführt werden. Das mag unterschiedliche Gründe haben. Einer lautet: Wir schreiben oft unbewusst den falschen Menschen hohe Führungstauglichkeit zu.

Die Schlagzeilen lesen sich immer wieder ähnlich: Der »Engagement Index«, der seit vielen Jahren weltweit von der Beratungsfirma Gallup erstellt wird, zeigt Jahr für Jahr auf, dass nur ein kleiner Teil der Menschen in den deutschen Belegschaften wirklich engagiert bei der Sache ist. Die Werte liegen meistens um 15 Prozent. Das Gros macht Dienst nach Vorschrift, 20 Prozent +/- x haben bereits innerlich gekündigt.

Zudem arbeitet Gallup in tiefergehenden Befragungen regelmäßig heraus, dass ein Großteil der Unzufriedenheit auf Seiten der Mitarbeiter auf die Wahrnehmung von mangelhafter Führungsqualität zurückzuführen ist. Nehmen wir das Ergebnis einmal für bare Münze – dann lässt sich fragen: Warum führen denn so oft die Falschen?

Beginnen wir mit einer kuriosen Beobachtung, welche die AllBright-Stiftung im Rahmen einer Untersuchung 2017 gemacht hat: Unter den 676 Vorstandsmitgliedern jener 160 Unternehmen, die in diesem Jahr im Dax, MDax, SDax sowie TecDax geführt wurden, waren nur 46 Frauen, dafür allerdings jeweils 49 Männer, die den Namen Thomas oder Michael tragen.[16] In den nachfolgenden Jahren hat die Zahl der weiblichen Vorstände etwas zugenommen, ist aber immer noch näher an lächerlich als zufriedenstellend. Nun wirft dieser Befund einerseits ein Licht auf die Beliebtheit von männlichen Vornamen in einer bestimmten Alterskohorte, andererseits zeigt er jedoch ein massives Problem: Obwohl es etwas mehr Frauen als Männer in der Gesamtbevölkerung gibt und diese mittlerweile auch den größeren Teil der Studierenden stellen, gelangen sie nur selten in (Top-)Führungspositionen.

Bedeutet dies, dass Frauen schlechter führen und ihnen daher der Aufstieg verwehrt bleibt? Das wäre natürlich möglich, ist aber extrem unwahrscheinlich. Genauer gesagt kommen Studien nicht selten zu einer gegenteiligen Einschätzung. Natürlich kann man den Blick auch auf strukturelle Hindernisse richten: Frauen verlieren häufig den beruflichen Anschluss im Zuge der Familiengründung, vor allem, wenn Kinder auf die Welt kommen und ein Haushalt zu schmeißen ist.

Selbstbewusstsein kontra Kompetenz

Ich möchte den Blick heute jedoch auf ein Problem richten, das möglicherweise noch besser erklären kann, warum sich so viele Menschen schlecht geführt fühlen. In der akademischen Literatur lassen sich zwei große Fragestellungen zueinander in Beziehung setzen:

- Effektivität: Was ist gute Führung? Unter welchen Umständen und mit welchen Mitteln gelingt sie?
- Emergenz: Unter welchen Umständen entsteht Führung? Warum gelangt jemand überhaupt erst in eine Führungsrolle?

Hier finden wir auch bereits des Pudels Kern: Eine größere Reihe von Studien deutet darauf hin, dass jene Merkmale und Persönlichkeitseigenschaften, die dazu führen, dass ein Mensch als führungstauglich betrachtet wird, statistisch leider kaum mit der Frage zusammenhängen, ob dieser Mensch tatsächlich eine gute Führungsleistung erbringen wird, *wenn* dieser in die entsprechende Position gelangt ist. Sprich: Das, was für die meisten Menschen gute Führung im Erleben ausmacht (Effektivität) und das, was andere bei noch nicht führenden Personen typischerweise zu der Annahme verleitet, sie seien gute Führungskräfte (Emergenz), sind zwei recht verschiedene Paar Schuhe.

Machen wir das mal an einem Beispiel fest – an mir selbst: Ich war bis Ende 2018 Führungskraft in einem multinationalen Konzern, zwei Ebenen unter dem Zentralvorstand, jetzt bin ich Professor. Dass ich es bis hierhin geschafft habe, würde ich gerne meiner überragenden Intelligenz, meiner immer-sprudelnden Kreativität, sowie meinem unnachahmlichen sozialen Geschick zuschreiben. Das ist sogar möglich – aber unwahrscheinlich. Was mich vermutlich hierhin gebracht hat (also allgemein gesprochen, ohne das Urteilsvermögen meiner Vorgesetzten infrage stellen zu wollen ...) – ich ...

- bin ein Mann;
- knapp 1,90 m groß;
- habe ein kräftiges Kinn;
- eine hinreichend tiefe Stimme;
- und ich habe keine Hemmungen, in Gruppen »fest aufzutreten und das Maul aufzumachen«, um es mit Luther zu sagen.

Menschen schreiben mir Selbstbewusstsein zu, ich sende (bewusst oder unbewusst) viele Hochstatus-Signale, wie es in der Sprache des Impro-Theaters heißt. Die Konsequenz: Ich wirke(!) kompetent, erwecke den Eindruck, als hätte ich einen Plan, wüsste, wo es lang geht. Und das mag auch so sein. Tatsache ist nur, dass all die zuvor aufgelisteten Merkmale absolut gar nichts über meine tatsächliche Kompetenz aussagen. Sie verleiten Menschen lediglich dazu, mir diese zuzuschreiben.

Genau an dieser Stelle geraten Frauen leider häufig ins Hintertreffen. Tomas Chamorro-Premuzic, Professor an der Columbia University, drückt das in einem Artikel für Harvard Business Review so aus (Übersetzung durch mich):[17]

»Der Hauptgrund für das ungleiche Geschlechterverhältnis im Management ist unsere Unfähigkeit, zwischen Selbstbewusstsein und Kompetenz zu unterscheiden. Weil wir gemeinhin die Zurschaustellung von Selbstbewusstsein mit Kompetenz verwechseln, werden wir fälschlicherweise dazu gebracht zu glauben, dass Männer bessere Führungskräfte sind als Frauen«.

Bescheidenheit ist eine Zier, doch ...
Es kommt allerdings noch schlimmer: Nicht nur, dass wir anhand von wenig validen Merkmalen entscheiden, wer führungstauglich ist – dieselben Attribute führen nicht selten dazu, dass die entsprechenden Personen tatsächlich schlechter führen als ihre etwas weniger selbstbewussten Zeitgenossen. Dazu erneut Chamorro-Premuzic: »Im Grunde glauben Männer weltweit, dass sie viel schlauer sind als Frauen. Doch Arroganz und übertriebenes Selbstbewusstsein stehen in einer umgekehrten Beziehung zu Führungstalent – der Fähigkeit, hochperformante Teams aufzubauen und zu entwickeln [...]« Dies wiederum kann ernste Konsequenzen für die entsprechend geführten Systeme mit sich bringen. Ein letztes Mal Chamorro-Premuzic: »Gute Führung war immer schon die Ausnahme, nicht die Regel.«

Ausblick
Es dürfte klar sein, dass ein Problem, das im Grunde besteht, seit Menschen in Gruppen zusammenleben, nicht von einem auf den anderen Tag aus der Welt zu schaffen ist. Selbst jene Personen, die hehre Intentionen hegen, sind anfällig für die oben beschriebenen verzerrten Wahrnehmungsmuster. Ich möchte mit diesem Beitrag übrigens nicht andeuten, dass Frauen per se besser führen als Männer. Vielerlei Studien deuten allerdings an, dass sie darin im Mittel definitiv *nicht schlechter* sind. Es wird Zeit, dass wir das als Gesellschaft endlich anerkennen und – noch vehementer als bisher – aktiv gegen die bisherige Praxis steuern.

Mitarbeiterbindung: Loyalität ist keine Einbahnstraße

Bernd Slaghuis

Angestellte sollen sich ihrem Arbeitgeber gegenüber loyal verhalten, doch wie verbunden fühlen sich Arbeitgeber eigentlich noch ihren Mitarbeitern? Wie Management und Führung in wirkungsvolle Mitarbeiterbindung investieren.

Studien zur Mitarbeiterzufriedenheit zeigen seit Jahren, dass sich die Identifikation mit und die Loyalität gegenüber dem eigenen Arbeitgeber immer weiter im Sinkflug befinden. Für viele Angestellte hat der tägliche Gang zur Arbeit kaum noch etwas mit Verbundenheit oder sogar Treue zu tun. Ihre Arbeit als bereichernd zu erfahren, Leidenschaft und Hingabe zu verspüren, gar Freude im Beruf zu empfinden – alles das ist für viele heute mehr Wunsch denn erlebte Realität.

Auch wenn Konzerne Start-up spielen und das kollektive Du ausrufen, den Kickertisch aufstellen und in der Kantine Vitamine statt Pommes servieren, reicht dies alles scheinbar nicht mehr aus, um in der Masse der Angestellten ein Gefühl von Loyalität entstehen zu lassen. Arbeitskollegen werden selten noch beste Freunde fürs Leben, Teams arbeiten zwar neuerdings agil, doch weiterhin mehr gegen- als miteinander und das, was am Ende des Tages bleibt, ist das dumpfe Gefühl, dass Arbeit mehr Mittel zum Zweck als wertvoller Teil des Lebens ist.

Und so mutet es fast undankbar an, wenn sich die wechselfreudig Sprunghaften von Job zu Job schwingen auf der unentwegten Suche nach dem, was für sie berufliche Entwicklung wirklich bedeutet. Wem gegenüber sollten sie noch loyal sein – außer gegenüber sich selbst?

Loyale Mitarbeiter sind das Ergebnis loyaler Arbeitgeber

Ist es nicht merkwürdig, dass wir mit dem Finger auf die untreuen Angestellten zeigen, wenn es um Loyalität geht? Mitarbeiter haben ihrem Arbeitgeber gegenüber loyal zu sein. So ist das! Es erscheint nahezu abwegig, dass auch Arbeitgeber ihren Mitarbeitern gegenüber loyal sind. Vielmehr herrscht oftmals noch das Verständnis, Angestellte können sich glücklich schätzen, für dieses Unternehmen arbeiten zu dürfen.

Doch Mitarbeiterloyalität ist nicht das Ergebnis hochtrabend klingender Titel und Marken, der Gehaltsspritze zu Weinachten oder des routinierten Lobs im jährlichen Mitarbeitergespräch, sondern das individuelle Erleben von echtem Interesse eines Arbeitgebers an den persönlichen Stärken und Werten eines Menschen. Wertschätzung bedeutet Werte schätzen.

Wer als Arbeitgeber nicht erkennt oder sogar bewusst missachtet, was jedem seiner besten Angestellten wirklich wichtig ist, darf sich über ungenügende Loyalität nicht wundern.

Vertrauen ist Investition in Loyalität
Die Zahl der befristeten Neueinstellungen ist mit 38 Prozent (2018, Quelle: Statista) weiterhin auf hohem Niveau, wenn auch in den letzten Jahren mit abnehmender Tendenz. Besonders auffällig ist der Anstieg der Zahl der Befristungen bei jungen Arbeitnehmern, dabei sind gerade dieser Generation Sicherheit und Zukunft besonders wichtig. Jede Befristung ohne Sachgrund ist eine verdeckte Verlängerung der Probezeit und damit das klare Signal an Angestellte, dass man sich unkompliziert wieder von ihnen trennen können möchte. Langfristige Verbundenheit unerwünscht.

Wie können Mitarbeiter Loyalität entwickeln, wenn sie in Zweijahresabständen um ihren Job bangen? Warum sollten sie sich engagiert einbringen und nachhaltige Beziehungen zu Vorgesetzten und Kollegen aufbauen, wenn sie erst gar nicht ankommen können? Wer Mitarbeiter an sein Unternehmen binden möchte, der sollte in Zutrauen und Vertrauen investieren, statt mit Befristungen Misstrauen zu demonstrieren.

Loyalität erfordert gemeinsame Ziele
Partizipative oder sogar demokratische Führung stehen auf den bunten Fahnen vieler Unternehmenslenker, doch die wichtigen, strategischen Themen werden vielerorts immer noch hinter dicken, verschlossenen Türen diskutiert. Entscheidungen werden von oben herab verkündet und viel zu häufig erfahren Mitarbeiter zuerst aus der Presse oder dem Flurfunk von Übernahmen, Standortverlagerungen, neuen Geschäftsfeldern oder Personalabbau.

Partizipation ist mehr als lediglich Mitbestimmung bei der Schicht- und Urlaubsplanung oder der Organisation des nächsten Betriebsausflugs. Ich treffe in Coachings häufig auf Angestellte und Führungskräfte, die aktiv mitgestalten sowie Dinge bewegen möchten und denen es wichtig ist, ihre Arbeit als etwas in der Gestaltung Wirksames zu erleben.

Doch vielen von ihnen werden die Handschellen angelegt und zuvor verliehene Entscheidungskompetenzen wieder beschnitten, bevor diese Mitarbeiter Staub aufwirbeln und mit ihren Macher-Qualitäten Unruhe in das eh schon viel zu hektische Treiben des Tagesgeschäfts bringen können. Macher müssen machen dürfen, dann klappt's auch mit der Loyalität.

Verbundenheit zwischen Mitarbeitern und ihrem Arbeitgeber kann nur entstehen, wenn Ziele nicht nur mitgeteilt, sondern auch miteinander geteilt werden.

Management und Führung werden in den nächsten Jahren verstärkt in der Verantwortung sein, in Loyalität zu investieren. Führung ist das Management guter Beziehungen. Gelingt es, trotz zunehmender Dynamik und Komplexität der Arbeitswelt auch die gemeinsame Arbeit an guten Beziehungen zwischen Menschen sowie deren Entwicklung auf Basis ihrer individuellen Werte und Ziele als integrale Aufgabe und ökonomisches Ziel zu verstehen, wird sich dies spürbar in Form von steigender Verbundenheit von Talenten und Potenzialträgern mit ihrem Arbeitgeber auszahlen.

Manager brauchen mehr Bescheidenheit

Nico Rose

Wenn Manager öffentlich zugeben, etwas nicht zu wissen, sabotieren sie sich damit selbst. Dem Klischee nach wissen Führungskräfte immer, wo es lang geht. Tatsächlich sollten sie wieder bescheidener sein.

Stellen Sie sich bitte die folgende Situation vor: Der CEO eines Unternehmens würde bei einer Pressekonferenz oder vielleicht einem Town-Hall-Meeting vor Mitarbeitenden auf die Frage »Wo wird das Unternehmen in fünf Jahren stehen?« antworten: »Ich habe keine Ahnung.« Ein unerhörter Vorgang? Unfähigkeit? Müsste diese Person nicht sofort gefeuert werden? Gemäß gängigen Vorstellungen von Führung lautete die Antwort wohl: Ja!

Führungskräfte sollen den Weg kennen

Machen Sie sich einmal den Spaß und geben Sie das Wort Führung in die Bildersuche einer Suchmaschine ein: Sie werden mit Darstellungen von Menschen erschlagen, die voranschreiten, aus der Masse herausstechen, anderen per Fingerzeig bedeuten, was zu tun ist. »Ich sage Euch, wie der Hase läuft«, ist die Botschaft. Da geht es um Führung als Wissens- und Kompetenzvorsprung, als hierarchischem Unterschied, als qualitative Differenz von oben und unten. Darin steckt implizit auch ein »Mir nach, ich kenne den Weg!«

Doch ist diese Perspektive noch tragfähig in einer Welt, in der sich das verfügbare (Un-)Wissen etwa alle zwei Jahre verdoppelt, in der sich technologische Rahmenbedingungen schneller ändern, als man das Wort Rahmenbedingung buchstabieren kann, in der das Gros der am stärksten nachgefragten Job-Profile vor zehn Jahren noch gar nicht erfunden war? Wäre es nicht ehrlicher und sogar zielführender, wenn Unternehmenslenker häufiger sagten: »Ich weiß es nicht«?

Wir sind alle »work in progress«

Ein Mensch, der mit gebotener Umsicht genauer hinschaut, ist Bradley Owens, Professor für Wirtschaftsethik an der Marriott School of Management in Utah. Auf die Frage, warum er sich diesem scheinbar abseitigen Management-Thema widmet, sagt er: »Bescheidenheit ist eine klassische Tugend. Sie wird jedoch insbesondere in Organisationen oft missverstanden und unterschätzt. Diesem Umstand wollte ich auf den Grund gehen.«[18]

Derzeit erleben Tugenden wie Demut und Mäßigung eine Renaissance. Davon profitiert nicht nur der Einzelne und sein Umfeld. Wenn CEOs traditionelle Werte für sich wiederentdecken, profitiert die gesamte Wirtschaft. Owens glaubt, dass die sich wandelnde Natur von Arbeit als solcher auch das Bild einer idealen Führungskraft verändern wird. In seinen Worten: »Viele Tätigkeiten sind heutzutage geprägt von hoher Dynamik, wechselseitigen Abhängigkeiten und steigender Unsicherheit. Im Lichte dieser Herausforderungen brauchen Führungskräfte die Bescheidenheit, Bereiche der eigenen Unsicherheit, Unerfahrenheit und des Unwissens anzuerkennen, gerade weil dies Lernen und Adaptation ermöglicht.« Bescheidendes Führungsverhalten kann gemäß Professor Owens auf drei Verhaltensdimensionen heruntergebrochen werden:
1. Eigene Limitierungen und Fehler zugeben;
2. die Stärken und Leistungen anderer hervorheben;
3. Lernbereitschaft signalisieren.

Derart zeigen Führungskräfte anderen Menschen ihren eigenen Entwicklungsprozess und legitimieren somit ähnliche Veränderungen bei den Geführten – frei nach dem Motto: Wir sind alle »work in progress« – und das ist auch gut so. Dirk Sliwka, Professor für Betriebswirtschaftslehre an der Universität zu Köln, schlägt ähnliche Töne an: Er fordert immer wieder, Manager sollten im Angesicht stetig steigender Komplexität mehr wie Forscher agieren. Sliwka empfiehlt Führungskräften, sich mit der offenen *Neugier des Nichtwissens* an Themen anzunähern – anstelle von vorauseilender Gewissheit.

Bescheidenheit erfordert Reife
Diese Medaille hat natürlich zwei Seiten: Führungskräfte, die Unsicherheit zeigen können – und Mitarbeiter, die solche Offenbarungen nicht zwangsläufig als Makel deklarieren (das gilt im Übrigen auch für das erweiterte Milieu, beispielsweise die anderen Führungspersonen in der Organisation). Es braucht ein Umfeld, das in der Lage ist, die Begrenztheit der Führungseben auszuhalten. Wer als erwachsener Mensch immer noch nach dem allwissenden Übervater sucht, vermindert dadurch den Spielraum real existierender Führungskräfte für Echtheit. Bescheidenheit in der Führung erfordert ein hohes Maß an Reife – auf beiden Seiten.

Was hätten Unternehmen davon, würden sie Bescheidenheit als Führungskompetenz aktiv fördern? Laut Professor Owens steht die Forschung noch am Anfang. Es mehren sich allerdings die Anzeichen, dass bescheidene Führung mit einer Reihe von positiven Konsequenzen einhergeht, darunter: erhöhtes Arbeitsengagement und mehr Zufriedenheit, gesteigertes emotionales Wohlbefinden und vermehrtes prosoziales Verhalten bei den Geführten. Sie sorgt auch für positive Veränderung bei dezidiert harten Kriterien, beispielsweise der Wechselbereitschaft von Mitarbeitern.

Bescheiden macht nicht kleiner, sondern genau richtig groß
Owens merkt im Übrigen an, dass es Kontexte gibt, in denen Bescheidenheit völlig fehl am Platz ist, beispielsweise, wenn eine Situation in hohem Maße bedrohlich oder von großem Zeitdruck geprägt ist. Spitzfindig lässt sich natürlich fragen, ob fehlende Bescheidenheit an früherer Stelle nicht oft dazu führt, dass solche für Unternehmen fatale Situationen gerade erst entstehen. Jüngere Entwicklungen, beispielgebend sei hier die deutsche Automobilindustrie, legen durchaus einen entsprechenden Zusammenhang nahe.

Ausblick

Das Wort Bescheidenheit ist etymologisch verwandt mit dem Bescheid, sprich: einer Mitteilung zur Frage, »was Sache« ist. Wer bescheiden ist, trennt sauber und ehrlich zwischen dem, was da ist und was nicht. Es geht nicht darum, sich kleiner zu machen – und auch nicht größer. In diesem Sinne ist Bescheidenheit eng verwandt mit Authentizität. Das englische Wort »humility« lässt sich auf den Begriff Humus, also Erde, zurückführen. Wer im besten Sinne bescheiden ist, wirkt geerdet, bietet Halt und fruchtbaren Boden für das Wachstum anderer.

3 Recruiting & People Management

Personalabteilungen genießen in vielen Unternehmen nach wie vor keinen guten Ruf. Zu passiv, zu starr, zu bürokratisch – so lauten gängige Vorwürfe. Nicht selten wird sogar angezweifelt, dass HRler einen echten Beitrag zum Unternehmenserfolg leisten. Diese Ansicht wollen wir im Laufe des folgenden Kapitels entkräften.

Allerdings gibt es manche hausgemachte Probleme. Nicht selten wird aus Bequemlichkeit an Praktiken festgehalten, die sich schon seit Jahrzehnten überlebt haben. Führen mit Zielvereinbarungen beispielsweise wurde bereits in den 50er-Jahren des letzten Jahrhunderts modern. Wenn man nicht aufpasst, kann dieses an sich intelligente Konzept mehr Schaden als Nutzen anrichten. Andererseits springt man zum Teil unkritisch auf Hypes auf, ohne deren Sinnhaftigkeit und theoretische Fundierung zu hinterfragen. Können und sollten Führungskräfte ihre Mitarbeiter coachen? Unter welchen Voraussetzungen ist dies angemessen – und wo soll die Kompetenz herkommen?

Diesen und weiteren Themen widmen wir uns in den nächsten Abschnitten. Braucht es noch Lebensläufe und Anschreiben, damit sich Person und Unternehmen (gut) finden? Kann man eine Unternehmenskultur wirklich an der Hoodie-Dichte ablesen? Weiß man, wie zufrieden Mitarbeiter mit ihrer Arbeit sind, wenn man sie nach ihrer Arbeitszufriedenheit fragt?

Lassen Sie sich überraschen! Denn bei aller Kritik: Wir sind »Fans« von Personalarbeit, wenn sie denn gut gemacht ist. Der Mensch im Mittelpunkt – leider bleibt das oft eine inhaltsleere Floskel. Dabei liegt hier der entscheidende Wettbewerbsvorteil der Zukunft. Wenn Prozessoren immer schneller werden, wenn man sich die künstliche Intelligenz einfach aus der Cloud herunterladen kann: Was wird dann den Unterschied machen, der einen Unterschied macht? In diesem Spiel werden jene Organisationen die Nase vorn haben, die es verstehen, das »spezifisch Menschliche« an der »humanen Ressource« voll zur Geltung zu bringen. Dafür braucht es die richtige Haltung sowie entsprechende Spielregeln und Systeme. HRler können und sollten hier Vorreiter sein.

Hört auf, den Menschen als Produktionsmittel zu betrachten!

Nico Rose

Der Mensch als Ressource? Oder das Menschliche als Ressource? Wie wir über Personalarbeit denken, wird mit darüber entscheiden, welchen Beitrag zum Unternehmenserfolg HR-Abteilungen in Zukunft noch leisten können.

Personaler? Überflüssig. Ein reiner Kostenfaktor. Die sind im letzten Jahrhundert hängengeblieben. In hübscher Regelmäßigkeit wird in der Managementszene die Abschaffung von Personalabteilungen gefordert. Sie lieferten keinen Beitrag zum Unternehmenserfolg, so die Begründung. Als HRler sollte man eine ordentliche Portion Idealismus und mitunter ein dickes Fell mitbringen. Nicht wenige Topmanager beurteilen Personalarbeit nach dem Aspekt der Geräuschlosigkeit. Wenn keiner meckert: Haken dran. Aber Lobeshymnen sollte man nicht erwarten.

Ich habe mehr als zehn Jahre als Personaler gearbeitet, bin aber nie als solcher ausgebildet worden. Früher habe ich mich in einer Marketingberatung intensiv mit dem Thema Kundenzufriedenheit beschäftigt. Ich wusste lange kaum etwas über Arbeitsverträge, Personalverwaltung oder Gehaltsabrechnung. Manchmal stand ich da wie ein Idiot. Andererseits bot diese Unwissenheit auch einen Vorteil: Ich war nie »in der Box«, habe nicht gelernt, was korrekt ist. Von diesem Blickwinkel aus möchte ich beschreiben, wie HR-Abteilungen an Relevanz (zurück-)gewinnen können, wie sie sich den Stellenwert im Unternehmen erarbeiten können, der ihnen meines Erachtens gebührt.

Die menschliche Ressource

Der Begriff Human Resources birgt eine Doppeldeutigkeit und lässt damit zwei grundsätzlich verschiedene Interpretationen zu. Nach der konventionellen Perspektive geht es um den Menschen als betriebswirtschaftliche Größe, um die Frage, wie sich die humane Ressource im Zusammenspiel mit weiteren Ressourcen des Unternehmens bestmöglich als Produktivfaktor einsetzen lässt. In der BWL dreht sich vieles um Normierung und Skaleneffekte. Stellt man beispielsweise hohe Stückzahlen eines Produkts her, ist das effizienter, als wenn eine Maschine immer wieder umgerüstet werden muss. Einförmigkeit, Reproduzierbarkeit, lange Laufzeiten: Aus diesen Begriffen speisen sich die Träume des Betriebswirts. Es bleibt zu diskutieren, ob

HR-Abteilungen sich selbst und den zugehörigen Unternehmen den bestmöglichen Dienst erweisen, wenn sie ähnliche Prinzipien auf den Menschen anwenden.

Auch im HR geht es oft ums Reinpassen und Gleichmachen. Das mag der starken Regulierung geschuldet sein, die das Umfeld prägt, ist aber auch eine Frage der Haltung. Dies zeigt sich bisweilen an der Fachsprache. In Stellenanzeigen wird nach dem Profil gesucht, das eine Vakanz bestmöglich ausfüllen kann. Ergo: Es fehlt ein Puzzleteilchen im großen Spiel. Wer kann die Lücke passgenau schließen? Stellenanzeigen sind nur ein Beispiel unter vielen, in denen sich diese Attitüde ausdrückt. Zugespitzt bestand die Aufgabe der Personaler in den letzten 100 Jahren meist darin, dafür zu sorgen, dass der Mensch bestmöglich zur Organisation passt.

Diese Haltung stößt zunehmend an Grenzen. Da ist zum einen das erschreckend niedrige Niveau in puncto Mitarbeiterengagement. Ein großer Teil der Belegschaften weltweit macht bestenfalls Dienst nach Vorschrift. Wir stehen als Gesellschaft allerdings vor einer weiteren Herausforderung: Millionen Menschen werden in den kommenden Jahren ihren Arbeitsplatz an Roboter, Algorithmen, an künstliche Intelligenz (KI) verlieren. Chris Boos, CEO der Firma Arago, die Unternehmen durch den Einsatz von KI produktiver macht, sagt dazu: »Wir haben 200 Jahre lang Menschen beigebracht, wie Maschinen zu arbeiten. Und nun wundern wir uns, dass Maschinen es besser können.«[19]

Das Menschliche als Ressource
Das Problem des mangelnden Engagements rückt auf der Prioritätenliste der Personaler zunehmend nach oben. Feelgood-Management (i. w. S.) hat an Bedeutung gewonnen. Mehr und mehr Unternehmen erkennen, dass Mitarbeiter erfolgreicher agieren, wenn sie nicht nur anwesend sind, sondern mit Freude an ihre Aufgaben herangehen sowie körperlich und geistig gesund bleiben. Allerdings lässt sich argumentieren, dass es sich beim Feelgood-Management um Symptombekämpfung handelt, während das eigentliche Problem unberührt bleibt. Pointiert ausgedrückt: »Kollege, wir wissen doch, dass dein Job nicht so dolle ist. Als Ausgleich haben wir den Kicker aufgestellt und holen freitags den Yogatrainer ins Haus.« Die große Frage ist: Können wir die Arbeit an sich derart gestalten, dass aufgepfropftes Feel-Good-Management gar nicht notwendig ist? Weil die Aufgaben an sich so attraktiv und sinnstiftend sind, dass Menschen ihren Job um seiner selbst willen machen, nicht wegen der Vergütung und anderer extrinsischer Faktoren?

3 Recruiting & People Management

Bei der Digitalisierung scheint die Marschrichtung vorgegeben: Es wird immer deutlicher, welche Jobs als erste der Automatisierung zum Opfer fallen werden: Arbeit, die gleichförmig und in stabilen Kontexten stattfindet, außerdem kaum echten Kontakt mit Menschen erfordert, wird über kurz oder mittellang digitalisiert, egal, ob sie früher als einfach (z. B. Taxifahren) oder akademisch (z. B. Buchhaltung) angesehen wurde. Aufgaben, die abwechslungsreich sind, spontanes und komplexes Problemlösen, Kreativität und tiefgehenden menschlichen Kontakt erfordern, werden stattdessen auf lange Sicht in Menschenhand verbleiben.

Rückkehr zum Werkstolz
In diesem Sinne ist es hilfreich, die zweite, unkonventionelle Lesart des Begriffs Human Resources näher zu betrachten. Hier liegt die Betonung auf dem ersten Wort, es geht um das spezifisch Menschliche an der Ressource Mensch. Um das, was uns human macht, das, was ein Algorithmus auf absehbare Zeit nicht reproduzieren kann: beispielsweise unsere Emotionen, die Fähigkeit, Sinn zu empfinden und sinnstiftend auf andere zu wirken. Ich bin fest davon überzeugt, dass dies die wahren Potenziale eines jeden Unternehmens sind, die vielerorts nur zu einem Bruchteil gewürdigt werden.

Um diesen Schatz zu heben, sollten wir unsere Haltung ändern und das HR-Denken auf den Kopf stellen: Wir müssen dafür sorgen, dass Unternehmen (wieder) zum Menschen passen. Konzepte und Werkzeuge sind reichlich vorhanden. Bereits Mitte der siebziger Jahre wurde in den USA beispielsweise das Job Characteristics Model entwickelt und seitdem umfassend erforscht. Dieses Konzept beschreibt, welche Eigenschaften einer Arbeit dafür sorgen, dass Mitarbeiter ihre Arbeit als intrinsisch motivierend, leistungsanregend und zufriedenstellend empfinden. Im Kern geht es um fünf Merkmale. Eine Arbeitsrolle ist umso motivierender, je:
1. mehr Vielfalt und Abwechslung sie bietet,
2. ganzheitlicher und umfassender die Aufgabe ist (im Gegensatz zu: ein Rädchen im Getriebe sein),
3. bedeutender und sinnstiftender die Aufgaben anmuten,
4. autonomer der Mitarbeiter über Ziele und Wege entscheiden kann (im Gegensatz zu direktiver Führung),
5. mehr und spezifischere Rückmeldung der Jobinhaber zu seiner Leistung erhält.

Für mich deutet vieles darauf hin, dass jene Eigenschaften, die einen Job davor schützen, automatisiert zu werden und solche Attribute, die Menschen als intrinsisch motivierend empfinden, recht deckungsgleich sind. Etwas pathetisch ausgedrückt: Je ganzheitlicher, je menschlicher eine Arbeit ist, desto länger werden Nullen und Einsen nicht in der Lage sein, diese zu erledigen.

Für Wohlbefinden *und* Unternehmenserfolg
Wie können Personalabteilungen, die zumeist auch als Hüter der Unternehmens- und Führungskultur gesehen werden, hier unterstützen? Wie können sie dafür sorgen, dass die Arbeit wieder menschlicher wird? Unter anderem, indem sie lernen, loszulassen: und Führungskräften dabei helfen, ebenfalls loszulassen. Leider sieht es vielerorts so aus, dass die Mitarbeiter einen guten Teil ihrer Kreativität, ihres Menschenverstands, ihrer Leidenschaft, insbesondere aber ihrer Autonomie an den Unternehmenspforten abgeben müssen. Dieses Potenzial wird einfach nicht nachgefragt oder verpufft zwischen starren Führungsstrukturen, Abteilungssilos und Machtspielen. Dabei ist längst bekannt, wie es anders funktionieren kann. Viele Konzepte, die unter dem mittlerweile etwas überstrapazierten Begriff New Work zusammengefasst werden, weisen in die richtige Richtung, weil sie Mitarbeitern Autonomie, Gestaltungsspielraum, menschliches Miteinander und als Konsequenz einen ausgeprägten Sinnhorizont zurückgeben.

Aus einer effizienzgetriebenen Perspektive sind solche Methoden zunächst teurer für das Unternehmen: Sie verursachen höhere Transaktionskosten. Nach dieser Logik müssten all diese Firmen auf absehbare Zeit unproduktiv werden und auseinanderbrechen. Tun sie aber nicht, ganz im Gegenteil. Nicht wenige erleben nach der Umstellung mittelfristig deutliche Produktivitäts- und Rentabilitätssprünge.

Auch in HR-Abteilungen wird die Automatisierung ihren Tribut fordern. Vieles, was früher von Kollegen händisch erledigt wurde, ist heute bereits digitalisiert, der Trend wird sich fortsetzen. Ich hoffe inständig, dass wir in der Folge nicht alle auf der Straße landen, sondern dass die freiwerdenden Kapazitäten sinnstiftend genutzt werden. HR wird seinen Beitrag leisten müssen, ansonsten wird es tatsächlich überflüssig. Goethe soll einst Folgendes gesagt haben: »Die Menschheit wird erst glücklich sein, wenn alle Menschen Künstlerseelen haben werden, das heißt, wenn allen ihre Arbeit Freude macht.« Dies, davon bin ich überzeugt, sollte der eigentliche Auftrag und die Haltung von Personalern sein. Sie sollten es zur Kernkompetenz und -aufgabe machen, ihre Kollegen dabei zu unterstützen, ihre Künstlerseele zu entdecken: zur Steigerung des menschlichen Wohlbefindens und des Unternehmenserfolgs.

Vergesst Lebensläufe, lernt Menschen kennen

Bernd Slaghuis

Warum Bewerber und Arbeitgeber besser über ihre gemeinsame Zukunft sprechen sollten, statt alte Abschlüsse, bisherige Jobwechsel und Lücken zu erklären. Lebensläufe sind Vergangenheit. Schaffen wir sie ab?

Der Zukunft ist die Vergangenheit egal

Diesen Satz habe ich einmal in meiner Coaching-Ausbildung gelernt. Ich bin der Meinung, dass im Bewerbungsprozess zu viel über die Vergangenheit gesprochen wird, zumal es doch um eine gute Zusammenarbeit in der Zukunft gehen soll. Während das Motivationsschreiben immer wieder in der öffentlichen Diskussion steht und seine Abschaffung gefordert wird – was ich für keine gute Idee halte –, scheint der Lebenslauf im Bewerbungsprozess so sicher gesetzt zu sein, wie das Amen in der Kirche. Dabei sind Lebensläufe Vergangenheit pur – von heute bis zur Schulzeit.

Was sagt die Vergangenheit eines Arbeitnehmers über dessen echte Motivation und Eignung für eine Aufgabe in der Zukunft aus? Mit der Analyse eines Lebenslaufs pressen wir Menschen in Schablonen, werten und machen uns ein Bild über ihr bisheriges Leben, das nicht unbedingt mit dem eigenen Bild ihrer Zukunft übereinstimmen muss.

Recruiting im trendigen Sog der Digitalisierung

Arbeitgeber beklagen einen Fachkräftemangel, entscheiden im Recruiting jedoch vielfach nach Kriterien von gestern. Auch wenn es niemand öffentlich zugeben wird, es geht um Alter, Geschlecht, Herkunft, Abschlüsse und den roten Faden im Lebenslauf. Wer nicht auf den ersten Blick passt, der ist raus. Diese Erfahrungen machen jedenfalls viele 50-Plus-Bewerber, Quereinsteiger, Initiativbewerber, Downshifter und alle, deren Lebensläufe nicht auf Anhieb selbsterklärend sind. Ich habe den Eindruck, dass diese enge Sicht auf Kandidatenprofile mit fortschreitender Digitalisierung weiter zunimmt – trotz (oder gerade wegen) des Allgemeinen Gleichbehandlungsgesetztes (AGG).

Ich verstehe, dass es bei der Personalauswahl um Sicherheit bei Entscheidungen geht, doch wer einen Matching-Algorithmus bei der Erstsichtung einsetzt, der auf Basis von Wischiwaschi Stellenausschreibungen eine Hand voll definierter Anforderungskriterien stumpf mit aus einem Lebenslauf automatisiert abgegriffenen Keywords abgleicht, dem gehen für die Position sowie das Unternehmen interessante Profile und Persönlichkeiten flöten. Wer für den ersten Kontakt mit Bewerbern Chat-Bots nutzt, um Kosten zu reduzieren und als trendiger Arbeitgeber daherzukommen, der produziert Daten statt Informationen über einen Menschen und verschreckt obendrein insbesondere Studierende und Berufseinsteiger, so eine Studie[20] unter Absolventen.

Auch wenn Anbieter von HR-Software aktuell mit dem Versprechen geringerer Fehlbesetzungen mit Personalabteilungen, die unter immensem internen Innovationsdruck im Sog der Digitalisierung stehen, ordentlich Kasse machen, sage ich voraus, dass es in einigen Jahren genau diese Fehlentscheidungen in der Personalauswahl auf Basis von Robot-Recruiting und Algorithmen sein werden, die Organisationen und Teams wieder ausbügeln müssen.

Lebensläufe sind Vergangenheit. Schaffen wir sie ab?
Auch wenn es aus heutiger Sicht revolutionär erscheint und ich selbst einen Teil meines Umsatzes als Bewerbungscoach gefährde, sollten wir über die Abschaffung von Lebensläufen nachdenken. Denn ich behaupte, dass mit dem Abschaffen der Lebensläufe in Zukunft mehr Jobwechsler mit Arbeitgebern besser zusammenfinden und das zudem schneller. Auch wenn die Kosten im Recruiting zunächst ansteigen, werden diese im Verhältnis nur einen Bruchteil der Kosten[21] ausmachen, die infolge von auf Dauer unbesetzten Stellen und steigender Fluktuation entstehen.

Lebensläufe eigenen sich nicht als Glaskugel für den Blick in die Zukunft, sie sind nicht mehr als der vergangene Lauf eines Lebens. Weil das Leben und auch unsere beruflichen Werdegänge immer bunter geworden sind. Weil Karrieren nicht mehr linear verlaufen, sondern sich unseren Lebensphasen anpassen. Weil wir für eine Zeit einmal Generalist, einmal Experte, einmal Führungskraft, einmal Studierende, einmal Projektleiter, einmal Praktikant oder vielleicht auch einmal Selbstständige sind. Weil wir uns entscheiden können, Führungsverantwortung abzugeben und wieder fachlich im Team zu arbeiten. Weil wir uns neu orientieren, die Branche oder sogar den Beruf wechseln dürfen. Dies alles wird in Zeiten von New Work und Arbeiten 4.0 mit allen Freiheiten der akademischen sowie beruflichen Möglichkeiten in unserer Gesellschaft und für jeden Einzelnen immer selbstverständlicher.

3 Recruiting & People Management

Personalauswahl erfordert kreative und soziale Intelligenz
Auch wenn mancher Arbeitgeber werbewirksam auf seinen Karriereseiten alle diese Möglichkeiten der individuellen Personalentwicklung bejaht, sieht die Realität ein Zimmer weiter im Recruiting oft noch anders aus. Denn wenn es hart auf hart kommt und eine Auswahlentscheidung getroffen werden muss, dann wird immer noch der Downshifter zum ehemaligen Burnout-Kandidaten erklärt, die Elternzeit im Lebenslauf des männlichen Managers belächelt oder der Bewerber mit tiefrotem Faden im Lebenslauf dem motivierten Quereinsteiger mit bester Berufserfahrung vorgezogen – sicher ist sicher.

Ich habe den Eindruck, dass unsere Gesellschaft mit den sich für Arbeitnehmer bietenden und auch zunehmend in Anspruch genommenen Möglichkeiten bereits weiterentwickelt ist als die Perspektive mancher Recruiter auf die Lebensläufe jener Arbeitnehmer. Wer sagt, dass ein studierter Physiker mit zehn Jahren Berufserfahrung in der Strategieberatung nicht genauso oder sogar besser geeignet ist als der Kandidat mit dem in der Stellenausschreibung zwingend geforderten betriebswirtschaftlichem Studium? Wer sagt, dass sich eine ehemalige Führungskraft in einer Position ohne Leitungsfunktion langweilen und einen schlechten Job machen wird, wenn sie/er sich für diesen Schritt bewusst entschieden hat? Wer sagt, dass ein langjährig erfahrener Controller nicht auch als Vertriebler geeignet sein kann? Sag mir, was du gestern getan hast und ich weiß, was morgen das Richtige für dich ist – das funktioniert nicht mehr.

Wer als Recruiter veraltete oder zu starre Schablonen auf Lebensläufe legt, der übersieht wertvolle Potenziale. »30 Prozent der Bewerber, denen Sie anhand der Unterlagen absagen, könnten den Job!«, sagt Recruiting-Experte Henrik Zaborowski[22]. Meiner Meinung nach ist das die Hauptursache für einen hausgemachten Fachkräftemangel in manchen Branchen und Berufen. Gute Personalauswahl erfordert kreative und soziale Intelligenz, die (noch) nicht durch Maschinen ersetzt werden kann. Digitalisierung und Automatisierung können auf die Effizienz von Recruiting-Prozessen einzahlen, doch am Ende sollten Menschen über Menschen entscheiden.

> Klarheit auf beiden Seiten mit echtem Interesse und Neugier auf Menschen sind Voraussetzungen, damit Jobwechsler und Arbeitgeber gut zusammenfinden.

Immer wieder sitzen mir Jobwechsler im Coaching gegenüber, die sich für Ihren Lebenslauf schämen und von mir erfahren möchten, wie sie Lücken besser kaschieren oder auf die Frage nach den Wechselmotiven für jede vergangene Station antworten müssen, um den Job zu ergattern. Wer gerade eine Kündigung hinter sich hat, wer Opfer von Mobbing geworden ist, chronisch im Job klein gehalten wurde oder trotz großzügiger Abfindung erfahren hat, dass sein Arbeitgeber keine Verwendung mehr für ihn hat – sie alle hadern nicht nur mit ihrer beruflichen Vergangenheit, sondern projizieren diese Erfahrungen auch in ihre Zukunft. Mit vielen Bewerbern arbeite ich länger daran, dass sie wieder zu einer selbstbewusst gesunden Haltung kommen, als an ihrem Lebenslauf und Anschreiben.

Was nützt ein perfekt designter und inhaltlich optimierter Lebenslauf samt überzeugend formuliertem Anschreiben, wenn ein Bewerber im Vorstellungsgespräch nicht an seine Stärken sowie Fähigkeiten glaubt? Ich finde es wichtig, dass sich jeder über den Lauf seines beruflichen Lebens bewusst ist und auch negative Erfahrungen gesund verarbeitet hat. Es ist richtig und wichtig, im Vorstellungsgespräch über die berufliche Vergangenheit zu sprechen, damit ein potenzieller Arbeitgeber versteht, was das Fach- und Erfahrungswissen für die gemeinsame Zukunft wertvoll macht. Doch ich bin der Meinung, dass die Zeiten vorbei sind, in denen wir uns für irgendeine Entscheidung in unserem bisherigen Leben rechtfertigen müssen.

Ich wünsche mir von Bewerbern, dass sie für sich versöhnlicher und für ihre berufliche Zukunft gelassener mit ihrem Lebenslauf als persönlichem Lauf ihres Lebens umgehen und dass sie jedes Vorstellungsgespräch statt mit Angst über ihre Vergangenheit mit Neugier auf ihre berufliche Zukunft betreten.

Von Arbeitgebern wünsche ich mir Stellenausschreibungen mit klarer Kandidatenansprache statt der Suche nach irgendwem, der irgendwie passen könnte. Ausschreibungen, die Aufgaben und Verantwortungsbereiche klar benennen und echte Transparenz schaffen, etwa woran der Erfolg eines Mitarbeiters in dieser Position gemessen wird oder welches Gehalt die Stelle vorsieht.

Klarheit schafft Sicherheit
Je gezielter und bewusster Jobwechsler ihre Entscheidung für die Kontaktaufnahme mit einem Arbeitgeber treffen können, umso höher die Qualität der Eingänge auf Arbeitgeberseite.

Dann wird ein kurzer Brief, ein Video oder eine Nachricht über soziale Netzwerke als erste Kontaktaufnahme und Interessenbekundung genügen, um – ohne Lebenslauf – neugierig auf den Menschen hinter einem Jobinteressenten zu blicken und gemeinsam im persönlichen Austausch zu klären, ob es wirklich passt.

Aus eigener Erfahrung als ehemaliger Bewerber und heute als Coach bin ich mir sicher, dass Sie sowohl als Bewerber als auch in der Rolle als Recruiter oder Führungskraft positiv überrascht sein werden, wie viel zielführender und nebenbei auch angenehmer es sein kann, nicht länger vor allem über Lebensläufe und die Vergangenheit, sondern vielmehr klar und ehrlich über die Voraussetzungen, Möglichkeiten und persönlichen Vorstellungen einer gemeinsam guten Zukunft zu sprechen. Beide Seiten haben dies in der Hand – als Menschen mit echtem Interesse füreinander.

Chief Experience Officer: Der neue Chef fürs gute Erlebnis?

Bernd Slaghuis

Vom Chief Happiness Officer haben Sie vielleicht schon gehört. Doch was ist ein CXO? Warum die angesagten Gute-Laune-Manager auf Chief-Officer-Pöstchen oft noch mehr Fehlinvestition als Heilsbringer sind.

Meine Stirn legte sich fragend in Falten, als ich neulich den jungen Mann als Besucher auf meinem XING-Profil entdeckte, der sich als »CXO« betitelte. Wer kennt sie nicht, die vielen Chief-Officer-Posten, die uns aus dem internationalen Konzernumfeld bekannt sind und zunehmend auch beim guten alten deutschen Mittelständler um die Ecke Einzug halten – in alphabetischer Reihenfolge: CDO, CEO, CFO, CIO, CMO, COO, CPO, CSO, CTO – jeweils natürlich (w/m/d). Doch was in aller Welt ist ein CXO?

Dr. Bernd Slaghuis
@Coach_Koeln

Gerade auf #XING einen CXO gesehen. Ist das ein Chief-ich-bin-für-alles-zuständig-Officer oder für was steht das "X"? Jemand ne Idee? 🤔

9:25 vorm. · 23. Aug. 2019 · Twitter Web App

Abb. 1: Twitter-Umfrage: Was ist ein CXO?

Einen Tweet später war ich im Bilde: Der CXO ist der *Chief Experience Officer* – also so etwas wie der Erlebnisbeauftragte im Management-Board. Andere Twitterer stimmten für den Customer Experience Officer, der sich im Marketing für Kundenerlebnisse stark macht. Ich glaube mal Wikipedia[23], doch die lustigen Reaktionen auf meinen Tweet waren Sinnbild der Absurdität in der kreativen Schöpfung neuer Funktionen und Titel – neuerdings auch im Topmanagement.

Gute-Laune-Manager auf Chief-Officer-Pöstchen

Ich kann mir die Gespräche im Vorstandskreis förmlich vorstellen: »Wir müssen stärker über Emotionen verkaufen, das Produkt selbst schafft es im Wettbewerb nicht mehr.« – »Wir brauchen eine bessere Candidate Experience, um Bewerber im Fachkräftemangel für uns zu begeistern.« – »Wir müssen das gute Erlebnis von Lieferanten, Kunden, Mitarbeitern und Bewerbern endlich zur Chefsache erklären.« Und mal ganz davon abgesehen, ist es in Zeiten von New Work nicht auch echt cool, so einen »Chief Experience Officer« im Haus zu haben?

Sie bemerken vermutlich bereits, dass ich die inflationäre Besetzung von Gute-Laune-Managern auf Chief-Officer Pöstchen als sehr kritisch sehe. Ja, es sind Pöstchen, denn meist sind es heute lediglich noch Positionen, die Stabsstellen ähnlich sind, aber keinen nennenswerten Unterbau haben im Vergleich zu den klassischen Vorstandsressorts entlang der Wertschöpfungskette wie etwa Einkauf, Vertrieb, Marketing, IT/Organisation, Personal, Produktion, Forschung & Entwicklung, Technologie, Finanzen. Mit dem CXO wird nun ebenso wie auch mit dem Chief Digital Officer eine zusätzliche Ebene als Schnittstelle zu den traditionellen Positionen und somit eine Art Matrixorganisation im Topmanagement geschaffen.

Wie bei allen Matrixstrukturen auf Abteilungs- und Teamebene sehe ich auch hier die Gefahr, dass unklar oder gar nicht geregelt ist, wer bei einzelnen Themen den Hut aufhat und in der fachlichen Führungsverantwortung steht. Ist es der CXO, der einem Marketingvorstand ab sofort vorschreiben darf, wie welche Kundenzielgruppe emotional angesprochen werden soll? Ein CXO, der einer Personalvorständin erklärt, wie Stellenausschreibungen zu gestalten sind, um Bewerber zu begeistern? Und ein CXO, der dem altgedient mächtigen Vertriebsvorstand weismacht, dass Vertrieb nicht länger stumpfes Hardselling, sondern die Erfüllung von individuellen Kundenerlebnissen sein muss?

Nein, diesen Einfluss eines CXO auf einsamem Vorstandsposten kann ich mir heute beim besten Willen nicht vorstellen – zumindest nicht in all jenen Organisationen,

3 Recruiting & People Management

die mit klassischer Ressort-Silo-Denke gewachsen sind. Dort, wo traditionell Marketing und Vertrieb über ihren Anteil am Erfolg und über Kosten zanken, die IT niemals schnell genug und am Ende an allem schuld ist und HR als der neudeutsche »Business-Partner« erst gar nicht ernst genommen wird. Dort, wo Machtspiele und politisches Taktieren zwar nicht offiziell auf der Vorstandsagenda, aber dennoch permanent im Raum stehen. Und weil es in vielen der obersten Konzernetagen im Land heute noch so oder so ähnlich zugeht, soll es nun der CXO fürs allseits gute Erlebnisgefühl richten? Meine Meinung: Keine Chance!

> Happiness, Feelgood und Experience sind nicht die Ergebnisse von Investitionen, sondern die Auswirkungen organisationsweiter Arbeit an Haltung und Verhalten.

Die Idee, als Arbeitgeber mit »Feelgood« die Zufriedenheit von Mitarbeitern zu steigern, ist super, doch die Umsetzung typisch für gestrige Managerdenke getreu dem Motto »Wenn du nicht mehr weiterweißt, gründe einen Arbeitskreis«. Das 5-Jahres-Budget wird beschlossen, eine schicke Position wird ausgeschrieben und mit trendig jugendlichen Persönlichkeiten aus der Generation der Digital Natives besetzt. So zumindest mein wenn auch zugegeben oberflächlicher Eindruck, wenn ich mir die rund 100 »CXO« ansehe, die mir die XING-Suche auswirft.

Was mich an der Position eines CXO wie auch an den anderen Gute-Laune-Managern zweifeln lässt, ist die Frage, ob sich ausgerechnet Experience, Happiness oder Feelgood als ein die gesamte Wertschöpfungskette eines Wirtschaftsunternehmens betreffender Erfolgsfaktor als Einzelaspekt aus der Verantwortung der Fachbereiche herauslösen lässt. Im Kontakt mit Unternehmen und Führungskräften erlebe ich häufig, dass in solchen Organisationen mit heute noch eher starren Strukturen und klar definierten Zuständigkeiten auf diese Weise noch viel stärker Ineffizienzen, Grabenkämpfe und Silodenken entstehen, als dass ein echtes Umdenken einsetzt.

Dennoch möchte ich diese Ansätze nicht verteufeln. Ich bin für alles zu begeistern, was frisches Denken in Organisationen bringt. Doch nur und gerade weil Emotionen über Jahrzehnte in vielen Unternehmen zur Tabuzone erklärt worden sind, kann die Lösung nicht darin bestehen, nur in aktuell angesagte zusätzliche Posten zu investieren, den populären New-Work-Scheinwerfer darauf zu richten und die alte Führungsmannschaft in diesen Themen aus der Verantwortung zu entlassen. Das bloße Installieren eines dieser Guter-Laune-Manager in einem Organigramm und dessen wohlwollender Beisitz in Management-Meetings wird weder Aha-Erlebnisse bei Kunden noch glückliche Mitarbeiter produzieren. Es zählt vielmehr das Bewusstsein und die Akzeptanz in den Köpfen aller Manager und auch Mitarbeiter, dass das, was sich hinter »Experience« im Außen und »Feelgood« im Innen verbirgt, zu einem wichtigen, wenn nicht sogar bereits heute zum entscheidenden Wettbewerbsfaktor geworden ist.

Ich bin der Meinung, dass immer noch ein CEO, Geschäftsführer oder Inhaber mit seinem gesamten Management-Team in der Verantwortung stehen – und auch ausreichen, um neues Denken mit einer zeitgemäßen Haltung als Kultur im Unternehmen zu fördern. Ja, Experience-, Feelgood- oder Happiness-Manager können den Wandel befeuern und begleiten, indem sie eine Rolle als Experte und interner Managementberater einnehmen. Doch nur ein organisationsweites Commitment zur bewussten Arbeit an individueller Haltung, woraus dann ein verändertes persönliches Verhalten resultiert, kann aus meiner Sicht einen echten Kulturwandel und einen nachhaltigen nächsten Entwicklungsschritt für eine Organisation ermöglichen.

Von Krawatten im Kopf und radikalem Wandel

Nico Rose

Duzen oder siezen? Anzug oder Hoodie? Konferenzraum oder Bällebad? Unternehmen machen einen Wandel der Unternehmenskultur häufig an Äußerlichkeiten fest. Doch in Wirklichkeit geht es um etwas ganz anderes.

Im Laufe der letzten Jahres sind mir in den Leitmedien und in der Wirtschaftspresse viele Artikel begegnet, die beschreiben, wie (männliche) Topmanager großer Unternehmen den Kulturwandel in ihren Organisationen vorantreiben wollen, indem sie beispielsweise fortan auf Krawatten verzichten oder sich von allen Mitarbeitern duzen lassen. Das ist zunächst begrüßenswert, zeugt es doch von einer gewissen Bereitschaft, althergebrachte Denkmodelle infrage zu stellen. Es klingt nach Tauwetter, ein Hauch von Agilität und Augenhöhe liegt in der Luft.

Allein: Ich traue dem Braten nicht recht. Der Kleidungsstil und organisationale Gepflogenheiten sind zunächst einmal Artefakte, die nicht zwingend etwas über die tatsächliche Führungs- und Unternehmenskultur aussagen. Man kann Menschen mit und ohne Krawatte (miss-)achten.

3 Recruiting & People Management

Ich hatte das große Glück, vor einigen Jahren ein paar Tage an der Ross School of Business, der Wirtschaftsfakultät der University of Michigan, verbringen zu dürfen. Dort stellte Robert Quinn, ein hochdekorierter Management-Professor, die »Leadership Value Chain« vor, eine (vereinfachte) Wirkungskette der Wertschöpfung in Organisationen. In diesem Modell steht und fällt alles mit den Werten und Glaubenssätzen der Führungsebene, beispielsweise: »Wenn sich Menschen genug anstrengen und die Rahmenbedingungen stimmen, können sie fast alles lernen« (oder eben nicht). Ein weiterer Grundgedanke des Modells: Die höheren Ebenen sind durch die tieferen Ebenen bedingt und können somit auch von diesen blockiert werden in Bezug auf (positive) Veränderungen.

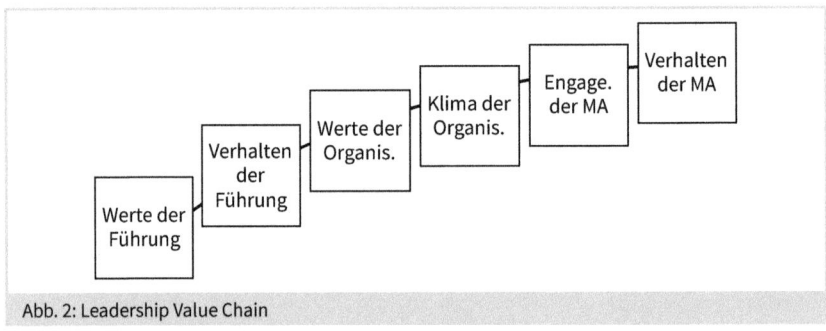

Abb. 2: Leadership Value Chain

Die Aspekte Dresscode bzw. persönliche Ansprache gehören zur Ebene des organisationalen Klimas. Sie haben damit gemäß dem Modell die Macht, das Engagement und Verhalten der Mitarbeiter zu beeinflussen. Dafür ist es allerdings notwendig, dass eine Kongruenz zwischen jener Ebene und den vorgelagerten besteht. Ist diese Übereinstimmung nicht in einem ausreichenden Maße gegeben, nehmen die Mitarbeiter die sichtbare Veränderung auf der höheren Ebene als inkongruent wahr. Im Falle der Inkongruenz richten sie sich in puncto Verhalten intuitiv wieder an den tieferliegenden Ebenen aus. Für authentischen und nachhaltigen Wandel braucht es folglich etwas anderes.

Radikal: Wandel an der Wurzel

Radikaler Wandel hört sich, vor allem für deutsche Ohren, zunächst gefährlich an. Das Wort geht zurück auf den lateinischen Begriff Radix: die Wurzel. Radikaler Wandel bedeutet also nichts anderes als eine grundlegende Veränderung, ein Wandel von der Ursache her; im Gegensatz zu einem Wandel, bei dem Oberflächliches geän-

dert wird, während die unsichtbare Ursache des Sichtbaren unberührt bleibt. Meine Überzeugung: Am Ende des Tages ist es Mitarbeitern egal, ob:
- sie ihre Vorgesetzten duzen oder siezen dürfen, solange sie respektvoll von diesen behandelt werden;
- ihre Vorgesetzten Krawatte oder T-Shirt tragen, solange ihre Ideen gehört und für wichtig erachtet werden.

Führungskräfte, die echten Wandel in ihren Organisationen anstoßen wollen, sollten damit beginnen, ihr Wertgerüst und ihre Glaubenskonstruktionen zu hinterfragen, zuvorderst: das grundlegende Menschenbild. Sie müssen ihre Krawatten *im Kopf* ablegen. Solange Paradigmen à la »Oben wird gedacht, unten ausgeführt!« fortbestehen, wird noch so viel künstliche Nähe keinen nachhaltigen Fortschritt bewirken.

Das Anschreiben abzuschaffen ist populär, aber dumm

Bernd Slaghuis

Der Tod des Bewerbungsschreibens wurde lange herbeigesehnt. Die Deutsche Bahn hat es im Sommer 2018 für ihre Ausbildungsplätze beerdigt. Ein populärer Schachzug, als Trend im Arbeitsmarkt jedoch kurzsichtig und dumm.

»Die Deutsche Bahn schafft das Anschreiben ab.« Eine Meldung, die im Sommer 2018 wie ein Lauffeuer durch die deutsche Presselandschaft ging. Seitdem wurde viel diskutiert, schließlich ist es eine Botschaft, die von der breiten Masse der vom nervigen Anschreiben traumatisierten Angestellten lauten Applaus erntet und damit ein garantierter Like-Fänger im Netz ist. »Schafft endlich das Anschreiben ab!« ist einfach maximal populär.

Leider geht die Diskussion in vielen Fällen über ein plattes »Weg damit!« nicht hinaus und es wird oftmals auch übersehen, dass die Deutsche Bahn dies damals und bis heute nur für die Auswahl ihrer Auszubildenden beschlossen hat. Eine vergleichsweise kleine Gruppe von Bewerbern, bei der Arbeitgeber – wie auch bei Stellen für Praktika – aus meiner Sicht leicht auf ein Anschreiben als Dokument neben dem in diesem Lebensabschnitt übersichtlichen und meist selbsterklärenden Lebenslauf verzichten können.

Es ist jedoch falsch und meiner Meinung nach sowohl aus Arbeitgeber- als auch aus Bewerbersicht dumm, aus dieser Meldung ein allgemeines »Das Anschreiben hat ausgedient!« zu machen.

»Weg mit dem Anschreiben« ist das Abbild gestriger Karrieredenke
Wer heute pauschal und alternativlos die Abschaffung des Anschreibens für alle Positionen fordert, der scheint noch fest in gestriger Karrieredenke zu stecken – einer Sicht auf Lebenslaufkarrieren, die sich als tiefroter Faden im geradlinig und logisch tabellarischen Werdegang eines Arbeitnehmers widerspiegelt.

Es ist die Annahme von Personalern, man könne offene Stellen kosteneffizient automatisiert mit Kandidaten besetzen, die ihre schnurgeraden Lebensläufe mit genau solchen Keywords gespickt haben, wie sie sie in den mit nichtssagenden Worthülsen wohlklingenden Stellenausschreibungen heute vorfinden. Eine schnelle und damit ungenaue Entscheidung zwischen passt und passt nicht. Es ist ein Trend, der in den letzten Jahren seine Auswüchse im sogenannten »Robot Recruiting« gefunden hat und an kurzsichtiger Eindimensionalität im komplexen Arbeitsmarkt mit dem vielzitierten Fachkräftemangel kaum zu übertreffen ist.

Was ist schließlich mit den vielen hoch qualifizierten und stark generalistisch ausgerichteten Bewerbern, die heute im Zuge einer beruflichen Umorientierung den Quereinstieg oder gezielt einen Branchenwechsel suchen? »Generalisten verzweifelt auf Jobsuche« habe ich einen anderen Beitrag betitelt und eine enorme Welle der Zustimmung erfahren. Welche Chancen haben sogenannte Downshifter, die bewusst einen Schritt auf der Karriereleiter zurückgehen möchten, um wieder mehr Freude und Motivation in ihrem Beruf zu spüren?

Die Zahl der Jobwechsler mit von außen betrachtet krummen und bunten Lebensläufen nimmt zu – und das ist gut so, denn dies steht für gesellschaftliche Öffnung sowie Freiheit bei der persönlichen Gestaltung des eigenen Berufs- und Lebensweges.

Gleichzeitig ist auf den Karriereseiten vieler Arbeitgeber die Rede von Mosaikkarrieren, familiengerechten Tandem-Jobs und agil neuem Arbeiten zwischen temporären Führungs-, Projekt- und Fachkarrieren. Ich frage mich, was soll das alles, wenn am Ende all jene Bewerber keine Chance auf solche Jobs haben, deren Lebenslauf anders als gewöhnlich und erwartet ist? Von »New Work«- und »Bei uns steht der

Mensch im Mittelpunkt«-Parolen bleibt so nichts weiter übrig als eine schöne Scheinwelt für das glänzende Employer Branding.

Wer als Arbeitgeber jedoch echtes Interesse hat, neue Karrieremodelle und zukunftsweisende Arbeitsformen wirklich zu leben – und für Jobwechsler erlebbar zu machen, der darf Bewerber in der frühen Phase des Auswahlprozesses nicht auf ihr Fach- und Erfahrungswissen der Vergangenheit, ihre Schulnoten sowie auf selbst verfasste Arbeitszeugnisse reduzieren.

In neuen Arbeitswelten, in denen Agilität, Flexibilität, Kooperation, Kreativität und Mindset immer mehr gefragt sein werden, wird es immer weniger auf Spezialistentum und tiefe Fachkenntnisse ankommen, sondern mehr auf die Persönlichkeit eines Menschen mit seinen individuellen Talenten, Erfahrungen, Kompetenzen und Stärken.

Wer diese Aspekte, die sämtlich aus den heute vorherrschenden Lebenslauf-Formaten nicht ersichtlich sind, bei der Auswahlentscheidung für Bewerbungsgespräche ignoriert, der verlagert nicht nur Recruitingkosten von der Erstauswahl auf (unnötige) Gespräche, sondern der läuft vor allem Gefahr, die vielen Talente mit vermeintlich unpassenden Lebensläufen im großen Stil zu übersehen.

Arbeitgeber und Bewerber tun sich beide keinen Gefallen
Vielleicht können es sich die insbesondere bei Absolventen noch beliebten großen Arbeitgebermarken leisten, doch die Masse der unbekannten Mittelständler und Arbeitgeber in unattraktiven Regionen, die seit Jahren mangelnde Quantität und Qualität von Bewerbungen bejammern und nun mit auf den populären »Wir schaffen das Anschreiben ab«-Zug aufspringen, werden sich damit im Wettbewerb um gute Talente keinen Gefallen tun und am Ende entweder einen Anstieg ihrer Recruitingkosten verzeichnen oder die Fluktuationsquote wird sich infolge von Fehleinstellungen erhöhen.

Zudem können auch solche Bewerber, die heute noch genervt die Abschaffung des Anschreibens bejubeln, selbst in Zukunft in eine berufliche Veränderungssituation kommen, in der sie glücklich sind, nicht nur auf ihren Lebenslauf und alte Zeugnisse reduziert zu werden. Wer heute als Angestellter die ersatzlose Abschaffung des Anschreibens herbeisehnt, der wird in Zukunft noch mehr Bewerbungen verschicken und noch mehr Gespräche führen müssen, bis es wirklich passt.

3 Recruiting & People Management

> Arbeitgeber sollten nicht das Anschreiben als Standard abschaffen, sondern mehr Vielfalt erlauben und Kreativität fördern.

Ja, ganz sicher ist das Anschreiben in seiner heute von Bewerbern gelernten Form nicht mehr zeitgemäß. Weil es voller Worthülsen steckt, in geschwurbelter Sprache Inhalte maximal weichgespült zwischen den Zeilen transportiert und am Ende jeder Bewerber sein Profil mit Teamfähigkeit und Belastbarkeit abrundet. Ja, solche Anschreiben bieten keinen Mehrwert und sind Zeitverschwendung. Ich verstehe jeden Recruiter gut, der es satt geworden ist, diesen Einheitsbrei vorgesetzt zu bekommen. Doch wer sagt, dass Anschreiben immer eine Last und derart inhaltsleer sein müssen?

Meine Erfahrungen aus der Arbeit mit Bewerbern sind eindeutig: Mehr Klarheit im Anschreiben und ein persönliches Profil mit Ecken und Kanten führen heute unmittelbar zu höheren Einladungsquoten und entspannteren Gesprächen. Viele meiner Klienten entwickeln sogar Freude daran, ihrem potenziellen neuen Arbeitgeber mit dem Anschreiben mehr über sich und ihre Ideen für die Zukunft mitzuteilen.

Ich wünsche mir darüber hinaus, mehr Denken in Alternativen statt einfach nur ein »Weg mit dem Anschreiben!« zu fordern. Vielleicht ist es in Zukunft nicht mehr nur das ehrliche, klare Anschreiben, das einen sinnvollen Mehrwert zu einem Lebenslauf bietet. »Diversity« bedeutet auch mehr Vielfalt bei der Art der Bewerbung: Wer gut vor der Kamera wirkt, der sollte ein Bewerbungsvideo drehen. Wer gut programmiert, der darf sich mit einer eigenen Homepage zeigen. Wer gut schreibt, der kann einen Text verfassen. Das ist die Vielfalt, die Menschen mit ihren individuellen Stärken abbildet und sie für Arbeitgeber erst richtig greifbar macht.

Vielleicht kommen wir in Zukunft an den Punkt, dass sich Arbeitgeber bei potenziell Wechselwilligen bewerben werden. Für manche Branchen und Positionen ist dies bereits heute Realität. Spätestens dann hat das gute alte Anschreiben ausgedient – doch bis dahin werden noch Millionen von Bewerbungen an Arbeitgeber verschickt werden und Jobwechsler sind in der Rolle, sich von anderen Kandidaten positiv zu unterscheiden und die Neugierde für den persönlichen Austausch mit und bei ihrem Wunscharbeitgeber zu wecken.

Statt das Anschreiben abzuschaffen, sollten wir auf beiden Seiten Schluss machen mit dem Denken in 08/15-Standards und in »So macht man das!«-Kategorien und stattdessen mehr Kreativität und Individualität erlauben. Denn das ist es, was uns Menschen in der Arbeitswelt der Zukunft von Kollege Roboter unterscheidet.

Weder die nächste Investition in noch ausgefeiltere Bewerber-Management-Systeme, deren standardisierte Eingabemasken schon heute viele Bewerber verschrecken, noch der Einsatz von künstlicher Intelligenz oder Big-Data im Talent-Scouting wird Arbeitgeber und Bewerber in Zukunft erfolgreicher zusammenführen, sondern vor allem die Investition in echtes Interesse und in Zeit, die der Beschäftigung mit den Menschen, ihren Talenten, Werten und persönlichen Zielen eingeräumt wird.

Schafft nicht das Anschreiben ab, sondern lasst uns die alten Mauern in den Köpfen abschaffen. Für mehr Vielfalt, Individualität und Mensch sein.

Die Mitarbeiter sind unser höchstes Gut. Ja wirklich?

Nico Rose

Unternehmen jeglicher Couleur verkünden heutzutage, dass bei ihnen »der Mensch im Mittelpunkt« stehe. Das ist ehrenwert und sicherlich gut gemeint. Aber wie sinnvoll sind solche Aussagen überhaupt?

Sätze wie jenen im Titel dieses Beitrags lese ich häufig in ähnlich lautenden Variationen auf den Webseiten vieler Unternehmen. Eine solche Aussage ist in den meisten Fällen gut gemeint. Sie soll zeigen, dass der Geschäftsführung des Unternehmens das Wohl der Mitarbeiter am Herzen liegt – und dass »der Mensch letztlich den Unterschied macht«. Ich bin nicht so zynisch, anzunehmen, dass dies immer ausschließlich eine inhaltleere Floskel ist. Ich kenne genug Unternehmen, denen ihre Mitarbeiter tatsächlich sehr am Herzen liegen. Allerdings bin ich auch nicht so naiv, anzunehmen, dass dies überall gleichermaßen gelebt und mit entsprechenden Maßnahmen unterlegt wird.

Der springende Punkt ist hier allerdings sowieso ein anderer: Am Ende des Tages sind solche Sätze – organisationspsychologisch und betriebswirtschaftlich betrachtet – ziemlich großer Unfug. Eine Organisation kann, individuell betrachtet, die außergewöhnlichsten Menschen an Bord haben. Doch wenn diese nicht auch außergewöhnlich gut zusammenarbeiten, ist absehbar, dass die unternehmerische Performance hinter den Erwartungen zurückbleiben wird. Ein intelligenterer Satz in Zeiten unserer vernetzten Arbeitswelt wäre demnach:

Die Beziehungen zwischen unseren Mitarbeitern sind unser höchstes Gut.
Es reicht nachweislich nicht, ein paar Stars einzustellen und dann zu hoffen, dass diese im Alleingang ein Spiel entscheiden. So mag es vielleicht in der Rückschau in der Presse stehen, aber im Grunde muss jedem von uns klar sein, dass solche Aussagen grober Unfug sind. Es mag Situationen im Sport geben, in denen ein Spieler sein Team durch außergewöhnliche Einzelaktionen zum Sieg führt. Doch zum einen braucht auch ein Ronaldo vorher den entscheidenden Pass – und zum anderen ist das Geschehen auf einem Fußballplatz um ein Vielfaches weniger komplex als die Steuerung eines großen Unternehmens.

Aus diesem Grund kriege ich auch immer das Grausen, wenn mir schlaue Berater erzählen wollen, was »das Management« vom Sportler X oder dem Team Y lernen kann. Die ehrliche Aussage lautet ausnahmslos: Nichts! Außer vielleicht: Üben, üben, üben. Die Verwendung unterkomplexer Metaphern ist vermutlich eine der größten Schwachstellen der Management- und Führungsliteratur, aber das ist ein anderes Thema.

Was kann das nun in der Praxis heißen: »Die Beziehungen zwischen unseren Mitarbeitern sind unser höchstes Gut«?

Ein Beispiel: Psychological Safety
Der Begriff »Psychological Safety« ist in den letzten Jahren dank der Erkenntnisse, die ein Team um den früheren Personalchef von Google, Laszlo Bock, gewonnen hat, einer breiten Öffentlichkeit bekannt geworden. Das People-Analytics-Team von Google wollte durch ein mehrere Jahre laufendes internes Forschungsprogramm verstehen, was die sehr gut funktionierenden Teams von weniger performanten Gruppen beim Suchmaschinenriesen unterscheidet. Zu Beginn waren die Forscher der Auffassung, die Teamexzellenz sei vor allem auf die individuelle Qualität der Teammitglieder zurückzuführen; nach dem Motto: je mehr Stanford-Doktoren, desto besser. Und so war es auch – doch die individuelle Qualität der Mitarbeiter spielte im Vergleich mehrerer Faktoren nur eine nachrangige Rolle.

Der mit weitem Abstand wichtigste Treiber von Teamleistung war eine bestimmte Art und Weise, wie die Menschen innerhalb der Gruppe miteinander umgehen. Das

Konzept »Psychology Safety« wurde zuerst von der Forscherin Amy Edmondson beschrieben. Gemeint ist in diesem Kontext, ob es einem Team gelingt, eine Atmosphäre zu kreieren, in der – vereinfacht ausgedrückt – alle Mitglieder, unabhängig von Hierarchie, Expertise, Geschlecht usw. das Gefühl haben, ihre Ideen frei äußern zu können.

Menschen haben das grundlegende Bedürfnis, kompetent zu wirken – zumal im beruflichen Kontext, wo es auch um Beförderungen und Gehalt geht. Wir schätzen es nicht, wenn man unsere Fehler und Schwächen entdeckt. Genau hier zeigt sich oft das Geheimnis erfolgreicher Teams. Wenn wir mit Menschen arbeiten, die uns dazu ermutigen, ins Risiko zu gehen, die unsere Verwundbarkeit sehen und besonnen damit umgehen: Dann entsteht Höchstleistung.

Arbeitszeiterfassung: Die Rückkehr der Stechuhr wird Arbeit nicht gesünder machen

Bernd Slaghuis

Warum die Rückkehr zur Stechuhr nicht vor Überstunden schützen wird und mehr Kontrolle Gift für gesundes Arbeiten ist. Die Entscheidung des EuGH zur Arbeitszeiterfassung ist zu kurz gedacht.

Der Europäische Gerichtshof (EuGH) hat im März 2019 entschieden, in Zukunft jeden Arbeitgeber zu verpflichten, die Arbeitszeiten aller Angestellten systematisch zu erfassen. Nur so könne gewährleistet werden, dass bestehende Arbeitszeitgesetze eingehalten und Arbeitnehmer vor Überstunden geschützt werden.

Die Reaktionen auf die Entscheidung waren sehr gemischt: Logisch, dass Gewerkschaften in Champagnerlaune waren und Arbeitgeberverbände zu viel Bürokratie befürchteten. Doch auch an der Basis gingen die Meinungen auseinander: Während sich die überlasteten Opfer ihrer grenzenlos Leistung einfordernden Chefs freuen, dass der bösen Ausbeutung nun endlich ein Riegel vorgeschoben wird, befürchten andere, die schon in den Genuss von Vertrauensarbeitszeit oder Homeoffice kommen, das baldige Ende ihrer lieb gewonnenen Flexibilität.

Stechuhren schützen nicht vor Überstunden

Es ist naiv anzunehmen, dass eine gesetzlich vorgeschriebene, flächendeckende Arbeitszeiterfassung signifikante Auswirkungen auf die in Unternehmen geleisteten Überstunden haben wird. Wir verfügen über starke Arbeitszeitgesetze, die klare Regeln zum Schutz von Arbeitnehmern geschaffen haben. Gesetze, die die tägliche Arbeitszeit begrenzen sowie Pausen- und Ruheregelungen vorschreiben. Warum sollte eine zusätzliche Aufzeichnungs- oder Meldepflicht von Arbeitszeiten durch Arbeitgeber etwas daran ändern, dass nach dem Ausstempeln auf Anweisung von oben fleißig weitergearbeitet wird oder Arbeitnehmer sich aus freien Stücken entscheiden, mehr als vereinbart zu arbeiten?

Zeigt nicht gerade der Blick zurück, dass eine Begrenzung oder staatliche Regulierung von Arbeitszeit nicht mit dem tatsächlich geleisteten Arbeitseinsatz korreliert? Während die Wochenarbeitszeit von 60 Stunden im Jahr 1900 auf durchschnittlich 34,9 Stunden (2018, Quelle: Statista) gesunken ist, steigt die Anzahl der Überstunden weiter an. Warum sollte sich dieser Trend durch die nun getroffene Entscheidung umkehren?

Tschüss Vertrauensarbeitszeit :-(

Ich spreche im Karriere-Coaching mit vielen Angestellten über das, was sie sich im Beruf und von Arbeitgebern wünschen, um motiviert und gesund zu arbeiten. Vielen ist es wichtig, über ihre Arbeitszeit in einem definierten Rahmen selbst zu bestimmen und flexibel entscheiden zu dürfen, wann sie wie, wo und woran arbeiten. Das Ergebnis soll im Vordergrund stehen, nicht Präsenz im Büro und das Absitzen von Zeit. Sie sind alle bereit, auch über die vertraglich definierte Arbeitszeit hinaus zu arbeiten, wenn es brennt – doch es sollte nicht die Regel, sondern die Ausnahme sein. Fast alle wünschen sich die Möglichkeit, freiwillig einzelne Tage im Homeoffice zu arbeiten, doch auch die gemeinsame Zeit mit Kollegen im Team ist ihnen wichtig.

Die Flexibilisierung von Arbeitszeiten und -orten hat in den letzten Jahren enorm zugenommen. Ein hoher Wert, den die EuGH-Entscheidung massiv gefährdet. Auch wenn es in unserer digitalen Welt nicht mehr die Stechuhr sein wird, die Zeit von Arbeit erfasst, so werden die Tage der Vertrauensarbeitszeit definitiv gezählt sein.

Mehr Kontrolle ist Gift für gesundes Arbeiten

Was mich an der Entscheidung des EuGH stört, das ist die alt gewohnte Fokussierung auf Kontrolle. Es ist wichtig, im Straßenverkehr Geschwindigkeit zu kontrollieren, um Menschenleben zu schützen. Doch ist es ebenso wichtig, jeden Arbeitnehmer davor zu beschützen, Überstunden zu leisten? Wie wird sich Herr Müller aus der Buchhaltung fühlen, wenn die Ampel in seinem Arbeitszeitkonto am 20. des Monats auf »gelb« springt, der Rückstand bei der Bearbeitung jedoch weiter ansteigt? Wie wird es all jenen gehen, die wirklich Lust auf ihre Herausforderungen und Themen haben, engagiert sind und gerne mehr leisten, um ihre persönlichen Ziele zu erreichen? Ja, es gibt sie reichlich, die ambitionierten Macher, für die Arbeit Erfüllung im Leben ist. Zeit gegen Geld war einmal, heute sind es andere Werte, die Menschen in der Arbeit zufrieden stimmen und gesund halten.

»Ich fühle mich im Job wie im Gefängnis«, dieses Empfinden vieler Arbeitnehmer habe ich in einem anderen Text beschrieben. Der Beitrag ging durch die Decke, die Zustimmung war hoch. Freiheit ist in unserer modernen Arbeitswelt zu einem hohen Gut geworden, Kontrolle ist der Feind von Freiheit. Als ich von der Entscheidung des EuGH erfuhr, hatte ich ein Bild von einer Arbeitswelt im Kopf, deren Räume wieder enger werden. Ein Mehr an Kontrolle, das im ersten Moment sinnvoll im Hinblick auf den Schutz von Arbeitnehmern anmutet, jedoch gleichzeitig die Gefahr birgt, den für die Mehrheit der Arbeiter und Angestellten wichtigen Wert »Freiheit« nicht nur zu gefährden, sondern dessen Umsetzung dauerhaft zu verletzen. Wenn Arbeit gegen unsere persönlichen Werte verstößt, dann ist sie ungesund.

Mehr Selbstverantwortung macht Arbeit in Zukunft gesünder
Einmal angenommen, die EuGH-Entscheidung zur flächendeckenden Arbeitszeiterfassung diene keinem zahnlosen Bürokratietiger aus Datenerfassung und Meldung an Behörden, aufsichtsrechtlichen Kontrollen und harten Strafen zur Sanierung staatlicher Finanzen, sondern sie verändere wirklich etwas in unserer Arbeitswelt zum Positiven – was könnte dies sein?

Na klar, die Hersteller von Zeiterfassungssystemen werden fette Jahre erleben und es werden neue Stellen in Personalabteilungen und Behörden geschaffen, die die Umsetzung der Vorschriften sicherstellen. Doch Sie ahnen vermutlich, dass es mir nicht um diese Effekte geht.

Ich bin der Überzeugung, dass erst die weitere Stärkung von Selbstverantwortung jedes einzelnen Menschen als Chef seines eigenen Lebens dazu führen wird, dass Arbeit heute als integraler Teil des Lebens gesünder wird.

Es ist nicht der staatlich auferlegte behütende Schutz vor ungerechter Ausbeutung und harter Lohnknechtschaft durch böse Arbeitgeber, sondern vielmehr die individuelle Entscheidung eines jeden von uns, sowohl die tägliche Arbeit als auch die berufliche Entwicklung in einer persönlichen Lebenssituation und auf Basis unserer Werte und Ziele so gesund wie möglich zu gestalten.

Hierzu könnte die Pflicht zur Erfassung und Dokumentation von Arbeitszeiten etwas beitragen. Sie würde allen Arbeitnehmern konsequent vor Augen führen, wieviel Zeit sie für Arbeit verwenden und sie kann saisonale Schwankungen oder unbewusste Entwicklungen sichtbar machen. Dies kann dazu beitragen, die vielfach bereits als Normalität hingenommene Mehrarbeit sichtbarer zu machen, so den eigenen Blick auf die Arbeitszeit zu schärfen und die Entscheidung über den persönlichen Arbeitseinsatz regelmäßig bewusster zu reflektieren.

Aus dem eigentlichen Ziel der stärkeren Kontrolle von Arbeitgebern würde somit ein Instrument zur Stärkung der Selbstkontrolle für Arbeitnehmer werden. Das kann nicht schaden.

95 Prozent Ihrer Mitarbeiter sind zufrieden mit der Arbeit? Warum das ein Problem sein kann

Nico Rose

Sie messen regelmäßig die Zufriedenheit Ihrer Mitarbeiter? Sehr gut! Das Gros Ihrer Mitarbeiter zeigt sich zufrieden? Klingt auch gut. Muss es aber nicht sein. Denn Arbeitszufriedenheit ist nicht gleich Arbeitszufriedenheit.

Praktisch kein Unternehmen, ob klein oder groß, jung oder alt, kann es sich heutzutage erlauben, nicht in regelmäßigen Abständen die Zufriedenheit der Mitarbeiter (und andere wichtige Parameter der »Employee Experience«) zu erfassen. Und natürlich sind Personaler und Führungsetagen entzückt, wenn möglichst hohe Prozentsätze der Belegschaft zu Protokoll geben, dass sie mit ihrer Situation zufrieden sind. Doch wie so oft drohen auch hier Fallstricke. Denn Zufriedenheit ist nicht gleich Zufriedenheit.

95 Prozent Ihrer Mitarbeiter sind zufrieden mit der Arbeit? Warum das ein Problem sein kann

Schon 1974 stellte die Psychologin Agnes Bruggemann ein mehrstufiges Modell vor, das verschiedene Formen der Arbeitszufriedenheit unterscheidet – und nicht alle Varianten sind wünschenswert aus der Sicht von Arbeitgebern. Vereinfacht gesagt beruht das Modell auf der Annahme, dass Menschen zur Bestimmung ihrer aktuellen Arbeitszufriedenheit implizit einen Soll-Ist-Vergleich vornehmen: Sie gleichen die objektiven Gegebenheiten der Arbeitssituation mit ihren inneren Wünschen und Bedürfnissen ab. Je nachdem, wie diese Gleichung ausfällt – und wie auf das Ergebnis reagiert wird – ergibt sich ein anderer Zustand. Bruggemann unterscheidet sechs verschiedene Ausprägungen:

1. Progressive Arbeitszufriedenheit: Der Soll-Ist-Vergleich fällt positiv aus. Gleichzeitig erhöht die Person das Anspruchsniveau und sagt folglich »Ich will mehr!«
2. Stabilisierte Arbeitszufriedenheit: Der Soll-Ist-Vergleich fällt positiv aus. Das Anspruchsniveau bleibt unverändert. Die Person sagt für den gegebenen Moment gewissermaßen »Das passt so.«
3. Resignative Arbeitszufriedenheit: Der Soll-Ist-Vergleich fällt negativ aus. Im Sinne der Kompensation senkt die Person jedoch ihr Anspruchsniveau. »Das (Arbeits-)Leben ist eben kein Ponyhof«, ist hier eine passende Assoziation.
4. Pseudo-Arbeitszufriedenheit: Der Soll-Ist-Vergleich fällt negativ aus und das Anspruchsniveau bleibt unverändert. Statt etwas zu verändern, versucht die Person jedoch, die externe Situation geschönt wahrzunehmen. »Wenn ich die Augen zumache, ist es gar nicht so schlimm«, werden solche Personen vielleicht zu sich sagen.
5. Fixierte Arbeitsunzufriedenheit: Der Soll-Ist-Vergleich fällt negativ aus, das Anspruchsniveau bleibt unverändert – es wird darauf verzichtet, mögliche Lösungen zu finden. »Bleib mir doch weg mit Eurem Sch ...«, werden solche Menschen vermutlich denken.
6. Konstruktive Arbeitsunzufriedenheit: Der Soll-Ist-Vergleich fällt negativ aus und das Anspruchsniveau bleibt unverändert. Die Person entwickelt jedoch aktiv Lösungswege, um die Situation zu verbessern. Der Satz »Es gibt ja immer was zu verbessern – packen wir's an«, könnte die Gedanken einer solchen Person beschreiben.

Es leuchtet ein, dass insbesondere die Varianten 3 und 4 zum Problem werden können, wenn man als Organisation die Mitarbeiterzufriedenheit mit einem zu simpel strukturierten Instrument misst. Wer eine einfache Frage à la »Wie zufrieden sind sie aktuell mit ihrer Arbeit?« nutzt, erhält man gerade von diesen Personen möglicherweise positiv anmutende Werte, die in Wirklichkeit jedoch nur die darunterliegende Frustration kaschieren.

Damit ich hier nicht falsch verstanden werde: Ich bin ein großer Fan von Zufriedenheitsbefragungen – übrigens lieber einmal zu viel als einmal zu wenig. Dank entsprechender Apps, die von einer Vielzahl an Startups angeboten werden, ist das dieser Tage auch problemlos möglich. Es lauern aber selbst einem scheinbar bei einem so einfachen Instrument diverse Probleme, die sich unterhalb der Oberfläche verbergen. Zudem ersetzt auch die beste Befragung nicht ein offenes und vertrauensvolles Gespräch mit dem eigenen Vorgesetzten.

Wenn wir vor lauter Zielen das Ziel verfehlen

Nico Rose

Die Gestaltung von Zielvereinbarungen ist eine der wichtigsten Methoden des modernen Managements. Doch welche Ziele sind wirklich zielführend? Es gilt, kritische Spannungsfelder intelligent auszubalancieren.

Das Jahresende und die ersten Wochen des neuen Geschäftsjahres: Dies sind in den meisten Unternehmen klassische Zeitpunkte für – je nach Führungskultur – Zielvorgaben oder Zielvereinbarungen. Dazu habe ich eine Frage an Sie: Kennen Sie dieses Video, in dem sich ein in Weiß und ein in Schwarz gekleidetes Team Bälle zupassen – und dann mittendrin ein als Gorilla verkleideter Mensch ins Bild läuft, sich ein paar Mal auf die Brust schlägt und dann wieder verschwindet?[24]

Der unsichtbare Gorilla im Raum
Der kurze Film gehört zu einem der bekanntesten psychologischen Experimente rund um das Thema selektive Aufmerksamkeit. Für eine Versuchsreihe wurden die Teilnehmer vor dem Anschauen des Videos gebeten, sich zu merken, wie oft das weiß gekleidete Team sich den Ball zupasst. Der Clou: Durch die starke Fokussierung auf die Farbe Weiß bekommen die meisten Menschen rein gar nichts von dem Gorilla mit, obwohl er einige Sekunden lang mehr als deutlich zu sehen ist. Wenn man die Versuchsteilnehmer nach dem Anschauen des Videos fragt, ob ihnen etwas Besonderes aufgefallen sei, zucken viele von ihnen nur mit den Schultern.

In dem beschriebenen Experiment geht es um die Funktionsweise unseres Wahrnehmungssystems. Für mich ist es allerdings auch eine spannende Allegorie auf das Thema Zielvorgaben.

- Ziele haben eine positive Eigenschaft: Sie bündeln unsere Aufmerksamkeit.
- Ziele haben eine negative Eigenschaft: Sie bündeln unsere Aufmerksamkeit.

Zielvorgaben als zweischneidiges Schwert
Das ist kein Widerspruch, sondern schlicht ein natürliches Spannungsfeld, das es zu beachten gilt, wenn man Menschen durch Ziele führen möchte. Wenn diese Spannungen nicht intelligent austariert werden, kann das fatale Konsequenzen haben. Eines der verheerendsten Beispiele aus der jüngeren Geschichte: Vor etwa 50 Jahren gab der damalige Vorstand von Ford, Lee Iacocca, seinem Entwicklungsteam das Ziel, ein Auto zu konstruieren, das weniger als 2.000 US-Dollar kosten und zwei Jahre später in den Verkaufsräumen stehen sollte. Das Automobil mit dem Namen Pinto wurde zum Desaster. Um den knappen Zeitplan einzuhalten (der normale Entwicklungszyklus war etwa doppelt so lang), wurden u. a. wichtige Sicherheitstests nicht durchgeführt. Nach der Markteinführung kam es aufgrund von Konstruktionsmängeln zu zahlreichen Unfällen mit vielen Verletzten und auch Toten.

Die meisten Menschen kennen mich als Psychologen. Was weniger bekannt ist: Meine Doktorarbeit habe ich an einem Lehrstuhl für Controlling geschrieben, konkret: über die strategische Steuerung von Geschäftseinheiten. Eines der wichtigsten Prinzipien im Controlling lautet: »What gets measured gets done.« Das ist das Tolle an Zielvorgaben – oder konkreter: deren Nachverfolgung durch regelmäßige Messung. Sie bündeln unsere Aufmerksamkeit und vermindern Komplexität. Eine potenzielle Schattenseite, die insbesondere dann auftritt, wenn Zielvorgaben an Vergütung gekoppelt sind: »*Only* what gets measured gets done.«

Sobald ein Zielvereinbarungssystem eingesetzt wurde, werden Menschen versuchen, dieses zu verstehen, um es dann »auszutricksen«. Konkret: Sie werden ihren Arbeitseinsatz dahin gehend adaptieren, dass sie diese Ziele mit dem geringstmöglichen Einsatz erreichen. Das ist mitnichten irgendwelchen bösen Absichten geschuldet, sondern einfach urmenschliches Verhalten. Dieser Umstand kann Unternehmen einen Nutzen stiften, doch es gibt eine Reihe von Klippen, die es dabei zu umschiffen gilt, wenn man nicht Schiffbruch erleiden will. Um die Methode »Führung durch Ziele« effektiv einsetzen zu können, müssen wichtige Spannungsfelder ausbalanciert werden; es gilt, mit Trade-offs zu arbeiten. Einige der wichtigsten finden Sie im Folgenden:

Kurz- vs. Langfristziele
Ein zu starker Fokus auf kurzfristige monetäre Ziele hemmt Wachstum und Innovation. Ein zu starker Fokus auf langfristige Ziele mindert die Rentabilität – und damit die Möglichkeit für zukünftige Investitionen.

Quantitative vs. qualitative Ziele
Ein zu starker Fokus auf quantitative Ziele führt regelmäßig zu negativen Effekten, z. B. bei der Produktqualität und, in der Folge, bei der Kundenzufriedenheit und Loyalität. Ein zu starker Fokus auf qualitative Ziele kann allerdings auch den »Drive« einer Organisation dämpfen; dann leiden Effizienz und Rentabilität.

Individual- vs. Kollektivziele
Ein zu starker Fokus auf Individualziele kann über die Zeit das Klima der Organisation vergiften, weil Menschen – zumindest gefühltermaßen – in Konkurrenz miteinander gebracht werden, obwohl sie eigentlich kooperieren sollten. Ein zu starker Fokus auf Kollektivziele kann Effektivität und Effizienz einer Organisation mindern, weil es (manche) Menschen zum Trittbrettfahren einlädt.

Starre vs. flexible Ziele
Unveränderbare Ziele führen mit schöner Regelmäßigkeit zu einer der größten Dysfunktionen in vielen Unternehmen. Aufgrund ihrer Natur werden sie weiterverfolgt, obwohl sich möglicherweise wichtige Parameter in der Organisation oder in ihrer Umwelt drastisch verändert haben. Die Folge: Man arbeitet gefühlt erfolgreich – und doch am Unternehmenserfolg vorbei. Auf der anderen Seite ist bei den Anpassungsmöglichkeiten Augenmaß gefordert. Manche Mitarbeiter werden durch (zu) flexible Zielvorgaben dazu eingeladen, es »sich leicht zu machen«, was auf Kosten der Effizienz gehen kann.

Selbst- vs. fremdgesetzte Ziele
Ziele, die als Fremdbestimmung wahrgenommen werden, vermindern nachweislich die Eigenmotivation. Die meisten Unternehmen haben dies erkannt und setzen daher heute auf dialogisches Aushandeln von Zielen zwischen Führungskräften und Mitarbeitern. Kritisch (und latent unethisch) wird es dort, wo Ziele pseudo-vereinbart werden – sprich: Die hierarchisch höhergestellte Person kommt mit bereits final definierten Zielen in das Gespräch und bringt die hierarchisch niedriggestellte Person unter Ausnutzung der bestehenden Machtdifferenz dazu, den Zielen zuzustimmen. (»Schön, dass wir uns da einig sind, Herr Meier«...).

Auf der anderen Seite besteht die Möglichkeit, dass sich Mitarbeiter oder Teams ihre Ziele teilweise oder auch vollständig selbstgesteuert suchen. Hierbei besteht theoretisch die Gefahr, dass Ziele definiert werden, die letztlich nicht auf den Unternehmenserfolg einzahlen. Zudem entsteht ein erhöhter Koordinationsaufwand, weil selbstgewählte Ziele in einem Bottom-up-Verfahren zueinander in Beziehung gesetzt werden müssen – so, wie es in der Soziokratie durch die Verschaltung von verschiedenen, selbstorganisierten Kreisen geschieht. Ein solches Vorgehen erfordert einen hohen Reifegrad aller Beteiligten – und die Bereitschaft, sich einem strikten Regelwerk zu unterwerfen.

Realistic Goals vs. Stretch Goals vs. Moonshot Goals
Es spricht vieles dafür, Mitarbeitern schwierige Ziele zu setzen, die aber unter normalen Bedingungen trotzdem erreichbar sind. Solche Ziele entfachen ein hohes Maß an Motivation, wenn die Mitarbeiter gleichzeitig über ein adäquates Maß an Kompetenz und Selbstwirksamkeit verfügen.

Von solchen Zielen abzugrenzen sind Stretch Goals, von denen nicht erwartet wird, dass sie vollständig realisiert werden. Der Sinn solcher Ziele kann darin liegen, einfach mehr Leistung aus Menschen herauszuholen (»Wir haben zwar nicht die geforderten 130 Prozent erreicht, aber immerhin mehr als 100 Prozent«) – oder aber dafür zu sorgen, dass Mitarbeiter neue Wege der Zielerreichung explorieren. Sie haben unter guten Bedingungen also eine lernförderliche Wirkung. An dieser Stelle ist besondere Sensibilität auf Seiten der Führungskräfte gefragt, weil die Reaktion auf solche Ziele stark von der Persönlichkeit und den früheren Erfahrungen der Mitarbeiter abhängen. Wo der eine ob der Herausforderung vielleicht ein anregendes Kitzeln in der Bauchmitte vernimmt, spürt ein anderer nichts als Kontrollverlust und das Heranwachsen eines Magengeschwürs.

Am weit entfernten Ende des Zielkontinuums liegt schließlich das, was in der Umgangssprache als »Moonshot Goal« bezeichnet wird – in Anlehnung an John F. Kennedys Forderung an die NASA aus dem Jahr 1961, bis zum Ende des Jahrzehnts eine bemannte Mondmission zu absolvieren. Solche Ziele zeichnen sich dadurch aus, dass sie zum Zeitpunkt ihrer Formulierung nach normalen Maßstäben nicht erreichbar scheinen. Sie erfordern eine übermenschliche Anstrengung und zusätzlich das Zusammenwirken von Spitzenleistungen auf verschiedensten Ebenen.

Es leuchtet unmittelbar ein, dass ein solches Ziel (besser: eine Mission) – wenn überhaupt – nur dann funktionieren kann, wenn es von einer für alle Beteiligten äußerst attraktiven Vision getragen wird. Bevor Unternehmen solche Ziele ausrufen, sollten sie sich ehrlich fragen, ob eine solche Vision tatsächlich vorhanden ist und wie weit diese trägt. Kennedys Vision hat den Menschen tatsächlich auf den Mond geführt, Lee Iacoccas Marschbefehl zum Billig-Auto bescherte Ford die zum damaligen Zeitpunkt größte Rückrufaktion und mehr als 100 kostspielige Prozesse – ganz zu schweigen von der moralischen Schuld, die die Beteiligten auf sich luden.

Fazit
Zu guter Letzt möchte ich daran erinnern, dass Zielvereinbarungen im Unternehmen niemals ein Selbstzweck sein können. Im Zen heißt es: »Der Finger, der auf den Mond zeigt, ist nicht der Mond!« Es gilt sicherzustellen, dass die den Mitarbeitern aufgetragenen Ziele auch tatsächlich auf den Erfolg der Gesamtorganisation einzahlen. Herauszuarbeiten, was das genau sein soll, ist manchmal gar nicht so einfach. In den Worten des Aphoristikers Ernst Reinhardt: »Wer kein Ziel hat, sucht wenigstens eine Zielscheibe.«

Kann man eine gute Unternehmenskultur in harten Zahlen messen?

Nico Rose

Oft heißt es, Personalabteilungen leisteten keinen echten Beitrag zum Unternehmenserfolg. Tatsächlich gilt es, genauer hinzuschauen. Gute Personalarbeit wirkt. Allerdings braucht es Geduld und Durchhaltevermögen, bis messbare Effekte sichtbar werden

Personaler sein ist bisweilen ein hartes Brot. In der innerbetrieblichen Abteilungshierarchie steht man gefühlt recht weit unten – und auch faktisch zeigt sich, dass die Gehaltschecks bei vergleichbarer Berufserfahrung in anderen Funktionen bei vielen Unternehmen ein wenig üppiger ausfallen. Personaler wird man in der Regel aus Idealismus, nicht wegen der Karriereaussichten oder des Paychecks.

Zudem sieht sich die Zunft häufig dem Vorwurf ausgesetzt, nicht strategisch genug zu agieren. Tatsächlich gibt es Aspekte der Personalarbeit, die eher transaktional und repetitiv sind, beispielsweise das Thema Gehaltsabrechnung. Die Leistung dieser Kollegen wird zumeist kaum registriert, geschweige denn gewürdigt. Aber wehe, wenn ausgerechnet hier etwas schief geht! Dann ist Zoff in der Bude. Generell scheint es sich so darzustellen, dass weite Teile der Personalarbeit vor allem dann als gut angesehen werden, wenn sie möglichst geräuschlos vonstattengehen – sprich: wenn »es läuft«. In den Fokus der Aufmerksamkeit rückt man als HRler oft erst dann, wenn etwas nicht funktioniert. Damit lässt sich allerdings kaum ein Blumentopf gewinnen.

Ein weiterer gängiger Vorwurf lautet, dass Personalabteilungen keinen *messbaren* Beitrag zum Unternehmenserfolg leisteten. Auch hier ist zunächst ein Körnchen Wahrheit zu finden. Ich bin sehr wohl davon überzeugt, dass erstklassige Personalarbeit einen eminent wichtigen Wettbewerbsvorteil darstellt, aber tatsächlich ist vieles von dem, was HR leistet, nur schwer messbar. Viele erfolgskritische Beiträge entziehen sich den gängigen Kennzahlensystemen, weil sich Wirkungen nur indirekt, über lange Zeiträume, und/oder an vielen Stellen zugleich vollziehen. All das passt nicht ins Schema quartalsorientierter KPIs.

Gute Personalarbeit, hohe Rendite
Schützenhilfe bekommen die gebeutelten Personaler ausgerechnet aus einer Ecke, von der man es wahrlich nicht vermuten würde. Alex Edmans ist Professor für Finanzmarktforschung an der London Business School und ehemaliger Investment-Banker. Sein Spezialgebiet ist die Erforschung des Einflusses von *immateriellen Vermögenswerten* eines Unternehmens auf die Performance am Kapitalmarkt. Während darunter nach enger Definition vor allem Patente, Marken und ähnliche Assets verstanden werden, gehören nach einer weiten Definition auch Aspekte wie die Unternehmenskultur zu diesen Unternehmenswerten. Genau an dieser Stelle setzt Edmans' Forschung an.

Für eine Forschungsarbeit[25] bildete er ein fiktives Aktienportfolio, bestehend aus den »100 Best Companies to Work for« in den USA. Um einen Platz auf dieser jährlich erhobenen Liste zu ergattern, müssen die Belegschaften umfangreiche Fragenkataloge beantworten. Es wird unter anderem erhoben, ob der Arbeitgeber glaubwürdig agiert, Mitarbeiter unabhängig von Geschlecht, Herkunft etc. gleichbehandelt, faire Bezahlung und attraktive Entwicklungspfade bietet sowie eine Kultur der Zugehörigkeit fördert. Letztlich sind dies alles Faktoren, die in erster Linie aus guter Personalarbeit entspringen.

Nachdem Edmans potenzielle Störfaktoren in seinen Gleichungen neutralisierte (Beispiele: Branchenzugehörigkeit, Unternehmensgröße), fand er Folgendes: Die Gruppe der besonders mitarbeiterfreundlichen Unternehmen schlägt ihren Wettbewerb am Kapitalmarkt Jahr für Jahr um bis zu 3,8 Prozentpunkte – ein immenser Wert.

Kultur wirkt
Zudem deutet Edmans' Forschung an, dass es sich bei den aufgezeigten Unterschieden zwischen den betrachteten Unternehmen um einen *kausalen Effekt* der Unternehmenskultur handelt. Was ist damit gemeint? Es wäre prinzipiell denkbar, dass die erfolgreicheren Unternehmen es sich einfach leisten können, »freundlicher« zu ihren Mitarbeitern zu sein. Die Zahlen des Finanzexperten legen aber etwas anderes nahe: Die oben genannte Liste der besonders mitarbeiterzentrierten Unternehmen wird in den USA seit Mitte der 80er Jahre erhoben. Einige Unternehmen sind seit jeher an Bord, andere verschlechterten sich mit der Zeit und fielen unten raus, dafür wurden wieder andere Organisationen neu aufgenommen, wenn die Mitarbeiter über den Zeitverlauf entsprechende Fortschritte attestierten. Der entscheidende Punkt: Die überdurchschnittliche Performance am Kapitalmarkt setzt beim Gros der Unternehmen etwa zwei bis vier Jahre *nach der Aufnahme in die Rangliste* ein. Anders ausgedrückt: Erst kommt die Kulturarbeit, dann die außergewöhnliche Performance. Aber: Es dauert eben seine Zeit, bis manche Maßnahmen ihre Wirkung voll entfaltet haben. Diese Forschungsarbeit sollte HRlern Mut machen, mit erhobenem Haupt und etwas breiterer Brust durch ihre Unternehmen zu gehen. Gute Personalarbeit wirkt. Man muss allerdings etwas länger und genauer hinschauen – und den Mut haben, für die unterliegenden Maßnahmen zu kämpfen, auch wenn anderswo vor allem auf »Quick Wins« geschielt wird.

4   Teams & Zusammenarbeit

Toll, ein anderer macht's. Angeblich leitet sich das Wort Team aus diesem augenzwinkernden Satz ab. Und es ist wahr: Ein jeder von uns kann wahrscheinlich Horrorgeschichten über diesen *einen* Kollegen erzählen, der sich immer weggeduckt hat, wenn es Arbeit zu verteilen gab. Oder vom Büronachbarn, der einen ständig durch zu lautes Telefonieren aus der Fassung gebracht hat, oft und gerne auch zu privaten Themen. Oder auch von nicht enden wollenden Teammeetings, ohne Plan und ohne Ziel, ohne Sinn und Verstand. Nicht umsonst kennt fast jeder Jean-Paul Sartres Satz »Die Hölle, das sind die anderen« – ohne jemals Sartre gelesen zu haben.

Aber ist es nicht genauso wahr, dass die anderen auch der Himmel für uns sein können? Es gibt viele Gründe, warum Menschen regelmäßig »ins Büro gehen«, um ihren Job zu machen – selbst, wenn sie zu Erledigung der Aufgaben nicht zwingend darauf angewiesen sind. Ein wichtiger Aspekt: Am Ende des Tages sind wir Herdentiere. Wir können durchaus alleine existieren, aber wirklich aufblühen tun wir erst mit und durch andere Menschen.

Und so schauen wir uns in diesem Kapitel an, wie das konkret gelingen kann. Wieviel gemeinsamer Spaß ist eigentlich »erlaubt« während der Arbeit – und ist vielleicht sogar leistungsförderlich? Was, wenn sich alle einfach selbst aussuchen, woran und mit wem sie arbeiten? Wann weiß ich, ob ich *wirklich* dazu gehöre? Und vor allem: Wie kann ich als Führungskraft oder Kollege Wertschätzung so transportieren, dass die Botschaft auch wirklich beim Empfänger ankommt?

Damit wir uns nicht falsch verstehen: Wir sind keine Ponyhof-Enthusiasten. Unsere Erfahrungen in verschiedenen Konzernen haben uns gelehrt, dass nicht immer alles eitel Sonnenschein ist – und Konflikte normal und bisweilen sogar hilfreich sein können. Doch uns beide eint der Wunsch, dass wir noch stärker hin zu einer Arbeitswelt kommen, in der in der Sache manchmal hart gerungen wird – jedoch gleichzeitig klar ist, dass gegenseitige Wertschätzung und Respekt die nicht verhandelbare Grundlage gesunden und erfolgreichen Wirtschaftens ist.

Freude im Job: Wieviel dürfen wir uns erlauben?

Bernd Slaghuis

Freude im Job empfinden, wer möchte das nicht? Dennoch ist sie heute vielen Menschen abhandengekommen. Wie Arbeit wieder mehr Freude machen kann und warum auch Sie sich erlauben dürfen, daran zu arbeiten – darum geht es in diesem Kapitel.

Für viele von uns hat Freude im Beruf einen hohen Wert. Sie macht Arbeit leichter und kurzweilig, motiviert uns zu guten Leistungen, gibt uns Kraft und verbindet im Team. Kommt sie hingegen zu kurz oder fehlt sie vollständig, dann wird Arbeit schwer, belastend und ist auf Dauer ungesund.

Die meisten meiner Klienten im Karriere-Coaching empfinden schon lange keine Freude mehr, wenn sie auf ihren Beruf blicken. Doch auch wenn sie sich alle wieder mehr Freude wünschen, kommt es mir doch manchmal so vor, als ob sie es sich selbst nicht mehr erlauben und den Glauben daran verloren haben, dass Arbeit Freude machen kann. Das scheint für viele eine aus jahrelanger Erfahrung verfestigte nüchterne Erkenntnis zu sein, die es den Betroffenen verbietet, mit Zuversicht und Freude auf ihre berufliche Zukunft zu blicken.

Freude im Beruf ist mehr als der Spaß unter Kollegen
Spreche ich mit meinen Klienten darüber, was Freude im Beruf für sie konkret bedeutet, dann fallen die Antworten sehr unterschiedlich aus: Für einige ist es das nachhaltige Bewusstsein, zu etwas Gutem beizutragen oder etwas gesellschaftlich Relevantes bewegen zu können, für andere bedeutet es, darin Sinn zu erkennen, Neues zu lernen und sich fachlich wie auch persönlich weiterzuentwickeln.

Für andere ist es wichtig, möglichst viel von dem zu tun, bei dem sie ihre persönlichen Stärken und Talente einsetzen können. Freude kann auch das Ergebnis davon sein, gemeinsam Ziele im Team zu erreichen, im richtigen Mix aus Routine und Abwechslung Herausforderungen zu meistern, erfolgreich zu sein und damit das Gehalt zu verdienen, das sich als Wertmaßstab richtig anfühlt.

Manchmal ist Freude auch einfach, Gerechtigkeit und Ehrlichkeit zu erfahren sowie anderen Menschen zuteil werden zu lassen. Und der Austausch sowie das Lachen mit den Kolleginnen und Kollegen gehören natürlich auch dazu.

Freude im Job: Wieviel dürfen wir uns erlauben?

Freude ist das tiefe, Kraft spendende Gefühl, das am Ende des Tages bleibt, wenn weitgehend und dauerhaft erfüllt ist, was uns im Beruf wichtig ist.

Wieviel Freude empfinden Sie in Ihrem Beruf?
Wenn Sie möchten, dann stellen Sie sich einmal eine Skala von 1 bis 10 vor. Eins bedeutet, dass Sie überhaupt keine Freude in Ihrem Beruf empfinden und zehn bedeutet, dass Sie maximale Freude empfinden. Wo stehen Sie aktuell auf dieser Skala?

Stehen Sie schon weit oben bei 8 oder 9, dann freue ich mich für Sie und wünsche Ihnen weiterhin viel Freude in Ihrem Beruf. Vielleicht können Sie meine folgenden Tipps als »Prophylaxe« nutzen oder erkennen klarer den Grund dafür, warum Sie bereits so viel Freude in Ihrem Job empfinden.

Sind Sie im unteren Bereich auf der Skala irgendwo zwischen 1 und 3, dann ist vermutlich schon lange Zeit nicht mehr erfüllt, was Sie dringend brauchen, um Freude im Beruf zu empfinden: Sie können sich vielleicht mit Ihrem Arbeitgeber oder dessen Produkten nicht mehr richtig identifizieren, haben Dauerstress mit dem Chef oder die Kollegen nerven Sie. Sie müssen fiese Macht- und ungerechte Politikspiele ertragen, leiden unter chronischer Langeweile oder fehlenden Entwicklungsperspektiven ... oder es ist etwas anderes. Auf Dauer wird Sie dieser Zustand sehr wahrscheinlich schwächen und Sie sollten es nicht auf die lange Bank schieben, etwas daran zu verändern.

Stehen Sie auf der Skala irgendwo in der Mitte rund um die 5, dann haben Sie vermutlich schon bemerkt, dass Ihnen im Job etwas fehlt, doch das alles ist noch auszuhalten. Vielleicht sind Ihnen auch andere Werte wichtiger, die Sie etwas an Freude einbüßen lassen. Vielleicht schaffen Sie es ja mit meinen folgenden Impulsen ohne einen Job- und Arbeitgeberwechsel weiter nach oben auf der Freude-Skala – vorausgesetzt, Sie haben wirklich Lust auf mehr Freude.

Darf Arbeit Ihnen überhaupt Freude machen?
Ich habe ganz oft den Eindruck oder Verdacht, dass einige Angestellte jeden Tag aufs Neue ihren Job mit dem Ziel angehen, die Bestätigung dafür zu erhalten, dass er ihnen auf gar keinen Fall Freude machen kann. Ja, das klingt echt verrückt, oder?

Sie suchen ständig nach den kleinen Gemeinheiten von Kollegen, die sie noch nie leiden konnten oder durchleuchten jede Bemerkung des Chefs und interpretieren Dinge hinein, die das ohnehin angeschlagene Verhältnis noch weiter vergiften. Über alles das jammern sie fleißig unter ihresgleichen, machen nebenbei Dienst nach Vorschrift, gehen am Abend erschöpft nach Hause und sind sich ganz sicher, dass alles das auch morgen, übermorgen und bis zur Rente so weitergehen wird. Arbeit ist halt kein Ponyhof!

Wenn auch Sie sich gerade in diesen – zugegeben, von mir etwas überspitzt formulierten – Verhaltensmustern erkannt haben, dann gibt es vielleicht auch für Sie einen Grund, warum Ihnen Arbeit einfach keine Freude machen darf. Weil Sie so erzogen wurden und gelernt haben, dass gute Arbeit immer hart und anstrengend sein muss. Oder weil Sie selbst Ihre Leistungen nur dann als echten Erfolg wertschätzen können, wenn der Weg dorthin besonders steinig und mit extrem viel Aufopferung verbunden war. Vielleicht ist es auch etwas anderes, warum Ihre Arbeit nicht mit Freude einhergehen darf?

Freude im Beruf ist eine Entscheidung
Auch wenn Sie es mir vielleicht nicht glauben und die Verantwortung am liebsten weitergeben möchten, so ist es einzig Ihre Entscheidung, ob Sie sich erlauben, Freude im Beruf zu haben.

Doch bedenken Sie, dass Ihre Entscheidung Konsequenzen hat: Sie werden nicht nur mehr Lust und Energie bei der Arbeit verspüren, sondern Sie werden gleichzeitig auch aus dem Kreis der frustrierten Jammerer ausgestoßen werden, denn manche Kolleginnen und Kollegen werden Sie und Ihr neues Verhalten nicht verstehen wollen.

Wenn Sie sich also absolut sicher sind, mehr Freude im Beruf aushalten zu können, dann sind hier meine 3 Tipps aus der Coaching-Praxis, die Sie darin unterstützen können, es auf Ihrer persönlichen Freude-Skala weiter nach oben zu schaffen:

Tipp 1: Erinnern Sie sich an bessere Zeiten
Auch wenn Sie in Ihrer jetzigen Position schon lange Zeit ausgehalten haben und die Freude in weite Ferne gerückt ist, so gab es mit hoher Wahrscheinlichkeit auch einmal Zeiten in Ihrem Leben, in denen eine andere Stelle oder vielleicht auch Ihre Ausbildung oder ihr Studium Ihnen mehr Freude gemacht haben. Erinnern Sie sich noch daran?

Gibt es etwas, das in dieser Zeit anders war als heute? Vielleicht waren es andere Themen, Tätigkeiten oder Produkte, andere Menschen um Sie herum, ein anderes Büro und Arbeitsumfeld. War Ihr Weg zur Arbeit kürzer? Vielleicht waren es auch andere Arbeitszeiten. Oder Sie hatten damals mehr oder weniger Verantwortung, größere oder kleinere Freiheitsgrade oder konnten sich stärker mit den beruflichen Themen oder mit Ihrem Arbeitgeber identifizieren. Vielleicht war Ihre Lebenssituation damals auch eine andere? Falls Ihnen dazu Gedanken durch den Kopf gehen: Wie könnten Sie diese auch auf Ihre aktuelle Jobsituation übertragen?

Womöglich brauchen Sie auch gar nicht so weit in die Vergangenheit zu blicken und wissen bereits ganz genau, was Sie eigentlich bräuchten, um heute und in Zukunft mehr Freude im Beruf zu haben. Einmal angenommen, Sie hätten alle Möglichkeiten, das umzusetzen, und nichts und niemand stünde dem im Wege, was würden Sie dann anders machen oder was müsste sich hierfür verändern?

Tipp 2: Lernen Sie Ihre Kollegen neu kennen
Ich bin immer wieder erstaunt, wie lange Menschen im Kollegenkreis nachtragend sind und sich immer stärker voneinander entfernen, jedoch täglich auf engem Raum zusammenarbeiten müssen. Eine »falsche« Bemerkung und schwuppdiwupp ist das Klima für Jahre vergiftet – so kommt es mir zumindest vor, wenn mir Klienten vom Zwist und erbitterten Kampf unter Kolleginnen und Kollegen erzählen. Kein Wunder, dass die Freude auf der Strecke bleibt.

Wie wäre es, wenn Sie mit Ihrer bewussten Entscheidung für mehr Freude auch die Initiative ergreifen, das Kriegsbeil zu begraben, um wieder zu einer guten Arbeitsbeziehung mit Ihren Kolleginnen und Kollegen zu finden? Sie müssen ja nicht gleich beste Freunde werden.

Lernen Sie Ihre Kollegen bewusst neu kennen und geben Sie sich auch die Chance, wieder positive Seiten an ihnen zu entdecken. Gibt es vielleicht doch etwas, das Sie an ihnen besonders schätzen? Was macht die Kollegin oder den Kollegen sympathisch und was trägt sie oder er zum guten Team bei?

Fragen Sie sich auch, was wohl jedem Ihrer Kollegen im Beruf persönlich wichtig sein könnte und überlegen Sie, was Sie dazu beitragen können, damit es ihnen gut geht und sie Freude im Job haben. Sehen Sie hin und interessieren Sie sich für die Menschen in Ihrem Umfeld, anstatt sie in ihren Schubladen stecken zu lassen und wie gewohnt ihr Verhalten zu verurteilen. Ich verspreche Ihnen, Sie werden überrascht sein, welche Wirkung Ihr Verhalten nicht nur auf Sie selbst, sondern auch auf Ihre Kolleginnen und Kollegen hat.

Tipp 3: Gestalten Sie Ihre Arbeit für mehr Freude
Die meisten Angestellten unterschätzen die Fülle der Möglichkeiten, die sie gegenüber ihrem Arbeitgeber besitzen, um ihren Job besser zu gestalten. Sie trauen sich nicht, mit Chefs oder Kollegen über das zu sprechen, was sie benötigen, um mit Freude an der Sache gute Arbeit zu leisten. Zu groß ist ihre Angst, als unbequem oder allzu fordernd aufzufallen und am Ende auf der geheimen Abschussliste des Chefs zu stehen. Eine Sorge, die aus meiner Erfahrung in den allermeisten Fällen völlig unbegründet ist. Wer hat als Chef schließlich kein Interesse daran, dass es seinen Mitarbeitern im Beruf gutgeht, sie motiviert sind, gesund bleiben und für das Unternehmen wertschöpfende Leistungen erbringen? Falls Sie der Überzeugung sind, dass Ihr Chef sicher nicht zu dieser Sorte zählt, verweise ich auf »Tipp 2«.

Sie sind der Chef Ihres Lebens! Wenn Sie erkannt haben, was Sie benötigen, um wieder mehr Freude im Beruf zu empfinden, dann übernehmen Sie die Verantwortung und arbeiten Sie Schritt für Schritt und in Ihrem Tempo daran, andere Rahmenbedingungen zu schaffen oder Veränderungen im Hinblick auf Ihre Aufgaben umzusetzen. Sorgen Sie dafür, dass Ihre Führungskraft und Ihre Kollegen Klarheit darüber gewinnen, was Sie sich warum in Zukunft mehr, weniger oder anders wünschen und überlegen Sie gemeinsam offen, wertschätzend und unaufgeregt, welche Möglichkeiten es hierfür geben kann. Und falls Sie zu der Erkenntnis gelangen, dass Sie an diesem Job, in diesem Unternehmen, mit diesem Chef und diesen Kollegen niemals wieder Freude haben werden, dann wird es Zeit, über einen Wechsel nachzudenken. Denn auch andere Arbeitgeber haben Jobs, die Freude machen.

Vertrauen führt. Aber welche Führung führt zu Vertrauen?

Nico Rose

Das Gros der Menschen in Organisationen erhält vor allem dann Feedback, wenn etwas nicht gut funktioniert hat. Wie wäre es, wenn wir dieses Prinzip – zumindest ab und zu – umkehrten?

Eine der einschneidendsten Erfahrungen in Bezug auf meine Entwicklung als Führungskraft habe ich 2013 während meines Studiums der Positiven Psychologie an der University of Pennsylvania gemacht. Eines Nachmittags wurden wir von Jane

Dutton, einer hochdekorierten Management-Forscherin, unterrichtet. Es ging um Teamführung, insbesondere um die Frage, unter welchen Umständen vertrauensvolle Beziehungen entstehen. Unter anderem führten wir eine Übung aus, die ich vorher schon einige Male erleben durfte.

Die eine Hälfte der rund 40 Studierenden wurde für etwa zehn Minuten von der anderen Gruppe mit verbundenen Augen über die Flure der Huntsman Hall an der Wharton Business School geführt, wo unser Studium größtenteils stattfand. Ich frage mich bis heute, was all die angehenden MBAs von dieser verrückten Gruppe von Menschen hielten, die in ihren heiligen Business-Hallen Kinderspiele vollführten – aber das steht auf einem anderen Blatt.

Feedback, gerade *weil* alles okay ist
Zu Beginn der Übung fühlte ich mich sicher und wohl. Meine Partnerin führte mich durch kurze Impulse mit ihren Händen an meiner linken Schulter und auch durch verbalen Input, beispielsweise: »Jetzt noch drei Schritte geradeaus, dann machen wir eine leichte Linkskurve.« Etwa um die Mitte unserer Wegstrecke gingen wir einen langgestreckten Gang entlang. Ich musste etwa 20 Meter einfach geradeaus gehen. Dementsprechend hörte meine Partnerin auf, mir verbales Feedback zu geben – es erschien für den Moment nicht notwendig.

Irgendwo auf halbem Weg des Flurs wurde allerdings ein Stromkabel quer von einem Raum in den anderen geführt, überdeckt von Klebeband. Es war kein ernstzunehmendes Hindernis, aber ich war nicht vorbereitet und blieb mit einem Fuß leicht an dem Kabel hängen. Diese kurze Störung hatte zur Folge, dass sich das Vertrauen in meine Führungsperson deutlich verminderte. Ich weiß heute nicht mehr, ob ich das auch kundtat oder ob die Person einfach an meiner Körperspannung bemerkte, dass nun etwas nicht (mehr) stimmte.

Auf jeden Fall veränderte sie im Anschluss ihr Verhalten auf bemerkenswerte Art und Weise: Anstatt mich lediglich auf bevorstehende Hindernisse und notwendige Verhaltensänderungen meinerseits hinzuweisen, gab sie mir schlicht und ergreifend die ganze Zeit verbales Feedback – hauptsächlich nach dem folgenden Muster: »Du machst das gut. Der Weg ist komplett frei. Mach einfach weiter so!«

Was war das für eine Veränderung! Ein echter Unterschied, der einen Unterschied macht, wie es im Coaching manchmal heißt. Und dazu eine starke Metapher für das tägliche (Geschäfts-)Leben, wie mir in der Rückschau scheint. Denn wenn wir schonungslos ehrlich hinsehen, dann laufen wir alle ständig mit verbundenen Augen durch die Gegend. Wir hören, sehen und spüren so wenig im Vergleich zur schier endlosen Menge an Informationen, die irgendwo da draußen ist und hilfreich für uns sein könnte. Was für einen wertvollen Unterschied würde es wohl machen, wenn wir regelmäßig ein »Du bist auf dem richtigen Weg!« von jemandem hörten, der aktuell über ein wenig mehr an Informationen verfügt als wir selbst.

Ergo: Wenn Sie ein/e Chef/in sind, oder ein Elternteil, oder einfach nur jemand, der sich um andere Menschen sorgt: Wie wäre es, diesen Personen mindestens einmal am Tag zu sagen, dass alles gut ist, und dass sie auf dem richtigen Weg sind? Nicht, weil sie etwas Besonderes vollbracht hätten. Sondern einfach, weil sie es brauchen und verdienen ...

Wie Führungskräfte positive Emotionen im Alltag nutzen können

Nico Rose

Wir sind unseren Gefühlen nicht ausgeliefert. Menschen können ein gutes Stück weit darüber entscheiden, was sie wahrnehmen – und vor allem, was sie anderen gegenüber zum Ausdruck bringen. In dieser Fähigkeit liegt eine wichtige Ressource für Führungskräfte.

Vor einer Weile habe ich einen Kurzworkshop für rund 80 Führungskräfte eines internationalen Hightech-Konzerns gehalten. Es ging im Schwerpunkt um die Frage, wie Leitende ihre Mitarbeiter unterstützen können, einen attraktiven Sinnhorizont in ihren Aufgaben zu finden. Für eine praktische Übung bat ich alle Teilnehmenden, sich kurz in Zweiergruppen zusammenzufinden und das auszuprobieren, was die amerikanische Professorin Shelly Gable Active Constructive Responding (ACR) nennt. Wir kennen alle die Frage »Wirst du für mich da sein, wenn es schlecht läuft?«. Beim ACR geht's stattdessen um Folgendes:

Wirst du für mich da sein, wenn es *gut* läuft?
Wie reagieren wir als Führungskräfte (oder auch Eltern, Freunde …), wenn jemand eine positive Information mit uns teilt, beispielsweise über den erfolgreichen Abschluss eines Projektes oder einen neu gewonnenen Kunden? Freuen wir uns kurz ein wenig mit? Nehmen wir das Ganze mehr oder weniger neutral zur Kenntnis, um dann wieder zur Tagesordnung überzugehen? Nutzen wir die Nachricht und die darin enthaltene positive Energie gar, um möglichst schnell auf unsere eigenen Erfolge umzuschwenken?

ACR beschreibt einen positiveren Weg: Wir belassen bewusst das Scheinwerferlicht auf unserem Gesprächspartner und geben ihm die Gelegenheit, ganz bei der positiven Energie des Erlebnisses zu verbleiben. Am effektivsten geht das durch offene Fragen, die unserem Gegenüber die Gelegenheit geben, die Erfolgsgeschichte weiter zu spinnen:
- Cool! Was war denn das Beste an …?
- Toll! Wie hast du das denn konkret hinbekommen?
- Das war sicher ein Haufen Arbeit. Erzähl mir mehr!

Auf diese Weise gibt man Menschen die Möglichkeit, sich im Lichte des eigenen Erfolgs zu sonnen. Zudem besteht die Möglichkeit, dass sie dabei etwas über sich selbst lernen, ein tieferes Verständnis um die eigenen Stärken entwickeln oder auch eine replizierbare Erfolgsstrategie generieren.

Wir können unsere Emotionen und jene der anderen aktiv mitgestalten
Der springende Punkt: Nach der Übung fragte ich einige Teilnehmende, was sie konkret getan hatten, um das Scheinwerferlicht auf dem Gesprächspartner zu halten. Und natürlich fragte ich auch, wie es sich anfühlt, wenn man auf diese Weise mit Aufmerksamkeit bedacht wird. Ein Teilnehmer antwortete daraufhin sinngemäß: »Es hat sich toll angefühlt. Und auch gar nicht unecht.«

Dies war ein besonderer Moment, für den ich mir viel Zeit nahm. Ich fragte die gesamte Gruppe, wem die positive Aufmerksamkeit gekünstelt vorkam – *obwohl* ich ja darum gebeten hatte, absichtlich die positiven Emotionen des Gesprächspartners zu verstärken. Alle Hände blieben unten. Keiner einzigen Person kam das Ganze in irgendeiner Weise artifiziell vor. Dies ist für mich ein eminent wichtiger Punkt. Ich erlebe häufig (vor allem in Deutschland), dass Menschen implizit davon ausgehen, dass wir zwar Emotionen erleben, diese aber nicht aktiv gestalten können (oder sollten!) – egal, ob in Bezug auf die eigene Person oder unsere Mitmenschen. Wenn man genau hinhört, meint man bisweilen herauszuhören, dass viele der Ansicht sind, Emotionen kämen unweigerlich über uns. Zwar trifft dies zu für besonders starke Gefühlsregungen, aber zwischen den beiden Extremen »gar nichts fühlen« und »von einem Gefühl übermannt werden« gibt es einen großen Spielraum.

Katzenvideos: Die Geheimwaffe der erfolgreichen Führungskraft
Ich zeige Menschen in meinen Vorträgen beispielsweise auch, wie sie sich selbst im Führungsalltag durch intelligente Nutzung ihres Smartphones aktiv in eine positive Stimmung versetzen können, zum Beispiel durch den Genuss von Katzenvideos.[26] Auch hier begegne ich regelmäßig ähnlichen Vorbehalten – so, als sei es irgendwie anstößig, die eigenen Emotionen zielgerichtet zu beeinflussen, zumal in einer positiven Richtung. Doch die Wahrheit ist: Wir manipulieren ständig unsere eigenen Gefühle, ob wir dies bewusst wahrnehmen oder nicht. Wir tun es durch die Nahrung und die Getränke, die wir aufnehmen, durch die Musik, die wir in unsere Mixtapes packen – und auch durch die Menschen, mit denen wir uns umgeben.

Ich frage die Seminarteilnehmer an diesem Punkt meist Folgendes: »Mal angenommen, ich schicke jetzt die Hälfte von ihnen vor die Tür. Die andere Hälfte bitte ich, sich ein Video anzuschauen, über das sie verlässlich herzlich lachen müssen. Danach hole ich die erste Gruppe wieder rein. Wer von diesen Menschen wäre jetzt in der Lage zu beurteilen, ob die positive Energie im Raum echt ist oder künstlich hervorgerufen wurde?

Die Teilnehmenden merken an diesem Punkt, dass eine solche Unterscheidung kaum Sinn ergibt – und dann macht es üblicherweise »Klick!« Dies ist ein besonderer Moment, zumal wir als soziale Wesen immer auch unsere Mitmenschen mit unseren Emotionen anstecken – und natürlich selbst angesteckt werden. Dies gilt im besonderen Maße für Führungskräfte, deren Emotionen nachweislich eine stärkere Wirkung auf die Mitarbeiter ausüben als umgekehrt. Ich halte es für unabdingbar, dass sich Leitende in Organisationen dieser Mechanismen zunehmend bewusstwerden und sie im Alltag zum Wohle ihrer Mitarbeiter einsetzen.

Sechs Tipps für Ihre Karriere mit Kopf statt mit Ellenbogen

Bernd Slaghuis

Warum Ellenbogen-Karrieren in unserer modernen Arbeitswelt nichts mehr zu suchen haben und wie Sie heute klüger Karriere machen.

»*Wieviel Ellenbogen muss ich für meine Karriere einsetzen und sollte ich unter Kollegen auch mal über Leichen gehen, um im Unternehmen voranzukommen?*«, fragte mich im Coaching eine Klientin (29). Es frustriert sie, dass sie vier Jahre nach ihrem Master-Abschluss und Berufseinstieg bei ihrem aktuellen Arbeitgeber einfach nicht weiterkommt. Ihr Chef sehe ihre Leistungen nicht und auch die Kollegen würden ihre Hilfsbereitschaft inzwischen mehr ausnutzen als wertschätzen, so ihr Eindruck. In der Zwischenzeit seien zwei Kollegen aus ihrem Team an ihr vorbei befördert worden, dabei sei die eine Kollegin weniger lange dort, egoistisch und bei allen unbeliebt. »*Muss ich etwa auch so werden?*«, möchte sie von mir wissen.

Ich antwortete ihr spontan mit einem Lächeln, dass sie unbedingt schleunigst einen Kurs in Nahkampfsport belegen und ihre Ellenbogen hart trainieren müsse, um die gefährlichsten Kollegen und ärgsten Konkurrenten im Rennen um die beste Karriere aus der Bahn zu kicken. Beliebt war gestern, ab sofort sei rücksichtsloser Kampf angesagt. Okay, es war wohl sehr offensichtlich, dass ich das nicht ernst meinte und wir mussten beide lachen.

Spaß beiseite. Meine Klientin hat es erlebt, wer befördert wird: Die Kollegin, die lauthals ihre Meinung sagt, sich bei jeder Gelegenheit in den Vordergrund spielt, schlecht über andere Kollegen hinter deren Rücken spricht und die Fehler der anderen bei ihrem Chef ankreidet. Die, die ihre Arbeit mehr schlecht als recht erledigt und Lästiges auch gerne mal Schwächeren aufs Auge drückt. Gehasst von jedem im Team, befördert vom Chef. »*Wie kann der nur so blind sein?*« ist die bohrende Frage, die ihr jeden Tag aufs Neue durch den Kopf geht.

Karriere mit Ellenbogen macht, wer's nötig hat
Wenn Sie schon einige meiner Texte gelesen haben, dann wissen Sie, dass mir Klarheit, Augenhöhe und Leichtigkeit sehr wichtig sind. Nicht nur mir als »Bernd« in meinem Leben, sondern auch als Karriere-Coach bei meiner Arbeit mit Jobwechslern, Bewerbern und Führungskräften. Ich bin überzeugt, dass weder das Leben noch die

Arbeit ein ständig harter Kampf sein müssen, sondern privates Glück und beruflicher Erfolg leicht sein dürfen.

Auch wenn meine Klientin in diesem Moment mit einer emotionalen Mischung aus Wut, Frustration und Neid auf die beförderte Kollegin blickte, so tut sie ihr gleichzeitig auch leid. Denn sie sitzt einsam mittags in der Kantine und selbst die Kolleginnen und Kollegen im neuen Team wissen, welch falsches Spiel sie spielt. In Meetings plustert sie sich wichtig auf, doch kaum jemand nimmt sie noch ernst. »*Das habe sie nicht nötig und so wolle sie auf keinen Fall enden*«, ist sich mein Gegenüber vollkommen sicher.

Ellenbogen-Karrieren haben in einer modernen Arbeitswelt nichts mehr zu suchen
Ich bin der Meinung, dass Karrieren als Konsequenz und Belohnung von Macht, falschem Taktik-Spiel und egoistischem über Leichen gehen der Vergangenheit angehören müssen. Nicht nur, weil ich einige dieser Karrieren in den letzten Jahren beobachtet habe und sie alle genauso schnell endeten, wie sie begonnen haben, sondern auch und insbesondere, weil sie heute viele höchst motivierte Angestellte aus Unternehmen und Organisationen vergraulen, die eine derartige Beförderungskultur als unehrlich und ungerecht empfinden. Das ganze Team meiner Klientin schiebt jedenfalls seit diesem »Beförderungs-Vorfall« Dienst nach Vorschrift. Das kann sich eigentlich kein Arbeitgeber mehr leisten – ganz zu schweigen von der Außenwirkung auf Arbeitgeberbewertungsplattformen.

In unserer modernen durch die Digitalisierung geprägten Arbeitswelt gewinnt das Miteinander immer mehr an Bedeutung: Ob in der zunehmend verbreiteten Projektorganisation, im agilen Arbeiten oder in der Vision des Chefs als Mentor und Sparringspartner für seine Mitarbeiter – oder in einem Umfeld gänzlich ohne Hierarchie und Führung. Hartes Gegeneinander und Ellenbogen-Mentalität passen nicht hierher.

Unsere gesellschaftlichen Werte und das, was uns als Individuum im Beruf wichtig ist, haben sich wie auch die Formen der Zusammenarbeit in den letzten Jahren grundlegend verändert. Wo früher noch Macht und Status Erfolg und Geld versprachen, sind es heute mehrheitlich Sinn und Freiheit, Entwicklung und Selbstverwirklichung, was Arbeitnehmer inzwischen Generationen übergreifend in ihren Berufen motiviert.

Mischung aus kollegialem Wir und selbstverantwortlichem Ich
Ich habe meiner Klientin geraten, ihre Ellenbogen lieber in guter Absicht zu nutzen, um Hand in Hand gemeinsam als erfolgreiches Team Ziele zu erreichen. Doch was

hier erst einmal nach Kuschelkurs und nettem kollegialem Miteinander klingt, wird ihr und Ihnen allein noch nicht das Weiterkommen im Beruf ebnen. Wer als netter und jederzeit hilfsbereiter Kollege im Team untergeht, es allen anderen mehr als sich selbst recht macht und sich für die gemeinsame Sache hingebungsvoll aufopfert, der wird sich nicht für weiterführende Aufgaben oder die Übernahme von mehr Verantwortung sichtbar machen und nach oben empfehlen.

Verpulvern Sie also nicht Ihre Energie im Nahkampf mit Chef und Kollegen und vergessen Sie sich nicht selbst im Job vor lauter Spaß im Team. Es kommt vielmehr auf die richtige Mischung von kollegialem Wir für den gemeinsamen Erfolg als Team sowie die eigenverantwortliche Steuerung der individuellen beruflichen Entwicklung an.

> Karriere macht, wer als Teil eines erfolgreichen Teams sichtbar ist und als Chef des eigenen Lebens Verantwortung für seine berufliche Entwicklung übernimmt.

Sechs Tipps für Ihre Karriere mit Kopf statt mit Ellenbogen
1. Nehmen Sie eine Rolle bei einem Arbeitgeber und eine Funktion in einem Team ein, die Ihren Stärken, Talenten und auch Ihrer Persönlichkeit entspricht, sodass Sie wirkungsvoll zum gemeinsamen Erfolg beitragen können.
2. Machen Sie Ihre Stärken und Potenziale sowie Ihre Leistungen und Erfolge für Ihren Chef und andere Entscheider im Unternehmen sichtbar. Zeigen Sie, was Sie als Team erreicht haben und sprechen Sie darüber, welchen Anteil Sie daran haben.
3. Positionieren Sie sich als Experte für ein Thema oder Aufgabengebiet, bringen Sie sich aktiv in interessante Projekte ein und erschließen Sie sich Themen, die für Ihren Arbeitgeber auch zukünftig von Bedeutung sein werden.
4. Arbeiten Sie kontinuierlich an Ihren sozialen Kompetenzen und qualifizieren Sie sich so für Führungspositionen oder Aufgaben mit größerer Verantwortung.
5. Schaffen Sie für sich selbst Klarheit über Ihre persönlichen Werte und Ziele im Beruf und sprechen Sie mit Ihrer Führungskraft regelmäßig über Entwicklungsmöglichkeiten, die Ihnen in den nächsten Jahren attraktiv und zu Ihrer Lebenssituation passend erscheinen.
6. Vernetzen Sie sich innerhalb und außerhalb des Unternehmens mit interessanten Menschen, um Ihren Horizont zu erweitern und ein wertvolles Netzwerk für Ihre berufliche Zukunft aufzubauen.

Es ist Ihre Entscheidung, ob Erfolg im Beruf ein ewiger Kampf mit harten Bandagen auf steinigem Weg sein muss oder ob Sie das gemeinsame Erreichen von Zielen im Team mit mehr Leichtigkeit und Freude einen gesünderen Schritt weiter in Ihrer persönlichen beruflichen Entwicklung führt.

Der Teufelskreis der Rache beim Knausern

Nico Rose

Es ist vorhersehbar, dass menschliche Beziehungen ohne viel bewusste Pflege regelmäßig in eine Abwärtsspirale geraten. Warum ist das so – und was können wir tun?

Die Welt könnte ein besserer Ort sein. Ist sie aber nicht. Schuld ist: das System. Doch wer ist das System? Wir sind es selbst. Aber zwei Schritte zurück ...

Esa Saarinen ist ein finnischer Philosoph, genauer gesagt, der populärste lebende finnische Philosoph – irgendwo in der Schnittmenge von Richard David Precht (mediale Präsenz), Peter Sloterdijk (Tiefgang) und Wigald Boning (Styling). Eines seiner Forschungsgebiete ist die Schismogenese, die Analyse und Beschreibung des Auseinanderbrechens von Kommunikationsprozessen.

Sein Kerninteresse gilt sogenannten »Systems of Holding Back in Return and in Advance« – die beschrieben werden können als »sich gegenseitig verstärkende Spiralen, die Menschen dazu bringen, Beiträge zurückzuhalten, die sie leisten könnten, weil andere Menschen ebenfalls Beiträge zurückhalten, die sie leisten könnten«. Ein einfaches Beispiel:

> Junge liebt Mädchen. Junge ist allerdings schüchtern und hat Angst, sich Mädchen zu offenbaren, weil er fürchtet, zurückgewiesen zu werden. Deshalb schmachtet er sie lediglich aus der Ferne an. Was Junge nicht ahnt: Auch Mädchen liebt Jungen. Sie wartet nur darauf, dass er ankommt und sich ihr offenbart. Allerdings möchte sie nicht unsittlich wirken und sendet daher keine einladenden Signale aus. Da er sich folglich nicht annähert, glaubt sie, er habe kein Interesse an ihr.

Ende der Geschichte. Traurig, es hätte so schön werden können. Das Problem: Solche vorauseilenden Brüche zeigen sich jeden Tag milliardenfach auf der ganzen Welt: zwischen Menschen, die sich lieben könnten oder einmal geliebt haben. Genauso gut aber auch zwischen Lehrern und Schülern, Ärzten und Patienten, Verwaltungen und ihren Bürgern, Führungskräften und ihren Mitarbeitern, Geschäftsleitungen und Betriebsräten, Unternehmen und ihren Zulieferern, Politikern verschiedener Parteien und sogar Religionen und Staaten.

Wenn der Teufelskreis sich verselbständigt
Warum spricht Esa von Systemen statt Interaktionen? Er beschreibt in seinen Arbeiten, wie das wiederholte Auftreten solcher misslungenen Kommunikationshandlungen dazu führt, dass sich in einem betreffenden Kontext über die Zeit eine »Kultur-des-sich-Zurückziehens« entwickelt. Es wird also zur geteilten Norm, sich nicht zu offenbaren, sich stattdessen »rauszuhalten«. Hat sich eine solche Kultur erst einmal etabliert, wird es für die teilnehmenden Personen zunehmend schwieriger, aus dem Rahmen auszubrechen und sich »hineinzulehnen«.

Ein Klassiker in der Arbeitswelt ist das berühmt-berüchtigte Prinzip »nicht geschimpft ist genug des Lobes«. Vielleicht möchte eine Führungskraft ihre Mitarbeiter loben, hat aber aufgrund der Firmenkultur Angst, als Weichei dazustehen (siehe dazu auch den Abschnitt »Return of the Fleißkärtchen« im Kapitel »Was wäre, wenn wir dem Busfahrer Applaus spendeten?«). Die Mitarbeiter wiederum sehnen sich durchaus nach Wertschätzung, haben jedoch verinnerlicht, dass diese sowieso nicht kommt. Folglich vermindern sie ihr Engagement, was es der Führungskraft zusätzlich erschwert, die entsprechende Anerkennung auszusprechen.

Wie kommt nun die etwas merkwürdig anmutende Überschrift dieses Artikels zustande? Saarinen hat seine Theorie ursprünglich auf Finnisch beschrieben, zuletzt aber vor allem auf Englisch veröffentlicht. Nachdem ich ihn Ende 2013 im Rahmen einer Gastvorlesung an der University of Pennsylvania kennenlernen durfte, fragte ich ihn einige Monate später nach der bestmöglichen deutschen Übersetzung. Er wiederum konsultierte einen seiner Mitarbeiter an der Aalto Universität in Helsinki, der über rudimentäre Deutschkenntnisse verfügt. Sein Vorschlag, wie oben beschrieben: Der Teufelskreis der Rache beim Knausern. Klingt ein bisschen gaga, aber irgendwie auch genial.

Und was nun?
Die weitaus wichtigere Frage als jene der Namensgebung ist allerdings die folgende: Was können wir tun, um aus den beschriebenen Negativspiralen auszubrechen? Die Antwort ist denkbar einfach, aber sie ist im echten Leben häufig doch so schwierig umzusetzen. Wir müssen über unseren Schatten springen und selbst einen kleinen ersten Schritt wagen. Wir müssen selbst das System durchbrechen und uns verwundbar machen. Gerade für Führungskräfte ist dies unumgänglich, da ihr Handeln in besonderer Weise die geteilten Wertvorstellungen innerhalb einer Organisation prägt.

Ich lade Sie abschließend ein, sich die folgenden Fragen zu stellen:
- Was könnte Ihr großer, einzigartiger Beitrag für diese Welt sein?
- Und was ist Ihr ganz normaler, alltäglicher Beitrag?
- Wann sagen sie »nein«, obwohl sie eigentlich »ja« sagen möchten?
- Und was wäre, wenn Sie sich nur einen kleinen Schritt weiter raus wagen würden?

Ist Zeitmanagement verschwendete Zeit?

Nico Rose

Hat man durch Zeitmanagement wirklich mehr Zeit? Schafft man es, mehr Aufgaben in der gleichen Zeit zu erledigen? Die Forschung ist sich nicht so sicher. Trotzdem bin ich überzeugt davon: Es gibt einige Tricks und Kniffe, die »wirken«.

Eine Suche nach dem Wort »Zeitmanagement« in den Büchern auf Amazon ergibt derzeit eine fünfstellige Zahl an Treffern. Reichlich Praxisliteratur zu diesem Thema scheint also vorhanden. Und mit Seminaren und Arbeitshilfen zu diesem Sujet wird man ebenfalls zugeschmissen, wenn man denn möchte. Da drängt sich doch die Frage auf: Funktioniert das überhaupt? Kann man Zeit managen? Nun ist den meisten Menschen vermutlich klar, dass die Zeit einfach munter vor sich hin tickt – so dass man, wenn überhaupt, *sich selbst* managen kann. Beispielsweise, indem man seine Prioritäten sortiert und entsprechend Zeit zur Verfügung stellt.

Ganz gleich, ob man es nun Zeit- oder Selbstmanagement nennt: Es gibt einen eklatanten Widerspruch zwischen der Aufmerksamkeit, die das Thema in der Ratgeber- und Management-Literatur im Vergleich zur wissenschaftlichen Forschung genießt. Der großen Popularität in jenem Umfeld steht ein (Quasi-)Desinteresse der akademischen Forschung gegenüber: Ein Überblicksartikel aus dem Jahr 2007[27] kommt zu dem Schluss, dass zwischen 1980 und 2005 kaum mehr als 40 empirische Studien zu dem Thema durchgeführt wurden – das ist nichts im Vergleich zu heißen Management-Themen. Wie lautet das Fazit der Autoren?

Zeitmanagement wirkt! Irgendwie …
Die erfreuliche Nachricht ist: Zeitmanagement bringt was. Jedoch auf eine andere Weise, als die meisten Menschen vermuten. In einer Auswertung der verfügbaren Studien wurde aufgezeigt, dass Zeitmanagement folgende positive Konsequenzen haben kann:

- Ein Plus an gefühlter Kontrolle über die zur Verfügung stehende Zeit: Zeitmanagement-Techniken führen nicht dazu, dass man tatsächlich mehr Zeit hat. Es fühlt sich aber so an. Und das zählt im Endeffekt.
- Verminderter arbeitsbezogener Stress: Das zuvor genannte Plus an wahrgenommener Kontrolle führt wiederum dazu, sich weniger gestresst zu fühlen.
- Gesteigerte Zufriedenheit: Das verminderte Stresslevel wiederum schlägt sich (auf Dauer) in einem Plus an Arbeitszufriedenheit nieder.

Zusammenfassend lässt sich sagen: Durch Zeitmanagement hat man nicht wirklich mehr Zeit. Aber es kommt einem so vor – wie beim Placebo-Effekt.

Meine wichtigsten Tipps und Kniffe
Ich bin so alt, dass ich mich nicht traue, das Wort »Life Hack« zu benutzen. Trotzdem halte ich mich recht eisern an einige Regeln und Kniffe, die mir vor Urzeiten mal in einem Seminar in London beigebracht wurden. Seitdem ist meine Mail-Inbox beispielsweise mehr oder weniger permanent im niedrigen einstelligen Bereich. Hier meine Empfehlungen:

Erstens: Alles, was weniger als zwei Minuten dauert (eine kurze Mail, ein Dokument lesen und unterschreiben etc. pp.) wird sofort erledigt, wenn das Thema auf den Tisch kommt und die Zeit gerade da ist. Damit wird unterbunden, dass sich Stapel auf dem Schreibtisch oder in der Inbox auftürmen. Außerdem verhindere ich so Verzögerungen im Arbeitsablauf bei den Menschen, die mit mir bzw. für mich arbeiten.

Zweitens: Damit Zeit für ebenjene Dinge unter Punkt eins übrigbleibt, versuche ich, nicht mehr als 60 Prozent eines Tages im Vorhinein zu verplanen. Die restliche Zeit geht erfahrungsgemäß für Unerwartetes drauf. Da eine ganze Reihe anderer Menschen Zugriff auf meinen Kalender hat, ist es essenziell wichtig, entsprechende Zeitfenster im Kalender zu blocken (Neudeutsch: Time Blocking).

Drittens: Ich erhalte, wie viele Menschen heutzutage, absurd viele E-Mails. Bei einem nicht geringen Anteil davon bin ich nicht direkter Adressat, sondern auf CC, soll also »im Loop« gehalten werden, ohne dass es einen akuten Arbeitsauftrag gibt. Solche Mails werden von meinem E-Mail-Programm per eingestellter Regel direkt an einen separaten Ordner, den CC-Eingang, umgeleitet. Auf diese Weise ist mein eigentlicher Eingangsordner fast immer hübsch übersichtlich anzusehen und ich verpasse nichts wirklich Wichtiges. Die ganzen CC-Mails lese ich dann abends (wenn überhaupt) in einem Schwung.

Viertens: Mails mit Arbeitsaufträgen, die ich nicht sofort erledigen kann oder will, werden unmittelbar per Drag and Drop in eine To-Do-Liste und/oder einen zugehörigen Termin überführt.

Fazit
Ich erhalte von Menschen oft das Feedback, ich sei super-organisiert und strukturiert. Von Natur aus ist allerdings das Gegenteil der Fall – ich bin eigentlich ein veritabler Schlunz. Dass ich auf Menschen das Gegenteil ausstrahle, schreibe ich der Tatsache zu, dass ich die oben genannten Tipps eisern befolge. Ob ich durch diese Techniken *wirklich* mehr Zeit habe, steht auf einem anderen Blatt. Aber es fühlt sich so an – für mich selbst und offenbar auch für viele Menschen, mit denen ich zusammenarbeite.

»Wir müssen die Leute abholen, wo sie stehen.« »Klar Chef, aber wo stehen sie denn?«

Nico Rose

Die Menschen in den Unternehmen sind change-müde. Was mit guten Absichten startet, endet häufig in Frust und Zynismus. Erkenntnisse aus der Neuropsychologie und Verhaltensökonomie könnten Abhilfe schaffen.

Studien zeigen: Ein Großteil aller Change-Management-Projekte scheitert oder erfüllt die in sie gesetzten Erwartungen nur sehr unzureichend. Wieso ist das der Fall? Es liegt vermutlich nicht am Projekt-Management-Wissen, das ist reichlich vorhanden. Auch über Change-Kommunikation gibt es Bücher noch und nöcher – das scheint auch nicht der Engpass zu sein.

Meines Erachtens wäre es nützlich, wenn Change-Manager noch mehr über einige grundsätzliche Prinzipien der menschlichen Informationsverarbeitung wüssten. Damit ließen sich einige Klippen umschiffen.

1) Ihre Leute stehen nicht dort, wo Sie sie vermuten
Ich beginne mit diesem Punkt, weil er aus meiner Sicht die grundlegendste und allgegenwärtigste Fehlannahme in Change-Projekten darstellt. Manager gehen davon aus, dass sie zu Beginn des Projektes quasi »auf null« stehen, bei einer Art neutralen Ausgangslage. Frei nach dem Motto: »Bisher haben wir X gemacht, in Zukunft möchten wir Y machen. Hier sind drei gute Gründe, warum Y besser ist als X. Und jetzt lasst uns loslegen.« Was vergessen wird: Change bedeutet ohne Ausnahme einen *Verlust* für die Mitarbeiter, denn etwas Bisheriges soll offenbar verschwinden. Damit kommen wir unweigerlich in das Feld des Nobelpreisträgers Daniel Kahneman. In vielen Experimenten konnte er mit seinen Kollegen nachweisen, dass uns Verluste deutlich stärker schmerzen, als uns Gewinne in gleicher Höhe erfreuen. Dies zeigt die Abbildung 3:

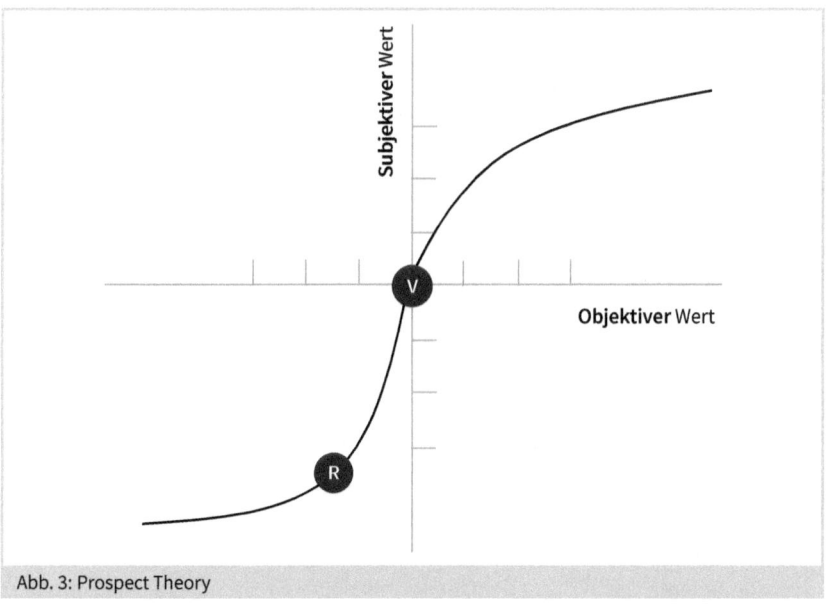

Abb. 3: Prospect Theory

Ich habe zur Veranschaulichung zwei Punkte eingetragen: V steht hier für »Vermutung«, also für den Punkt, an dem in der Vorstellung der Change-Manager die Mitarbeiter stehen. R steht für die »Realität«, den Punkt, wo die Menschen (schematisch betrachtet) tatsächlich stehen, wenn man die subjektive Ebene betrachtet. Es mag ja sein, dass die neue Lösung objektiv besser ist. Subjektiv betrachtet hat jedes Change-Management-Projekt jedoch eine riesige Hypothek abzuarbeiten: Der Verlust des Alten wird dem Neuen zur Last gelegt. Manchmal wird dies abschätzig als Widerstand tituliert. Doch es handelt sich einfach um eine grundlegende Funktionsweise unseres Gehirns. Wenn Sie also irgendwann frustriert an den Punkt kommen, an dem Sie sagen: »Aber ich habe die Leute doch schon abgeholt!«, können sie mit übergroßer Wahrscheinlichkeit davon ausgehen, dass Sie es nicht getan haben. Jedenfalls noch nicht genug.

2) Das Kind braucht einen (schönen) Namen
Viele Change-Projekte in großen Organisationen werden mit komplizierten englischen Namen ausgestattet, die sich gewinnend anhören sollen (meist etwas mit »Performance« oder »Efficiency«, dahinter eine Jahreszahl). Tun Sie Ihren Kollegen und sich selbst einen Gefallen: Nennen Sie solche Projekte lieber Uschi oder Karl-Heinz. Forschungsergebnisse legen nah, dass die Schwierigkeit, sich solche Namen zu merken (oder auszusprechen), unbewusst in die emotionale Bewertung mit einfließt: Je mehr kognitiver Aufwand nötig ist, desto weniger mögen Menschen das Projekt.

3) Geben Sie den Mitarbeitern einen mentalen Vorsprung
Experimente zeigen, dass Menschen schneller auf ein Ziel zusteuern, wenn Sie das Gefühl haben, schon ein gutes Stück des Weges gegangen zu sein. Bekommen wir beispielsweise eine Bonuskarte von einer Kaffeebar, dann machen wir diese schneller voll, wenn sie statt zehn leerer Kästchen zwölf enthält, von denen zwei aber bereits vorbedruckt sind. Wie können Sie Ihren Mitarbeitern zum Start das Gefühl geben, bereits gut unterwegs zu sein?

4) Machen Sie die Unterstützer sichtbar
Menschen stehen instinktiv gerne auf der Seite der Mehrheit, es verleiht Sicherheit. Es kann zum Beispiel experimentell gezeigt werden, dass Hotelgäste ihr Handtuch häufiger wiederverwenden, wenn ihnen durch ein Schild suggeriert wird, dass das Gros der anderen Gäste dies ebenfalls tut. Wie können Sie sichtbar machen, dass eine Mehrheit der Mitarbeiter dem Projekt wohlwollend gegenübersteht?

5) Willst du gelten, mach dich selten
Exklusivität hat einen starken Reiz auf Menschen, daher ist die künstliche Verknappung eines der wichtigsten Prinzipien im Marketing. Über viele Kontexte hinweg kann nachgewiesen werden, dass wir – allgemein gesprochen – Wahlmöglichkeiten besser bewerten, die uns nur eingeschränkt, beispielsweise nur für kurze Zeit, zur Verfügung stehen. Denken Sie an Shoppingclubs, die ihre Angebote jeweils nur ein paar Tage online stellen. Wie können Sie Ihren Mitarbeitern vermitteln, dass die aktive Teilnahme an dem Change-Projekt etwas Besonderes ist?

Fazit
Die Wahrheit ist: Auch unter Berücksichtigung dieser Tipps werden nicht alle Ihre Change-Projekte zu allseitiger, hundertprozentiger Zufriedenheit verlaufen. Doch sie können Ihren Projekten das nötige Momentum verleihen, was Ihnen den entscheidenden Vorsprung vor der Konkurrenz verschafft.

Gehöre ich wirklich dazu?

Nico Rose

Diversity ist kein Ziel, sondern lediglich ein Zustand. Das eigentlich Entscheidende ist, wie Organisationen mit Diversity umgehen und echte Inklusion fördern. Doch das ist einfacher gesagt als getan.

Stellen Sie sich bitte das Folgende vor: Sie sind in eine neue Stadt gezogen und auf eine Party eingeladen. Sie machen sich schick, steigen in die S-Bahn und fahren zum Ort des Geschehens. Auf dem Weg von der Haltestelle zum Haus der Gastgeberin verlaufen Sie sich und kommen etwas zu spät, die Party ist bereits im Gange. Sie betreten ein Wohnzimmer mit Stehtischen und schauen sich um. Plötzlich geht Ihnen auf, dass Sie etwas übersehen haben: Alle Menschen sind komplett weiß angezogen, nur Sie tragen normale Kleidung. Davon lassen Sie sich jedoch nicht entmutigen.

Die weiteren Gäste scheinen sich größtenteils zu kennen, sie stehen in Gruppen zusammen, unterhalten sich, scherzen und lachen. Sie halten Ausschau nach der Gastgeberin, der einzigen Person, die Sie persönlich kennen, aber sie ist nicht auffindbar. Schließlich schnappen sich ein Getränk und gesellen sich zu einer Kleingruppe, die Ihnen sympathisch erscheint. Sie hören aufmerksam zu und versuchen

Blickkontakt aufzunehmen, aber irgendwie funkt es nicht. Die Themen, über die man sich austauscht, sind Ihnen unbekannt, auch der Habitus der Unterhaltung erscheint Ihnen fremd. Einige zaghafte Versuche, sich ihrerseits einzubringen, werden ignoriert. Also gehen Sie zum nächsten Tisch, doch auch da läuft es nicht besser, beim darauffolgenden Tisch bleiben Sie ebenfalls außen vor.

Es wird deutlich: Sie sind da und doch nicht dabei, gehören nicht dazu. Ihre Laune sinkt zusehends, aber niemand nimmt davon Notiz. Als Sie die Gastgeberin endlich erblicken, sind Sie bereits derart genervt, dass Sie sich nur kurz verabschieden und betrübt den Heimweg antreten.

Wenn man »der Neue« ist
Wir alle kennen solche Situationen. Als Kind kam man vielleicht in eine neue Klasse, oder als Erstsemester an die Uni – auch jeder Arbeitsplatzwechsel hält eine solche Herausforderung bereit. Man hat den Wunsch, sich zu integrieren, kennt aber die lokalen Gepflogenheiten noch nicht, zumindest nicht jene ungeschriebenen Regeln, die *eigentlich* bestimmen, wie der Hase läuft. Nun mag man sagen: Wo ist das Problem? Ich lerne die Regeln kennen, dann gehöre ich dazu.

Grundsätzlich ist das der richtige Ansatz. Allerdings zeigt sich, dass es ein diffiziles Unterfangen sein kann, insbesondere, wenn man anders ist, beispielsweise einer ethnischen Minderheit angehört, die möglicherweise auch noch mit negativen Stereotypen belegt ist. Leider hat jener Mechanismus, der in der eingangs geschilderten Geschichte lediglich in einen betrüblichen Abend mündet, für Menschen in jenem Fall weitreichende Konsequenzen, zum Beispiel, wenn es um die Chancen eines guten Studienabschlusses oder einer beruflichen Karriere geht.

Bin ich richtig hier?
Die Rede ist von einem Mechanismus, den Psychologen »Belonging Uncertainty« nennen, zu Deutsch sinngemäß Zugehörigkeitsunsicherheit. Gemeint ist ein unspezifischer Zweifel, eine bisweilen nagende Stimme im Hinterkopf, die leise fragt: »Bin ich richtig hier? Gehöre ich wirklich dazu?« Bis zu einem gewissen Grad kennen wir alle dieses Phänomen, doch besonders betroffen sind laut Forschungsergebnissen leider Mitglieder ethnischer Minderheiten. Wie trägt Belonging Uncertainty zu Misserfolg bei?

Insbesondere in Situationen, in denen wir uns nicht auskennen und Unsicherheit erleben, sind soziale Kontakte unerlässlich. Teil einer Gruppe zu sein, bietet Schutz, Orientierung und die Möglichkeit, von der Erfahrung anderer zu profitieren. Beispielsweise gibt es in vielen Studiengängen in den ersten Semestern einige besonders harte Prüfungen, mit denen unmotivierte oder wenig leistungsstarke Studierende ausgesiebt werden sollen. Folglich steht eine Unmenge erfolgskritischer Fragen im Raum: Wann und wo kann ich mich überhaupt zur Prüfung anmelden? Wo bekomme ich die besten Skripte her? Welchem Professor sollte ich nach Möglichkeit aus dem Weg gehen, wenn ich eine halbwegs anständige Note haben möchte? Vielleicht aber auch nur: Wo kriege ich günstig etwas Essbares her, wenn der Mensakoch wieder einen miesen Tag hatte?

Selbstredend ist es möglich, all dies auf eigene Faust in Erfahrung zu bringen. Doch ist dies aufwendig und im Zweifel weniger erfolgsversprechend, als Teil einer In-Group zu werden, die diese Informationen frei mit uns teilt. »Belonging Uncertainty« verhindert jedoch gerade den Aufbau solcher Beziehungen. Sie stellt keine unüberwindbare Hürde dar, sondern vielmehr eine nicht enden wollende Serie von Stolpersteinen, die vieles ein klein wenig schwieriger machen, als es sein müsste.

Dies ist in Summe hochanstrengend und geht auf Dauer zulasten der Motivation sowie der kognitiven Leistungsfähigkeit, die eigentlich für Wichtigeres gebraucht würde. Das Perfide: Der Mechanismus erzeugt einen Teufelskreis. Anfängliche Misserfolge verstärken das Gefühl fehlender Zugehörigkeit (»Ich bin einfach nicht schlau genug für diesen Studiengang«), man bezieht die Schwierigkeiten, die eigentlich in der besonderen Situation begründet sind, auf sich selbst. Die Zweifel verstärken sich, was den Aufbau sozialer Kontakte zusätzlich erschwert.

Ein Gefühl der Zugehörigkeit aufbauen
Wie kann hier Abhilfe geschaffen werden? Eine Lösung stellten amerikanische Forscher im renommierten Magazin *Science*[28] vor: Sie holten afroamerikanische College-Erstsemester für eine kurze Intervention in ihr Labor: Den Studenten wurden die Ergebnisse einer fingierten Umfrage unter Studenten höherer Semester präsentiert. Diese berichteten von ihren eigenen Startschwierigkeiten, versicherten jedoch auch glaubhaft, dass diese Herausforderungen vorübergehend und definitiv zu bewältigen waren. Die Botschaft: Was du erlebst, erleben auch viele andere. Es hat nichts damit zu tun, wer du bist – und es wird vorrübergehen. Zur Verstärkung wurden die

Teilnehmer gebeten, einen kurzen Aufsatz über eigene Erlebnisse zu schreiben, die die Umfrageergebnisse widerspiegelten; anschließend lasen sie diese noch in eine Kamera vor. Ihnen wurde gesagt, dass jene Videos dazu dienen würden, zukünftigen Studierenden den Start zu erleichtern.

Die Forscher verfolgten die Karriere der Studierenden und verglichen diese mit verschiedenen Kontrollgruppen. Das Ergebnis: Sie fühlten sich zunehmend mehr zugehörig und begaben sich in eine Aufwärtsspirale: Ihre Studienleistungen steigerten sich von Semester zu Semester. Die Wahrscheinlichkeit, am Ende zu den besten 25 Prozent des Jahrgangs zu gehören, war um das Dreifache erhöht. Zusätzlich berichteten sie im Abschlussjahr im Vergleich zu den Kontrollgruppen von einer besseren Gesundheit und größeren Lebenszufriedenheit.

Fremd im eigenen Unternehmen?
»Belonging Uncertainty« erschwert auch die Inklusionsbemühungen von Organisationen. Neben der besonderen Situation von ethnischen Minderheiten zeigen Forschungsergebnisse, dass viele Organisationen gut daran täten, einer (nach Sachlage) weiteren Minderheit ein stärkeres Gefühl der Zugehörigkeit zu signalisieren: Frauen in Führungspositionen – bzw. solchen, die sich in eine entsprechende Rolle hineinentwickeln möchten. In vielen Unternehmen sind die Führungsstrukturen und -muster derzeit noch dezidiert männlich geprägt, man(n) bildet Seilschaften und zieht sich gegenseitig hoch.

Der maskulin geprägte Kontext vieler Führungsetagen hat für Frauen mitunter die gleichen, negativen Konsequenzen, die auch aus dem Phänomen des Belonging Uncertainty resultieren: Alles ist oder erscheint ein wenig schwieriger, als es eigentlich sein müsste. Die vergangenen Jahre haben eine ganze Serie von vergleichsweise kurzen Gastspielen von Frauen im Vorstand diverser Dax-Konzerne gesehen. Es reicht nicht, die Glasdecke einfach zu durchbrechen. Man muss auch willkommen sein, wenn man wirklich ankommen möchte. Hier ist der Weg noch weit.

Tagesgeschäft frisst Wertschätzung

Bernd Slaghuis

Viele Angestellte klagen heute über mangelnde Wertschätzung. Warum der Mensch in der Routine des schnellen Tagesgeschäfts immer mehr auf der Strecke bleibt und was Wertschätzung wirklich wertvoll macht.

»Nicht geschimpft ist Lob genug«, sagt Thomas (Name geändert) beiläufig, als er von seinem Chef erzählt. Mit dem Ausdruck einer Normalität, die mich ihn fragend anblicken lässt. So sei es heute doch überall, setzt er nach. Für Wertschätzung bleibe im Tagesgeschäft keine Zeit mehr. Eine aus gewohntem Frust über fehlende Anerkennung gefestigte Meinung, die für ihn längst zum Glaubenssatz geworden ist.

Am gleichen Tag sitzt mir Simone im Coaching gegenüber. Sie ist eine Macherin und möchte viel bewegen. »*Sie sollen arbeiten, nicht denken!*« habe sie von ihrer Vorgesetzten genervt zu hören bekommen, als sie einen Verbesserungsvorschlag einreichen wollte. Seitdem sei die Luft raus, sie leiste Dienst nach Vorschrift und kann nicht begreifen, warum ihr Engagement nicht wertgeschätzt wird.

Thomas und Simone sind keine Einzelfälle. Vielen Angestellten sind Wertschätzung und Anerkennung im Beruf extrem wichtig. Denn sie macht Arbeit positiv erlebbar und schenkt ihr den Sinn, nach dem wir uns besonders mit zunehmender Verschmelzung von Arbeits- und Lebensbereich sehnen.

Wenn Tagesgeschäft Routine ist
Wo sie fehlt, wird aus erfüllender Arbeit emotionslos stumpfes Abarbeiten mit Menschen, die zu funktionieren haben, wie Maschinen – tagein, tagaus. Wo das schnelle Ergebnis am Ende des Tages mehr zählt als nachhaltiger Erfolg. Wo mit hektischem Aktionismus die Probleme von gestern gekittet werden, statt gemeinsam Lösungen für die Zukunft zu gestalten. Wo sich Manager »Digitalisierung« auf die Agenda schreiben und im Monatsrhythmus frische Projekte in die Organisation pressen, die für Führungskräfte und ihre Mannschaft an der Basis zur täglichen Zerreißprobe im operativen Geschäft werden.

Dort, wo im Tagesgeschäft keine Zeit für Wertschätzung bleibt, beginnt ein für jede Organisation gefährlicher Teufelskreis. Wenn menschliche Arbeitsleistung im Alltag

Normalität aus Routine und wortwörtlich keiner Rede mehr wert ist, werden Frustration, Fehlzeiten und Fluktuation das Tagesgeschäft umso stärker belasten.

Wertschätzung ist mehr als Lob und Geld
Frage ich meine Klienten, was Wertschätzung für sie persönlich bedeutet, so geht es ihnen nie um den lobenden Schulterklopfer des Chefs zum Feierabend, nicht um kostenlos frisches Obst oder großzügige Geschenke zur mobilen Erreichbarkeit und erst recht nicht um die formal gute Bewertung inklusive Bonus zum Jahresende.

Sie wünschen sich, als Mensch mit ihrer Arbeitsleistung im Alltag wahr- und ernst genommen zu werden. Sie möchten gesehen, gehört, gefragt sowie über Entwicklungen informiert werden. Sie möchten unmittelbar und individuell spüren, gebraucht zu werden und einen Beitrag zu leisten. Als wertvoller Teil eines Teams mit gemeinsamen Zielen, statt als unbedeutendes Zahnrädchen im Wettrennen ums Überleben im Tagesgeschäft. Sie wünschen sich Chefs, die ihnen als Mensch auf Augenhöhe begegnen, Halt geben und Richtung weisen sowie Freiheiten gewähren, wie sie für jeden individuell wichtig sind.

Menschen arbeiten mit Menschen. Die Digitalisierung wird diesen wenngleich geringer werdenden Anteil von Arbeit in den kommenden Jahren zwischenmenschlich weiter um ein Vielfaches intensivieren. *»Bei uns steht der Mensch im Mittelpunkt«* darf nicht nur Lockruf auf Karriereseiten sein, sondern muss als Haltung in die Köpfe einziehen. Denn Wertschätzung ist weder täglich abzuhakendes To-do, noch antrainierte Methode, sondern aus innerer Haltung gespeistes und im Außen erlebbares Verhalten als Mensch mit echtem Interesse anderen Menschen gegenüber.

Wertschätzung bedeutet Werte schätzen
Unsere Werte sind der Motor für Motivation. Alles das, was wirklich wichtig ist, damit wir im Beruf leistungsfähig sind und gesund bleiben: Freiheit und Flexibilität, Sinn und Identifikation, Abwechslung und Herausforderung, Kollegialität und Zugehörigkeit, Sicherheit und Nachhaltigkeit, Geld und Erfolg, Status und Anerkennung, Freude und Leidenschaft. Wertschätzung ist das Bewusstsein, zu erkennen und zu respektieren, dass jedem Menschen andere Werte wichtig sind.

Frage ich Führungskräfte, ob sie wissen, was ihren Mitarbeitern bei ihrer Arbeit wichtig ist, ernte ich häufig ratloses Kopfschütteln. *»Dafür habe ich in meinem Job keine Zeit, Arbeit ist ja kein Wunschkonzert!«*, entgegnete mir kürzlich ein Bereichsleiter. Eine Auffassung von Führung und Zusammenarbeit, die keine Zukunft haben wird. Denn je breiter der Graben zwischen Führungskräften und ihren Mitarbeitern im oberflächlichen Nebeneinander des Tagesgeschäfts wird, umso ungenauer wird Delegation und umso ungesünder wird Führung.

Wertschätzung muss Tagesgeschäft werden
Wertschätzung ist eine Investition. Sie lässt sich jedoch nicht kaufen, wie es mancher Manager gewohnt ist. Sie ist Zeit für ein »*Wie geht es Ihnen?*« mit echtem Interesse, Zeit für aufmerksames Zuhören, fokussiertes Hinsehen und empathisches Fragen und Verstehen. Führung ist das Management guter Beziehungen, Wertschätzung ist die tägliche Arbeit daran. Nicht die Bewältigung des Tagesgeschäfts macht Führung erfolgreich, sondern Wertschätzung muss wieder zum Tagesgeschäft von Führung werden.

Was wäre, wenn wir dem Busfahrer Applaus spendeten?

Nico Rose

Die Bürokomplexe in Deutschland und weltweit sind Wertschätzungswüsten. »Nicht geschimpft ist Lob genug«, heißt vielerorts die Devise. Das ist schade – und muss auch nicht so sein.

Neulich war ich zum ersten Mal nach langer Zeit wieder mit meiner Frau in einer Sauna. Was mich wieder einmal aufs Neue fasziniert hat, ist die Tatsache, dass dem Saunameister nach erfolgreich bewältigter Arbeit, also Aufgießen und Wedeln, heftigst applaudiert wurde. Dies bewog mich im Anschluss auf Twitter zu folgendem Kommentar: »Sauna, die: Ort, wo ein Mensch Applaus bekommt, weil er einen Eimer Wasser umkippt.«

Ich finde den Kommentar immer noch einigermaßen amüsant – aber ich bin auch ins Grübeln gekommen. Warum machen wir das eigentlich nicht viel öfter?

Einfach mal Applaus spenden, weil normale Menschen ihren Job gemacht haben
Wir sind es gewohnt, Applaus zu spenden für künstlerische oder auch sportliche Leistungen, nicht jedoch für normale Arbeitstätigkeiten. Interessanterweise müssen die gezeigten Leistungen dafür gar nicht so außergewöhnlich sein. Der Torjubel fällt bei der örtlichen Bezirksliga-Fußballmannschaft kaum weniger frenetisch aus, als wenn Ronaldo

in der Champions League eine Bude macht. Der einzige mir bekannte Ort, wo gleichermaßen Beifall für einen (mehr oder weniger normalen) Arbeitsvorgang gespendet wird, ist die Landung eines Flugzeugs; und hier auch eher beim Ferienflieger nach Palma de Mallorca, nicht so sehr bei der Business-Kasper-Beförderung von Berlin nach München.

Wir kommen nicht auf die Idee, dem Busfahrer Applaus zu spenden, der uns sicher von A nach B gebracht hat, obwohl die meisten von uns nicht in der Lage wären, einen Bus unfallfrei durch die Straßen zu steuern. Noch weniger würde es uns bei der freundlichen Bäckereifachverkäuferin einfallen, die uns einfach schnell und professionell bedient hat.

Ist doch irgendwie schade, oder? Wenn man sich gängige Umfragen zum Verhältnis von Führenden und Geführten anschaut, so liegt bekanntlich einiges im Argen. Auf Platz 1 der beanstandeten Mängel findet sich üblicherweise der Faktor Wertschätzung. Menschen fühlen, dass ihre Leistung nicht genug gewürdigt wird. Ich muss mir da übrigens auch an die eigene Nase fassen. Mein Team bei Bertelsmann hat mir regelmäßig Feedback gegeben und eingefordert, ich solle bitte häufiger und spezifischer loben (und sie hatten natürlich Recht).

Return of the Fleißkärtchen
Ich musste das damals erstmal ein paar Tage sacken lassen und grübeln, das Thema ist nicht trivial. Die meisten von uns sind vermutlich in puncto Primär- und Sekundärsozialisation in einer Kultur à la »nicht geschimpft ist Lob genug« aufgewachsen – das muss man erst einmal wieder aus dem System rausbekommen. Ich entschloss mich damals, mir einstweilen ein wenig Unterstützung zu holen. Im Internet habe ich mir ein Kartenset bestellt, auf dem vorne in Großbuchstaben Ausrufe wie »Perfekt« oder »Spitze« stehen. Dazu trägt man händisch ein, wem man diese Karte gibt. Auf der Rückseite vermerkt man zusätzlich kurz, wofür diese Karte vergeben wurde und unterschreibt schließlich mit Datum und Namen.

Die Reaktionen meines Teams waren durchaus wohlwollend und ermutigend – auf eine augenzwinkernde Art und Weise. Tatsächlich hatte ich damals einige Wochen gewartet, bevor ich meinem Team die Idee mit den Karten vorstelle. Ich hatte Angst, dass die Maßnahme als nicht angemessen und kindisch beurteilt werden würde. Diese Angst war unbegründet. Wichtig: Mir ist klar, dass solche Karten nur eine Art von Krücke sein können, aber sie lagen auf meinem Schreibtisch und erinnerten mich regelmäßig an meinen verdammten Job als Führungskraft. Das war ein guter Anfang ...

Ich mach mir die Arbeit, widewide wie sie mir gefällt

Nico Rose

Wenn ein Mensch eine neue Aufgabe in einer Organisation übernimmt, findet er in der Regel ein mehr oder weniger klar definiertes Rollenprofil vor: Aufgaben, Pflichten und auch Rechte. Im besten Fall passt diese gut zur Person, doch oft ist dies nicht wirklich der Fall. Was ist in dieser Situation zu tun?

Wenn Menschen mit ihrer Arbeitssituation unzufrieden sind oder diese als sinnlos empfinden, dann schauen sie typischerweise nach draußen, um diese Situation zu verbessern: Sie sehen sich nach einem neuen Arbeitgeber um oder versuchen, innerhalb des Unternehmens die Aufgabe zu wechseln. Doch so ein Wechsel ist immer auch mit Anstrengungen und einem gewissen Risiko verbunden. In diesem Sinne kann es hilfreich sein, den Blick nicht dorthin zu richten, wo das Gras vermeintlich grüner ist, sondern dort zu beginnen, wo man steht. Menschen haben prinzipiell die Möglichkeit, aus dem Job, den sie haben, jenen zu machen, den sie *wirklich, wirklich* wollen.

Dieses Verhalten wird »Job Crafting« genannt. Es geht darum, dass Mitarbeiter, mit oder ohne Zustimmung des Vorgesetzten, das eigene Rollenprofil und Aufgabenspektrum aktiv verändern.

- Zum einen können Menschen ihr Aufgabenspektrum verändern. So gibt es die Möglichkeit, mehr oder weniger von bestimmten Tätigkeiten auszuführen oder bestimmte Aspekte auch ganz wegzulassen. Zudem bietet sich die Option, dem Profil neue Tätigkeiten hinzuzufügen.
- Weiterhin können Menschen in einem gewissen Umfang das Netzwerk der Beziehungen gestalten, in dem sie arbeiten. Sie können sich neue Beziehungen erschließen und andere herunterfahren oder ganz ruhenlassen, um ihr Erleben während der Arbeit zu verändern.
- Bei der dritten Form wird nicht die Arbeit selbst verändert, sondern die kognitiv-emotionale Bewertung der Aufgaben. Mitarbeiter stellen aktiv einen höheren Bedeutungszusammenhang her: Schichte ich Steine aufeinander oder baue ich an einer Kathedrale?

4 Teams & Zusammenarbeit

Unter welchen Umständen funktioniert Job Crafting?
Zunächst einmal sollten sich Führungskräfte und Personaler vor Augen führen, dass Job Crafting sowieso *immer* stattfindet, ohne Wissen von höherer Stelle. Mitarbeiter optimieren laufend ihre Rolle, um das Leben während der Arbeit angenehmer, effektiver oder sinnhafter zu gestalten. Da werden:

- Aufgaben auf dem kleinen Dienstweg erledigt;
- Entscheidungen von der Vorderbühne auf die Hinterbühne verlegt;
- oder Workarounds gebaut, wenn die Vorgaben impraktikabel erscheinen.

Die Frage ist also nicht, ob Job Crafting stattfindet, sondern ob die Führungsebene dieses Potenzial aktiv nutzen, ignorieren oder unterbinden möchte. Nun hängt die Möglichkeit für Job Crafting selbstverständlich vom Verhalten des jeweiligen Vorgesetzten ab. Unter einem Kontrollfreak besteht weniger Möglichkeit zur aktiven Anpassung als bei einer Führungskraft, die es gewohnt ist, Freiräume zu gewähren. Zudem wird Job Crafting auch durch die Persönlichkeit des Individuums begünstigt. Es bedarf eines gewissen Levels an Proaktivität, Kreativität und Gestaltungswillen, um zum Schöpfer des eigenen Jobs zu werden.

Job Crafting als Team-Entwicklung
Reife Führungskräfte können ihre Mitarbeiter aktiv zum Job Crafting einladen. Beispielsweise ist es denkbar, dass ein Team gemeinsam Aufgabenbereiche definiert, in denen aktive Veränderung erwünscht ist. Dies setzt ein hohes Maß an Vertrauen aufseiten der Führungskraft voraus. Im Gegenzug ist es denkbar, dass die Führungskraft regelmäßig über vorgenommene Veränderungen informiert wird, vielleicht auch ein Vetorecht hat. Auf diese Weise kann die Wirkung der individuellen Veränderungen potenziert und auch besser ausbalanciert werden.

An der University of Michigan, wo Job Crafting ursprünglich erforscht wurde, kann man ein aufwendig gestaltetes Arbeitsbuch erwerben, wenn man strukturiert am eigenen Aufgabenprofil arbeiten möchte. Ich habe vor einigen Jahren selbst mit diesem Buch gearbeitet und es als wirklich nützlich empfunden. Nichtsdestotrotz kann man Job Crafting auch ohne solche Hilfsmittel anstoßen. Am wichtigsten aus Sicht einer Führungskraft ist es, die entsprechenden Verhaltensweisen vorzuleben und aktiv einzufordern.

Job Crafting: einfach machen
Ich habe die Mitglieder meines Teams bei Bertelsmann zum Ende des Jahres immer gebeten, über den Weihnachtsurlaub einige Überlegungen anzustellen:
- Ich bat sie, mir im neuen Jahr drei Dinge/Aufgaben/Projekte etc. zu nennen, an denen sie im neuen Jahr nicht mehr oder weniger beteiligt sein wollten.
- Ebenso sollten sie drei Aspekte nennen, die sie im neuen Jahr neu in ihr Portfolio integrieren wollten.
- Ich machte dazu keine genauen Vorgaben. Die augenzwinkernde Anweisung lautete lediglich, dass es legal und budgetär machbar sein sollte.

Zu Anfang des neuen Jahres besprach ich diese Liste dann zunächst einzeln mit den Personen, später gemeinsam im Team. Wir konnten längst nicht jeden Vorschlag umsetzen, aber immerhin doch einige. Abgesehen davon habe ich mein Team laufend angespornt, über Anpassungen an ihren Aufgaben nachzudenken. Wir haben in einer Konstellation gearbeitet, in der uns sowieso viel von Agenturen und Dienstleistern zugearbeitet wurde. Im Hinblick darauf habe ich das Team ermutigt, immer auch über sinnvolles Outsourcing nachzudenken. Ich selbst habe es genauso gehalten. Mein erklärtes Ziel war es, meine »Arschloch-Themen« (Aufgaben, die ich nicht mochte und/oder in den ich nicht gut war) auf maximal einen Tag pro Woche zu reduzieren.

Wozu ist Job Crafting gut?
Job Crafting geht mit einer Reihe von positiven Konsequenzen einher, für das Individuum wie auch für die Organisation.
- Durch die Gestaltung der Tätigkeit empfinden Job Crafter in der Regel mehr Autonomie und Kontrolle, was mit höherer Arbeitszufriedenheit und gesteigertem Engagement einhergeht.
- Sie machen in der Regel weniger von solchen Tätigkeiten, die sie nicht mögen oder gut beherrschen bzw. bringen mehr von solchen Aufgaben in das Tätigkeitsspektrum, die nah an den eigenen Kernkompetenzen liegen. Auch dies kann sich positiv auf Engagement und Leistung auswirken.
- Die aktive Gestaltung der zwischenmenschlichen Dimension sowie der Be-Deutung des Jobs geht zudem typischerweise mit einer gesteigerten Sinnwahrnehmung und einem positiveren Selbstbild einher.
- Zudem besteht schlicht und ergreifend die Möglichkeit, dass dysfunktionale Arbeitsabläufe einfach weggelassen werden, was die Leistung des Gesamtsystems erhöht.

Wenn Sie demnächst ein wenig Zeit haben, möchte ich Ihnen die oben beschriebene Aufgabe an Herz legen, die ich zu seiner Zeit mit meinem Team bei Bertelsmann durchgeführt habe:
- Machen Sie eine Liste mit Aufgaben/Themen, die Sie weniger oder gar nicht mehr machen möchten.
- Machen Sie ebenso eine Liste mit Aufgaben/Themen, die Sie neu oder mehr übernehmen möchten.

Und am allerwichtigsten: Stellen Sie sicher, dass Ihr Vorgesetzter von dieser Liste erfährt. Freundlich fragen kostet bekanntlich nichts.

5 Freude & Sinn

»Wähle einen Beruf, den du liebst, und du brauchst keinen Tag in deinem Leben mehr zu arbeiten.« Wir sind fest davon überzeugt, dass dieser Ausspruch nicht von Konfuzius stammt, so wie es gerne im Internet kolportiert wird. Ebenso sind wir allerdings davon überzeugt, dass er mehr als nur ein Quäntchen Wahrheit enthält.

Die wenigsten Menschen gehen nur wegen des Geldes einer Arbeit nach. Arbeit ist für viele Personen ebenso ein Weg, die ureigenen Talente und Stärken zu entwickeln, sich als wirksam in der Welt zu erleben und menschliche Verbindungen aufzubauen. Wir wollen spüren, dass das, was wir tun, etwas Positives bewirkt im Leben unserer Kollegen, unserer Kunden – und heutzutage gerne auch: der Gesellschaft an sich. Kurz: Wir wollen eine Arbeit mit Sinn.

Allerdings glauben wir beide nicht, dass wir diesen Sinn ausschließlich dadurch erfahren können, dass wir die *einzig wahre* Berufung finden und leben. Eher eint uns die Vorstellung, dass Sinnerleben in der Arbeit etwas ist, das wir über eine Vielzahl von Situationen hinweg bewusst kultivieren können. Genau dieses schöne Sujet bildet den Rahmen für das nächste Kapitel. Wir widmen uns im Schwerpunkt den folgenden Fragen: Wie kommt er denn rein in die Arbeit – der Sinn? Welche Bedingungen und Mechanismen sind dafür notwendig oder hilfreich: in uns selbst, in der Unternehmenskultur, in der Art und Weise, wie wir führen und geführt werden?

Können wir Sinn empfinden, auch wenn wir aktuell im Job »kein Vollgas« geben (wollen)? Was tun, wenn der Chef Weltmeister im Micro-Managen ist? Sind Unternehmenskrisen notwendigerweise auch Sinnkrisen – oder können harte Zeiten das Sinnempfinden der Mitarbeiter sogar stärken? Und: Darf man auch als hochrangige Führungskraft regelmäßig raushängen lassen, dass man sich gerne auf Wacken im Schlamm suhlt (Spoiler: Ja, man sollte sogar …)?

Wir sind uns als Autoren der Tatsache bewusst, dass sich Sinn im Deutschen eigentlich *ergibt*. Trotzdem hoffen wir, dass die folgenden Seiten ganz viel Sinn für Sie als Leser *machen*.

Zehn Missverständnisse rund um sinnerfüllte Arbeit

Nico Rose

Sinn und Purpose (in) der Arbeit sind »In-Themen«. Mit steigender Popularität wird allerdings auch vermehrt Un- bzw. Halbwissen verbreitet.

Mehr und mehr gewinnorientierte Unternehmen erkennen in den letzten Jahren, dass sie ihren Mitarbeitenden im Sinne einer nachhaltig motivationsförderlichen Arbeitsumgebung mehr bieten müssen als nur ein attraktives monetäres Gehalt. Gemäß klassisch-betriebswirtschaftlicher Logiken führt dies dazu, dass das Sinn-Erleben der Belegschaften vermehrt »gemanaget« werden soll. Dabei geht so einiges schief. Dieser Beitrag listet zehn Punkte rund um das Thema Sinnerleben in der Arbeitswelt auf, die häufig missverstanden werden.

Die individuelle Ebene
1. Sinnerleben ist eine individuelle, vom Menschen konstruierte Erfahrung. Trotzdem kann man es valide messen und allgemeingültige »Treiber« oder »Zutaten« identifizieren, die bei den meisten Menschen dazu führen, dass sich die Sinn-Erfahrung intensiviert.
2. Sinnerleben (in der Arbeit) ist nicht einfach nur »nice-to-have«. Den meisten Menschen ist diese Form des psychologischen Einkommens so wichtig, dass sie bereit wären, einen signifikanten Teil ihres monetären Einkommens dafür zu opfern.
3. Sinnerfahrung ist kein Eins-Null-Phänomen. Es schwankt mit dem aktuellen Erleben. Zudem ist ein wichtiges Element die Einordnung der eigenen Erfahrungen in der Vergangenheit. Sinn-Erleben entsteht folglich maßgeblich in der Retrospektive (Kohärenz-Gefühl).
4. Menschen haben nicht nur einen Purpose. Sinnerleben speist sich aus vielen verschiedenen Quellen. Eine gute Übersicht gibt es bei Prof. Dr. Tatjana Schnell von der Universität Innsbruck.[29]
5. Es ist wenig erfolgversprechend, Sinn-Erleben ausschließlich bei und für sich zu suchen. Es handelt sich um ein dezidiert soziales Phänomen. Sinn erfahren wir vor allem mit und vor allem im Dienst anderer Menschen.

Die organisationale Ebene
1. Unternehmen schmeißen kommunikativ häufig die Konzepte Mission, Vision, Purpose, Unternehmenswerte usw. durcheinander.
2. Nicht jedes Unternehmen kann glaubwürdig von sich behaupten, die Welt zu retten. Wenn dem nicht so ist, sollte man auch nicht kommunikativ so tun als ob. Das geht ausnahmslos (irgendwann) nach hinten los: Mitarbeiter werden zynisch, Kunden wenden sich ab.
3. Wenn Unternehmen versuchen, einen einheitlichen, allgemeingültigen »Sense of Purpose« zu entdecken/beschreiben, ist dieses Vorhaben mit an Sicherheit grenzender Wahrscheinlichkeit zum Scheitern verurteilt. Siehe nächster Punkt.
4. So, wie es keine allgemeingültige Unternehmenskultur geben kann, weil Menschen immer ein lokales Mikro-Klima generieren, kreieren Menschen und Gruppen auch einen lokalen Mikro-Purpose. Das Topmanagement sollte dies unterstützen (»Bring Your Own Purpose«), anstatt zu versuchen, allgemeingültige Botschaften zu definieren.
5. Feelgood-Management kann das Sinnerleben der Mitarbeiter unterstützen, mitunter aber auch vermindern. Wie zuvor angedeutet, entsteht Sinn-Erfahrung zu wesentlichen Teilen in der Rückschau, insbesondere auch nach der Bewältigung von Krisen. In diesem Sinne sollte man Menschen ihre Krisen bisweilen »gönnen«, anstatt alles immer möglichst angenehm gestalten zu wollen.

Warum Downshifting endlich salonfähig werden muss

Bernd Slaghuis

Jeder dritte Angestellte wünscht sich, im Beruf kürzer zu treten. Doch ein Rückschritt auf der Karriereleiter gilt noch als Schwäche. Dabei sind Downshifter keine Faulenzer, sondern hoch motiviert. Warum Arbeitgeber und Jobwechsler sich vom Ideal der reinen Aufstiegskarriere befreien sollten und Downshifting endlich salonfähig werden muss.

Im Beruf kürzertreten oder sogar die einflussreiche Führungsposition freiwillig gegen eine Funktion ohne Personalverantwortung eintauschen? Das bedeutet in den meisten Fällen die Kündigung oder die Suche einer passenden Position bei einem neuen

Arbeitgeber. Zu groß ist die Angst, fortan als Versager oder Schwächling im Unternehmen dazustehen. In einer Gesellschaft, die auf Leistung und Erfolg getrimmt ist und in der die Karriere nur nach oben führt, ist die persönliche Entscheidung für den Schritt zurück noch nicht vorgesehen.

Downshifter sind vielen Arbeitgebern höchst suspekt
Wer eine angebotene Beförderung ablehnt, seine Arbeitszeit ohne ersichtlichen Grund reduzieren möchte oder sogar den echten Schritt nach unten sucht, der wird nicht nur von seinem privaten Umfeld besorgt beäugt, sondern auch von Chef und Kollegen schräg angesehen. Freiwillig auf Gehalt, Status oder Einfluss verzichten? Das macht man doch nicht!

So modern sich unsere Arbeitswelt gibt, so fest sind die traditionellen Karrieremodelle noch in unserem Denken und Handeln verankert. Die meisten Arbeitgeber hierzulande reagieren ihren Mitarbeitern mit Wunsch nach Downshifting gegenüber überrascht und überfordert mit einem hilflosen Schulterzucken.

In ihrer bisherigen beruflichen Laufbahn erfolgreiche Arbeitnehmer werden von heute auf morgen als nicht mehr belastbar abgestempelt und entweder auf das interne Abstellgleis befördert oder sie erfahren, dass Reisende nicht aufgehalten werden.

Jeder Dritte Angestellte möchte seine Arbeitszeit reduzieren
Bereits in meiner 2016 durchgeführten Karrierestudie[30] gaben 31 Prozent der Befragten an, gerne weniger arbeiten zu wollen, auch wenn dies eine Reduzierung ihres Einkommens bedeutet. Es sind Angestellte, die sich dafür entscheiden würden, Arbeit gegen mehr Leben und Geld gegen mehr Freude im Beruf zu tauschen. Eine Entwicklung, die in meiner Wahrnehmung in den letzten Jahren noch weiter zugenommen hat.

Aus vielen Coachings mit Berufserfahrenen weiß ich, dass insbesondere diejenigen, die sich in einem Alter zwischen Mitte 40 und Anfang 50 bewusst für ein Downshifting entscheiden, dies niemals aus einer fixen Laune heraus tun, sondern einen intensiven Prozess der Selbstreflexion hinter sich haben. Sie besitzen Klarheit über ihre persönlichen Werte im Beruf und im Leben sowie über die für sie erfüllenden Ziele für ihre gute Zukunft.

Downshifter sind keine Faulenzer, sondern hoch motiviert
Es ist oberflächlich und falsch, Downshifter als Faulenzer oder Drückeberger abzustempeln. Ganz im Gegenteil: Wer eigene Klarheit darüber besitzt, was ihn wirklich motiviert, sich im Beruf in den nächsten Jahren gesund hält und sein Handeln konsequent hiernach ausrichtet, der wird auch in seiner neuen Position weitaus motivierter und produktiver sein als die breite Masse der in unseren Büros ihre Zeit Absitzenden und mangels Übernahme von Selbstverantwortung ohnmächtig Dienst nach Vorschrift Schiebenden.

Wer als Arbeitgeber seine oftmals erfahrensten Mitarbeiter ziehen lässt, weil er mangels Alternativen zum klassischen Karriereaufstiegsmodell ihrem Wunsch nach Downshifting nicht entsprechen kann, der verliert nicht nur wertvolles Wissen, sondern vor allem selbstreflektierte Menschen, die große Lust haben zu arbeiten – nur anders als bisher.

Jeder Downshifter ist sich seiner Überqualifikation bewusst
Ich begleite regelmäßig Downshifter bei ihrem Jobwechsel und sehe, welche Schwierigkeiten sie in der Rolle als Bewerber haben. Jeder Downshifter erscheint überqualifiziert für eine niedrigere Zielposition und wird schnell als nicht passend aus dem Stapel der Kandidaten aussortiert. Ich empfehle ihnen, mit ihrer Bewerbung echte Klarheit über ihre Wechselmotive, beruflichen Werte sowie Zukunftspläne zu schaffen, um in einem noch an Geradlinigkeit und Passung orientierten Recruiting Chancen zu haben.

Denn im Gegensatz zu solchen Bewerbern, die sich mangels Klarheit blind auf Stellen bewerben, die unter ihrem Niveau, und sich dann schnell langweilen oder nach Aufstieg streben werden, gehen Downshifter diesen Schritt bewusst. Sie haben für sich die Frage positiv beantwortet, ob sie die neue Position in den nächsten Jahren ausfüllen wird und wissen, worauf sie sich einlassen.

Ich frage mich, was kann einem Arbeitgeber Besseres geschehen, wenn sich eine bisherige Führungskraft wieder stärker als Teil des Teams mit Sachthemen befassen möchte, jedoch aus Erfahrung weiß, wie sich Führung und die Luft eine Etage höher anfühlen? Wer selbst einmal geführt hat, kann als Mitarbeiter besser folgen.

Es lohnt sich für jeden Arbeitgeber, dem Wunsch von Mitarbeitern nach Downshifting mit echtem Interesse und Wertschätzung zu begegnen. Denn wer bewusst runterschalten kann, der wird motiviert neu durchstarten.

Die Zukunft der Arbeit erfordert agile Karrieremodelle
Viele Arbeitgeber schreiben sich heute agiles Arbeiten auf die Fahnen, doch das Denken in agilen Karrieremodellen benötigt vielerorts noch ein Update. »Up or out« als Maxime der Personalentwicklung ist nicht mehr zeitgemäß und steht im Widerspruch zu New Work und allem, was wir zur Zukunft der Arbeit seit Jahren diskutieren. Es wird Zeit, dass sich Management, HR und auch wir uns als Gesellschaft für eine neue Sicht auf Karriere öffnen:

> Karriere ist eine berufliche Entwicklung, die zu den persönlichen Werten und Zielen eines Menschen in seiner individuellen Lebensphase passt und flexibel in alle Richtungen angepasst werden darf.

Nur so wird es gelingen, Karriere von eindimensionalem Aufstiegsdenken zu entkoppeln und den heutigen Bedürfnissen von Arbeitnehmern nach mehr Flexibilität, Unabhängigkeit und Selbstverwirklichung gerecht zu werden sowie Arbeitgeber für Bewerber und Mitarbeiter auch als langfristige Partner an ihrer Seite attraktiv zu machen.

Muss Arbeit glücklich machen? Warum das die falsche Frage ist…

Nico Rose

Wer wünscht sich das nicht: einen Job, der wirklich, wirklich glücklich macht? Aber ist das überhaupt realistisch? Und: Welches Glück suchen wir eigentlich in der Arbeit?

Neulich habe ich mich mit einem Reporter unterhalten, einzelne Soundbites des Dialogs wurden später im Radio gesendet. Nach dem Gespräch beschlich mich allerdings ein etwas unzufriedenes Gefühl. Ich ahnte, dass wir eigentlich über eine falsche Frage diskutiert hatten. Die damalige Eingabe lautete: Muss Arbeit glücklich machen? Nun sieht sich die Psychologie als empirische Wissenschaft ohnehin nicht in der Position, solche Fragen *normativ* zu klären. Uns interessieren eher Beschrei-

bung und Vorhersage, also die Vorbedingungen, Ausprägungen und Wirkungen von glücksstiftender Arbeit:
1. Unter welchen Bedingungen erleben Menschen »Glück« im Rahmen ihrer Arbeit?
2. Wie äußert sich das konkret?
3. Was haben Mensch und Organisation davon, wenn dem so ist?

Gerade der zweite Punkt ließ mich erahnen, dass wir eigentlich eine andere Frage hätten erörtern müssen:

Welche Formen des Glücks können Menschen bei der Arbeit erleben?
Wenn man sich die Diskussionen um den Zusammenhang von Arbeit und Glück näher anschaut, so lässt sich schnell feststellen, dass ein tieferer Erkenntnisgewinn oft an einer ausreichend scharfen Definition des Wortes »Glück« scheitert. Wenn man Glück ausschließlich als Spaß, als momentanes Hochgefühl und momentanes Erleben von Befriedigung ansieht, dann ergibt die Ursprungsfrage durchaus Sinn – und eine einfache Antwort könnte lauten: Nein, das muss nicht sein. Es geht nachweislich auch ohne.

In meinem Fachgebiet, der Positiven Psychologie, vermeiden die meisten Protagonisten daher das Wort Glück – und sprechen stattdessen lieber von verschiedenen Aspekten des psychischen Wohlbefindens. Hierzu gibt unterschiedlich komplexe Modelle. Die Psychologin Carol Ryff beispielsweise hat – schon etwa zehn Jahre, bevor 1998 die moderne Positive Psychologie begründet wurde – ein Sechs-Säulen-Modell vorgeschlagen und empirisch validiert. Demnach besteht psychologisches Wohlbefinden aus den Säulen: Selbstakzeptanz, positive soziale Beziehungen, Autonomie, Sinn/Lebenszweck, aktive Umweltgestaltung, und persönliches Wachstum.[31]

Hedonisches und eudaimonisches Wohlbefinden
Im Rahmen meiner Vorträge arbeite ich jedoch gerne mit einem einfacheren Modell. Auf einer grundlegenden Ebene lassen sich zwei Dimensionen des psychologischen Wohlbefindens unterscheiden, die *hedonische* und die *eudaimonische* Achse. Die beiden Dimensionen sind miteinander verwandt, aber dennoch klar unterscheidbar. Und sie tragen auf unterschiedliche Art und Weise zu einem erfüllenden Leben bei.

Verkürzt lässt sich die hedonische Dimension als Lustachse bezeichnen, während die eudaimonische Dimension auch als Sinnachse tituliert werden kann. Konkreter ausgedrückt, geht es bei der hedonischen Achse, ganz im Sinne des Namens, um das Streben nach angenehmen, genussvollen, zufriedenstellenden Erfahrungen – kurz: das schöne Leben. Die eudaimonische Achse ist angelehnt an Aristoteles' Konzeption des guten Lebens, zuvorderst dargelegt in der Nikomachischen Ethik. Hier geht um das Streben nach einem gemäßigten, tugendhaften Lebensstil, um Dienst für die Gemeinschaft – kurz: ein ethisch gutes Leben. Ebenfalls auf dieser Achse verortet sind das Streben nach Exzellenz wie auch die Auslotung und der authentische Ausdruck des ureigenen Potenzials. Schaut man noch genauer hin, dann lasst sich die folgende Klassifizierung anstellen:

- Die hedonische Achse steht für das Ich, das Nehmen, die Sorge um das Selbst. Sie ist auf die Gegenwart oder die nahe Zukunft fokussiert, auf die Erfüllung von unmittelbaren Bedürfnissen und Gelüsten, auf Spaß und Vergnügen. Es geht um Rechte, das Wollen und all jenes, was sich gut anfühlt. Die zugrunde liegenden neuronalen Mechanismen sind entwicklungsgeschichtlich älter.
- Die eudaimonische Achse steht für das, was »nicht Ich« ist, für das Geben und Kultivieren, die Sorge um andere, die Langfristperspektive und das Erreichen von Zielen höherer Ordnung. Es geht um Pflichten, das Sollen und all jenes, was sich richtig anfühlt. Die zugrunde liegenden neuronalen Mechanismen sind entwicklungsgeschichtlich jünger.

Anhand dieser Darstellung sollte deutlich werden, dass die Achsen von komplementärer Natur sind, sich bisweilen aber auch im Weg stehen können. Anderen Menschen zu helfen, kann z. B. starke Glücksgefühle auslösen. Im Amerikanischen wird diese Erfahrung »Helper's High« genannt. Andererseits kennt jeder Student die Erfahrung, sich ab und zu entscheiden zu müssen zwischen der abendlichen WG-Party (kurzfristiger Lustgewinn – Wollen) und dem Lernen für die nahende Prüfung (Exzellenz, Vergrößerung des Potenzials – Sollen).

Zudem lässt sich in der Forschung, aber auch im alltäglichen Leben, gut nachvollziehen, dass die relative Bedeutung beider Achsen bestimmten Veränderungen über den Lebenszyklus eines Menschen unterworfen ist. In dem Maße, in dem wir Verantwortung für andere Menschen übernehmen als Eltern und Großeltern, aber auch in dem Maße, in dem wir uns Wissen und Weisheit aneignen, die wir weitergeben können, vergrößert sich die Bedeutung der eudaimonischen Achse, während das unmittelbare Streben nach Lustgewinn und Gratifikation abnimmt.

Wir brauchen beide Achsen

Die hedonische Achse erscheint auf Basis der o. g. Beschreibungen zu Recht weniger gewichtig. Daraus lässt sich jedoch nicht schließen, sie sei unwichtig für das übergreifende Wohlbefinden. Menschen brauchen regelmäßig viele dieser kleinen, unmittelbaren Glücksmomente im Leben. Sie fungieren wie eine Kraftquelle, die uns in die Zukunft treibt. Nicht umsonst sind Niedergeschlagenheit und die weitgehende Abwesenheit von positiven Emotionen wie Spaß und Freude über einen längeren Zeitraum ein wichtiges Diagnosekriterium für Depressionen. In ihrer komplementären Natur lässt sich über beide Dimensionen ein Vier-Felder-Schema aufspannen. Dieses sehen Sie in der Abbildung 4:

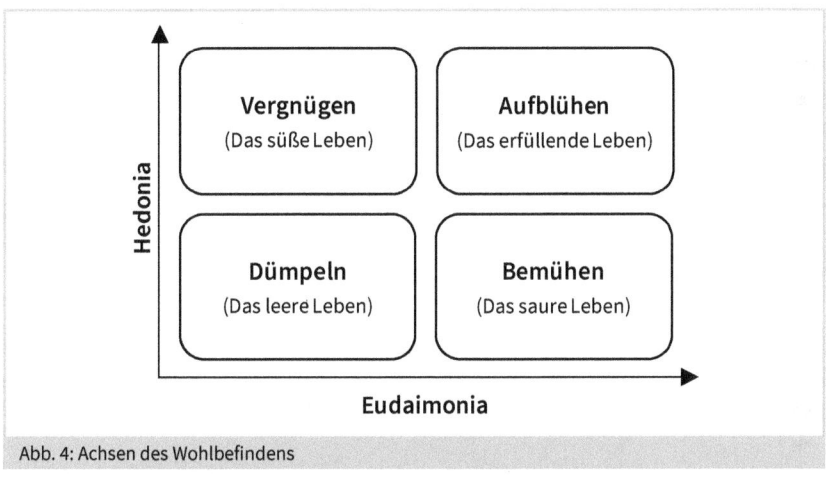

Abb. 4: Achsen des Wohlbefindens

Kernaussage dieser Darstellung ist, dass wir für ein aufblühendes Leben beide Achsen regelmäßig bedienen müssen. Werden beide Dimensionen zu wenig angesteuert, gleicht das einem Zustand des Dümpelns, im schlimmsten Fall der Apathie. Wird die hedonische Achse im Übermaß bedient, ergibt sich ein von Genüssen geprägtes, aber weitgehend sinnbefreites Leben. Denken Sie zur Veranschaulichung an einen Millionenerben, der das sauer verdiente Geld der Eltern an der Côte d'Azur verprasst, aber selbst nichts erwirtschaftet oder kultiviert. Wie bereits angedeutet, ist jedoch auch ein zu starker Überhang der eudaimonischen Dimension nicht eben erstrebenswert. Hier mögen Sie sinnbildlich vielleicht an eine »alte Jungfer« denken, die alle ihre Zeit und Energie für gute Zwecke hergibt, sich darüber jedoch ein Stück weit selbst vergisst. Ein solches Leben ist von Sinn erfüllt, wirkt aber auch freudlos und blutarm.

Gute Arbeit bedient vor allem die eudaimonische Achse
Im Lichte dieser Unterscheidung wird deutlich, dass sich gute Arbeit vor allem auf der eudaimonischen Achse abspielt. Niemand hat (vermutlich) etwas gegen regelmäßige Momente des Spaßes auf und bei der Arbeit – aber das ist nicht die Essenz dessen, worum es geht. Menschen ziehen »Glück« auch aus Episoden der Pflichterfüllung, der Überwindung von Herausforderungen, dem zeitweiligen Aufgehen in etwas Größerem. Auch in Bezug auf diese Attribute kann ich nicht abschließend beantworten, ob Arbeit so gestaltet sein »muss« – aber es gibt mittlerweile hunderte von Studien, die nahelegen, dass Menschen unter diesen Bedingungen eine tiefe Befriedigung in ihrem Tun finden – und darüber hinaus erfolgreicher sind. Natürlich ist das verzichtbar. Ich wüsste allerdings nicht, wofür das gut sein soll ...

Ich fühle mich im Job wie im Gefängnis!

Bernd Slaghuis

Viele Angestellte klagen über fehlende Freiheiten im Beruf. Präsenzkultur, Regeln und Kontrolle beherrschen vielerorts das Tagesgeschäft. Wenn die Arbeit zum Gefängnis wird und warum Absitzen bis zur Entlassung keine Lösung ist.

Freiheit im Beruf ist für Angestellte aller Altersklassen heute einer der wichtigsten Werte[32]. Sie ist verantwortlich für die Motivation, den persönlichen Arbeitseinsatz sowie auf Dauer für die Gesundheit von Mitarbeitern.

Die meisten Arbeitnehmer mit dem Wunsch nach stärkerer Freiheit sehnen sich nach mehr Handlungsspielräumen und größerer Entscheidungsfreiheit. Flexibilität in der Arbeitszeit ist ihnen wichtig. Einsatz nach Arbeitsanfall statt nach Stempeluhr, dann sind auch Überstunden ab und zu kein Problem. Sie möchten in gewissem Rahmen selbst entscheiden, wann, wie und wo sie arbeiten, solange das Ergebnis stimmt: Freitag um Zwölf das Büro verlassen, dafür das Meeting am Montag entspannt am Samstagnachmittag im Homeoffice vorbereiten. Oder mit den Kollegen spontan raus in den Park nebenan gehen, um auf kreative Ideen zu kommen. Weniger Präsenzzwang und Zeit absitzen, mehr Freiheit durch Eigenverantwortung – und als Zeichen von Vertrauen.

Lang lebe die Präsenzkultur!
Die meisten Arbeitgeber sprechen heute lautstark von Vertrauenskultur, flexiblen Arbeitszeiten und dem Menschen im Mittelpunkt. Sie schmücken ihre Karriereseiten mit Begriffen, wie »Familienfreundlichkeit«, »Wertschätzung« und »Freiheit durch mobiles Arbeiten«. Doch innen drin, in den Mauern, ist das Leben für viele Arbeitnehmer selbst in Zeiten von New Work und mobilem Arbeiten immer noch – oder etwa wieder? – ein völlig anderes:

Die Mittagspause ist zwischen 12 Uhr und 14 Uhr zu nehmen! Mit Verlassen des Gebäudes endet die Arbeitszeit und es ist auszustempeln. Überstunden werden nicht vergütet. Gleitzeit ja, aber Anwesenheitspflicht zwischen 10 und 17 Uhr. Lang lebe die Präsenzkultur in gut überwachbaren Arbeitszellen!

Es gibt Prozesse und Standards, die strengstens einzuhalten sind. Bei ungeplanten Ereignissen, Entscheidungen außerhalb des Kompetenzrahmens oder im Konfliktfall ist der hierarchische Eskalationspfad zu beachten! Meetings finden ausschließlich in hierfür vorgesehen Räumen statt, die PowerPoint-Präsentation ist drei Werktage vorher bis 18 Uhr zu verschicken – natürlich ausschließlich im Corporate Design! Jedes Gespräch und jede Entscheidung sind zu dokumentieren.

Warum? Das macht man so!

Was bringt die flexibelste Homeoffice-Regelung, wenn Laptops abends und am Wochenende zum Schutz der Gesundheit zentral abgeschaltet werden? Was haben Angestellte von Firmenhandys und deren privater Nutzung, wenn ihr Chef sie Tag und Nacht mit Fragen und Aufträgen bombardiert, die alle nicht bis morgen warten können?

»Ich fühle mich auf der Arbeit wie im Gefängnis!«
Klienten erzählen mir im Coaching zunehmend von ihrem Gefühl, im Job eingeengt zu sein, vom Bild der massiven Mauern um sie herum, die über die letzten Jahre immer näher gekommen sind und ihnen die Luft zum Atmen und den Raum zur freien

Entfaltung nehmen. Ein Druck, den viele von ihnen auch längst körperlich zu spüren bekommen:
- Kraftlosigkeit aufgrund des ständigen Ankämpfens gegen die Mauern aus starren Regeln, Prozess-Standards, Politik und hierarchischer Hackordnung.
- Kurzsichtigkeit durch das Ausrichten des Fokus auf das Überleben im Tagesgeschäft – mit dem daraus resultierenden Verlust von Weitblick, Freigeist und Kreativität.
- Verlust von Selbstbewusstsein durch mangelnde Wertschätzung der eigenen Ressourcen und Fähigkeiten.
- Frustration, Wut und Trauer darüber, in der Hektik des Arbeitsalltags nicht mehr als Mensch gesehen zu werden und dementsprechend keine Wertschätzung für Leistungen und Erfolge zu erfahren.
- Resignation, an alldem als unwichtiges Schräubchen im Getriebe nichts verändern zu können.

Für meinen Artikel »*Sie sollen arbeiten, nicht denken!*«, den Sie auch in diesem Buch finden, habe ich auf XING erschreckend viel Zustimmung von »Betroffenen« erhalten, die genau das bei ihrer Arbeit empfinden. Wer als Arbeitgeber eine derartige Haltung etabliert, die aus kurzsichtigem Effizienzstreben und panischem Baustellen-Management den Menschen aus den Augen verliert und das nicht wertschätzen kann, was ihn noch von Kollege Roboter unterscheidet, der ist nicht weit entfernt von mittelalterlicher Leibeigenschaft.

»Ich muss da raus!«
Mit dieser Absicht kommen fast alle Klienten zu mir ins Karriere-Coaching. Flucht ist ihr Antreiber, nicht die Lust auf Neues. Ein Ziel, das sie noch nirgendwo hinführt. Wie auch? Schließlich wissen sie nicht, was die Arbeitswelt außerhalb der hohen Mauern noch Gutes für sie bietet.

Doch die erfolgreiche Flucht erscheint insbesondere für berufserfahrene Arbeitnehmer ab Mitte 40, ganz sicher mit 50-Plus als Ding der Unmöglichkeit. Je länger sie in diesen Unternehmen mit den hohen Mauern klein gehalten wurden, umso stärker glauben sie fest daran, im Arbeitsmarkt wertlos zu sein und die Flucht in die Freiheit niemals zu schaffen. Dabei haben die meisten von ihnen noch 15 bis 20 Jahre bis zur Rente – oder um im Bild zu bleiben: ihrer Entlassung.

Absitzen ist keine Lösung. Reißen Sie die Mauern ein!
Statt sich selbst die Freiheit zu nehmen, aktiv und bewusst etwas zu verändern, harren sie aus und halten irgendwie durch. Sie haben in ihrem kleinen Kästchen innerhalb der Mauern verlernt, selbst der Chef ihres Lebens zu sein. Stattdessen hängen sie fest in einer jammernden Opferhaltung aus scheinbarer Fremdbestimmung, bedingungsloser Abhängigkeit und dem Gefühl von Ohnmacht aus Angst vor Veränderung.

Liegt irgendwann die Kündigung des Arbeitgebers auf dem Tisch, empfinden es viele von ihnen als Befreiung. *»Endlich hat mir der Chef die Entscheidung abgenommen, den nächsten Schritt gehen zu müssen«*, sagen sie mir im Coaching. Es kommt mir vor wie die seit langem ersehnte Entlassung aus dem schrecklichen Gefängnis.

Doch bei genauerem Hinsehen türmen sich viele dieser mächtig anmutenden Mauern vor allem in ihren eigenen Köpfen auf:
- Freiheit einschränkende Denk -und Verhaltensweisen, die mit der Zeit Gewohnheit geworden und nie wieder hinterfragt worden sind.
- Als unverrückbar wahrgenommene Regeln und Arbeitsprozesse, die tatsächlich verhandelbar oder einfach veränderbar sind.
- Vermutete Erwartungen des Chefs oder der Kollegen, die ausschließlich auf Annahmen und Interpretationen beruhen.

Die Fülle an Gesetzen, die aus unreflektierten Wahrheiten entstanden sind, ist in den Köpfen der »Einsitzenden« zur sicheren Gewohnheit geworden.

Keine Frage, sowohl die echten Mauern aus längst überholten Vorschriften und alter Führung in der Organisation als auch die imaginären Mauern in den Köpfen von Arbeitnehmern müssen eingerissen werden. Denn sie treiben Angestellte nicht nur in die innere Kündigung, sondern lähmen die gesamte Organisation. Beide Seiten müssen ran und können daran arbeiten.

Was Unternehmen und Mitarbeiter tun können
Arbeitgeber sollten nicht nur über Freiheit sprechen, sondern sie im Alltag individuell erlebbar machen. Sie sollten ihre Angestellten fragen, was für sie Freiheit im Beruf konkret bedeutet, und ihnen zuhören. Führungskräfte sollten ihre Mitarbeiter aktiv ermuntern, Freiheiten im möglichen und oftmals sogar erwünschten Rahmen in Anspruch zu nehmen. Mauern in den Köpfen sind das Ergebnis von (schlechten)

Erfahrungen, oftmals verbunden mit Angst, Unsicherheit und fehlender Klarheit. Führungskräfte können daran arbeiten, Freiheit für ihre Mitarbeiter zu legalisieren.

Arbeitnehmer sollten sich in ihrem aktuellen Handlungsraum bewusst umsehen. Wo existieren tatsächlich Mauern und wo sind Mauern mit der Zeit nur in ihrem Kopf entstanden? Viele Angestellte entwickeln im Coaching sehr schnell gute Ideen dazu, was sie tun können, um in ihren Positionen im aktuellen Unternehmen mehr Freiheit zu erlangen. Häufig ist es eine Mischung aus Selbstdisziplin und mehr Klarheit – gewonnen durch Gespräche mit Chef und Kollegen.

Das Verrückte: Oftmals freuen sich ihre Vorgesetzten über die Initiative und begrüßen die neu erlangte Freiheit. Denn auch Chefs atmen auf und profitieren davon, wenn ihre Mitarbeiter mehr Selbstverantwortung übernehmen und sich die Freiheit nehmen, die sie wirklich benötigen, um sich selbst zu motivieren und gute Leistungen zu erbringen.

Echte Freiheit im Beruf ist kein verordneter Freigang
Echte Freiheit im Beruf lässt sich nicht durch Standards regeln. Für Gerechtigkeit braucht Freiheit zwar einen Rahmen, doch statt einengender, hoher Mauern habe ich ein Bild von Leitplanken im Kopf, die keine Angst erzeugen, sondern Sicherheit auf einem Weg geben und statt Mauern eine gute Sicht auf die vielen Chancen und Möglichkeiten erlauben.

Innerhalb dieser Leitplanken sollte es in der Selbstverantwortung jedes einzelnen Mitarbeiters liegen, wie viel und welche Freiheit in einer bestimmten Situation für ihn persönlich wichtig und in der Sache zielführend ist.

Wem konzentriertes Arbeiten im Büro wichtig ist, der wäre mit dem Kreativ-Workshop im Wald überfordert. Wer auf innovative Ideen nur in Bewegung an der frischen Luft kommt, empfindet es als ungerecht, vorher ausstempeln zu müssen. Wer im Homeoffice bessere Konzepte als im Großraumbüro schreiben kann, der sollte diese Option besitzen. Und auch der Großkonzern, der aus Mangel an Büroraum alle seine Angestellten zwingt, zwei Tage pro Woche am heimischen Küchentisch zu arbeiten, macht mit dieser Freiheit lange nicht jeden Mitarbeiter glücklich.

Viele Arbeitgeber haben erkannt, dass Freiheit für ihre Mitarbeiter ein wichtiger Wert ist. Doch sie tun, was sie gerne tun: Sie regeln es. Gleicher Freigang für alle! Wie im Gefängnis.

Und für alle Kopfschüttler unter Ihnen, die jetzt gerade denken »*Das funktioniert bei uns doch eh nicht!*« oder »*Der Slaghuis hat leicht reden als Selbstständiger!*«: Willkommen in Ihrem Gefängnis!

Warum wir (k)einen Purpose im Leben brauchen

Nico Rose

Gibt es für jeden von uns die einzig wahre Berufung? Und lohnt es sich, auf die Suche danach zu gehen? Ich bin skeptisch – aus gutem Grund.

Seit einigen Jahren ist ein Thema schwer in Mode: Im Englischen wird dafür der Begriff »Purpose« verwendet, der sich eher schlecht als recht übersetzen lässt, ohne dass er falsche Konnotationen weckt. Die Bedeutung des englischen Wortes liegt in der Schnittmenge der Begriffe Daseinszweck, Berufung und Bestimmung. Es geht demnach um eine Mischung von in die Zukunft gerichteten Gedanken und Gefühlen, die ein Bündel von übergeordneten Zielen oder Lebensaufgaben beschreiben. Es geht um die Anwesenheit eines Gespürs für den ureigenen Beitrag, den ein Mensch in diesem Leben leisten möchte. Vereinfacht könnte man sagen, es geht um die folgenden Fragen: Wozu bin ich hier? Wie kann ich in meiner Einzigartigkeit, mit meinen Stärken und Talenten dafür sorgen, dass diese Welt (oder ein Teil von ihr) ein besserer Ort wird?

In den letzten Jahren ist, zumindest im Internet rund um das Thema Management und Selbsthilfe, ergänzend der japanische Begriff Ikigai aufgetaucht, der sich ebenfalls einer eindeutigen Übersetzung entzieht – aber recht nah an der Idee eines Purpose gelagert ist. Die Konnotation einer Berufung legt nahe, dass ein solcher Lebenszweck nicht von vornherein gegeben ist, sondern irgendwann entdeckt oder gehört werden kann, während Bestimmung tendenziell andeutet, dass es eine Art Prädestination gibt, dass der Lebenszweck eines Menschen vor-angelegt ist.

Abzugrenzen ist das Konzept des Purpose von dem einer Mission (in dem Sinne, wie viele Unternehmen ein »Mission Statement« veröffentlichen): Purpose beantwortet die Fragen: Warum gibt es mich? Was will ich bewirken? Die Mission gibt ergänzend folgende Auskunft: Was unternehme ich, um dem Purpose näherzukommen? Wie setze ich den Purpose in die Tat um?

Ein Mensch könnte zum Beispiel seinen Purpose darin sehen, die Kindersterblichkeit auf der Welt zu senken. Es gibt allerdings viele verschiedene Missionen (und Professionen), um diesem Ziel näher zu kommen: Hebamme, Entwicklungshelfer, Produzent von Desinfektionsmitteln usw.

Alles kann, nichts muss
Die Gefahr bei dem Thema liegt darin, es zu undifferenziert zu betrachten. In vielen Ratgebern finden sich mehr oder weniger plausible Anleitungen, um seinen »einzig wahren Purpose« entdecken zu können. An dieser Stelle wäre ich persönlich skeptisch. Es gibt Forschung, die nahelegt, dass Menschen, die sich mit Haut und Haaren einem bestimmten Lebensthema verschreiben, im Mittel erfolgreicher sind als Menschen, die ihre Energie auf verschiedene Projekte verteilen. Das bedeutet jedoch noch lange nicht, dass sie damit auch glücklicher werden. Zudem zeigt die Forschung, dass sich Sinnwahrnehmung aus vielen unterschiedlichen Quellen speisen kann. Es erscheint demnach wenig stimmig, nach genau dieser »einen Sache« suchen zu wollen.

Im Übrigen ist die Metapher des Entdeckens trügerisch. Das Gros der Menschen wird eine Bestimmung nicht einfach finden, so wie einen Schatz, dessen Ort mit einem X markiert ist. Eher müssen wir sie über die Zeit kultivieren wie eine Pflanze, bei der es manchmal Jahre dauert, bis sie Früchte trägt. Das heißt in Summe: Grämen Sie sich nicht, wenn Sie bislang ihren einen Purpose noch nicht entdeckt haben! Und lassen Sie sich erst recht kein schlechtes Gewissen einreden von irgendwelchen Motivationstrainern. Die Wahrscheinlichkeit, dass Sie auch ohne ein solches Konstrukt ein glückliches Leben führen können, ist hoch. Wenn Sie sich allerdings auf die Entdeckungsreise machen wollen, so lautet mein Rat:

Schauen Sie nach innen, nicht nach außen. Der Purpose eines Unternehmens beginnt irgendwo im Außen: bei den Profiteuren (i. w. S.) dessen, was die Organisation herstellt oder leistet. Als Mensch hingegen brauchen Sie keine externe Rechtfertigung für Ihr Dasein. Jemand anders hat diese Entscheidung für Sie getroffen. Sie sind jetzt hier – und das ist fürs Erste gut genug. Wenn Sie wollen, dann spüren Sie stattdessen bitte folgenden Fragen nach:
- Bei welchen Tätigkeiten verliere ich (im positiven Sinn) völlig mein Zeitgefühl?
- Bei welchen Tätigkeiten habe ich das Gefühl, irgendwie eine bessere Version meiner selbst zu sein?

- Auf welche Tätigkeiten bekomme ich viele positive Rückmeldungen, auch wenn ich selbst gar nichts Besonderes dabei finde?
- Nach welchen Tätigkeiten ist meine Seele erfüllt, auch wenn ich mich körperlich total verausgabt habe?
- Bei welchen Tätigkeiten bin ich ganz im Frieden – mit mir und der Welt?

Was auch immer die Antworten auf diese Fragen sein mögen: Ich lade Sie ein, mehr davon zu tun, mehr davon in Ihr Leben zu bringen. Das ist ein guter Anfang.

Boreout: Mit Langeweile im Job ist nicht zu spaßen

Bernd Slaghuis

Boreout als Folge chronischer Langeweile im Beruf wird oft noch als Luxusproblem belächelt. Warum krankhafte Unterforderung zum echten Problem der Arbeitswelt geworden ist und wir sie nicht dulden sollten.

»Langeweile im Job – wo gibt's denn sowas?«, denken Sie vielleicht in diesem Moment. Weil Sie zu den chronisch überlasteten Menschen gehören, für die Nichtstun schier unvorstellbar ist. Dass es andere gibt, die täglich in ihren Büros von gähnender Langeweile gequält sind, können Sie sich schwer vorstellen. Und falls doch, blicken Sie müde lächelnd auf sie herab und wünschten sich, deren Probleme zu haben.

Oder Sie kennen genau dieses Gefühl, weil auch Sie einer der vielen dauerhaft in ihren Jobs Gelangweilten sind, diese Zeilen gerade heimlich an Ihrem Arbeitsplatz lesen und erleichtert sind zu erfahren, dass Ihr Problem alles andere als eine Randerscheinung ist. 31 Prozent der in der Studie »Randstadt Employer Brand Research«[33] Befragten geben an, ihren Job aufgrund von Unterforderung wechseln zu wollen.

Auf meinem Karriere-Blog habe ich 2015 den Beitrag *»Langeweile im Job: Was tun, wenn es nichts zu tun gibt?«* veröffentlicht. Monatlich hat der Text inzwischen rund 5.000 Leser – alle stoßen über Suchmaschinen auf ihn. In vielen Kommentaren berichten dort Betroffene, in welche gefühlt ausweglose Sackgasse sie sich manövriert haben und wie stark sie dieser Zustand belastet.

5 Freude & Sinn

Langeweile im Beruf hat viele Ursachen
Es geht nicht um den einen Tag, den es hin und wieder gibt, an dem Sie zum Zeit totschlagen mit den Kollegen ausgedehnt plaudern, den Stapel Fachzeitschriften sichten und am Ende froh sind, nach zähen Stunden des Abhängens endlich Feierabend machen zu dürfen.

Es geht um dauerhafte Langeweile. Jeden Morgen sicher zu wissen, dass alle Aufgaben dieses Tages innerhalb von einer Stunde erledigt sein werden. Oder zu wissen, die nächsten acht Stunden und jeden neuen Tag mit eintönigen Routinetätigkeiten intellektuell unterfordert zu sein. Oder über Monate unbeschäftigt sehnsüchtig auf das zweimal im Jahr einsetzende Saisongeschäft zu warten.

Die Ursachen für Langeweile im Beruf sind vielfältig. Mit mangelnder Motivation, geringer Qualifikation oder Faulenzertum hat es selten zu tun. Ganz im Gegenteil, meist sind es Arbeitnehmer mit ursprünglich hoher intrinsischer Motivation, die einmal Dinge bewegen und Erfolge sehen wollten, jedoch in den hierfür falschen Positionen oder veränderungsstarren Organisationen stecken, die ihnen dies alles nicht erlauben.

Sicherheit und hohes Gehalt lassen Angestellte aushalten
Die meisten »Opfer« von Langeweile im Job verdienen gut und befinden sich in einem Umfeld, das ihnen ein hohes Maß an Sicherheit bietet: Im öffentlichen Dienst, in Non-Profit-Organisationen, in Konzernen mit starkem Kündigungsschutz nach langjähriger Betriebszugehörigkeit oder im kuscheligen Familienbetrieb.

Das gut bezahlte Nichtstun in Sicherheit gegen spannend Neues in Unsicherheit einzutauschen, ist die gefährlich hohe Hürde, die Betroffene über Jahre aushalten lässt und krank machen kann. Denn gefangen im Nichts wird es zur größten Sorge, aufzufallen. Wer auf die Idee kommt, den Chef nach mehr Arbeit zu fragen, der hat bereits sehr lange Langeweile ausgehalten, denn eigentlich ist die Angst, den Job los zu sein und vor dem echten Nichts zu stehen, zu machtvoll geworden, als dass man eine solche Frage wagen würde.

Boreout ist für Betroffene belastender als Burnout
Die Betroffenen entwickeln stattdessen Vermeidungsstrategien, strecken Arbeit künstlich über Stunden oder platzieren ihren Bildschirm so, dass niemand ihr priva-

tes Surfen bemerkt. Ein schleichender Prozess, der immer stärker zum Verlust von Selbstvertrauen und Selbstwirksamkeit führt.

Sie verlieren das Gefühl für ihre Stärken, fühlen sich unnütz und überflüssig. »*Ich kann an meiner Situation nichts verändern!*« wird bereits nach kurzer Zeit chronischer Unterforderung zur selbst konstruierten Wahrheit.

Hinzu kommt, dass sie im Gegensatz zum durch Überforderung gestressten Jammerer von ihrem sozialen Umfeld nicht ernst genommen werden. Sie sprechen von einem »Luxusproblem« und fragen mich, ob sie es sich überhaupt erlauben dürfen, unzufrieden zu sein. Schließlich sei ein Burnout doch viel schlimmer.

Ein Irrtum, der in unserer Leistungsgesellschaft verankert ist. Es wird höchste Zeit, die identischen körperlichen Symptome von Burnout und Boreout mit mindestens gleichem Maß als Gesundheitsgefährdung am Arbeitsplatz wahr und ernst zu nehmen.

Wir dürfen chronische Langeweile im Beruf nicht dulden
Wir können es uns nicht leisten, Stellen ohne Arbeit existieren zu lassen, nur weil sie geplant sind und auf den Status altgedienter Chefs einzahlen, die ihre Macht über Führungsspannen definieren.

Dort, wo menschliche Arbeit durch Automatisierung oder Verlagerung entfällt, jedoch aus humanen Gründen auf Entlassungen verzichtet wird, wäre die Kündigung und Unterstützung im Neuorientierungsprozess für viele Arbeitnehmer die gesündere Lösung, anstatt sie auf ein stillgelegtes Abstellgleis und in die krank machende Langeweile zu befördern.

Wer in seinem Beruf unter Langeweile leidet, der darf als Chef des eigenen Lebens aktiv werden und seine Vorgesetzten in die Verantwortung nehmen. Aushalten ist auf Dauer keine gesunde Lösung.

Wer zusehend für Nichtstun oder Unterforderung gut bezahlt wird, der sollte sich als Arbeitnehmer bewusst dafür entscheiden, dies tatsächlich als Luxus zu genießen oder aber den Job zu wechseln.

Kultivieren Sie Selbstmitgefühl statt Selbstoptimierung

Nico Rose

Statt uns selbst immer weiter anzutreiben auch in Momenten des Scheiterns und der Krise, sollten wir lernen, uns selbst ein guter Freund zu sein. Wie geht das?

Ich habe die Nase voll, kann so etwas nicht mehr lesen:
- So gestalten Sie das perfekte Homeoffice!
- Mit diesen Tricks wirkt Ihr Gesicht attraktiver während der Videokonferenz!
- Wie Sie als Führungskraft auch auf Entfernung die Zügel fest in der Hand behalten!

Die Ratgeberbereiche vieler Publikationen quellen seit Wochen über vor – möglicherweise – gut gemeinten, in ihrer Konsequenz aber schlecht gemachten Selbsthilfebeiträgen. Als ob es nicht auch unter normalen Umständen schon schwer genug wäre, (s)ein Leben auf die Reihe zu kriegen, sollen wir auch jetzt noch glänzen und performen, während um uns alle herum die Welt teilweise aus den Fugen gerät, geübte Routinen nicht mehr tragen, sicher geglaubte Einkommensströme versiegen, Komfort spendende Kontakte mit wichtigen Menschen untersagt sind – sprich: viele Menschen schlicht und ergreifend nicht mehr wissen, wo vorne und hinten ist. Vielleicht sollte ich erwähnen, dass dieser Beitrag unter dem Eindruck der ersten Wochen der Corona-Krise entstanden ist. Ich bin allerdings davon überzeugt, dass die darunter liegenden Prinzipien für jede Form des Scheiterns wichtig sind – im Grunde ganz allgemein für »schwierige Zeiten« im Leben.

Was wir jetzt dringend brauchen: Mitgefühl mit uns selbst
Statt auch in der aktuellen Extremsituation noch den schönen Schein aufrechterhalten zu wollen, möchte ich aufgeschlossenen Lesern etwas anderes ans Herz legen: Kultivieren Sie eine Haltung, die in Anlehnung an die Psychologieprofessorin Kristin Neff als Selbstmitgefühl bezeichnet wird. Die tragische Ausgangslage: Menschen gehen mit sich selbst regelmäßig viel härter ins Gericht als mit anderen Personen. Wir sind mitunter selbst unsere schärfsten Kritiker, auch wenn wir schon weit über unsere Grenzen gegangen sind. Selbstmitgefühl bedeutet stattdessen, der eigenen Person das gleiche Maß an Freundlichkeit und Fürsorge zukommen zu lassen, das man auch einem guten Freund angedeihen lassen würde, wenn dieser eine schwere Zeit hätte.

Die drei Säulen des Selbstmitgefühls
Die erste Säule ist vielen Menschen mittlerweile bekannt: Achtsamkeit. Einfach ausgedrückt bedeutet das, im Moment zu bleiben, ohne das, was gerade vor sich geht, zu be- bzw. verurteilen. Das heißt auch: *achtsam sein in Bezug auf unsere Unsicherheit und Sorge.* Das ist jedoch meist das Letzte, worauf Menschen fokussieren möchten. Ein wichtiger Aspekt von Selbstmitgefühl ist, einfach mit den eigenen Gefühlen »zu sein«, nicht alles reparieren zu wollen.

Der zweite Aspekt des Selbstmitgefühls ist eine Haltung der Güte gegenüber der eigenen Person. Es geht darum, auf das eigene Leid mit einer nicht-wertenden Haltung zu reagieren. Stellen Sie sich vor, ein guter Freund würde Ihnen von einer schweren Lebenskrise berichten: Was würden Sie sagen und tun? Was immer genau die Antwort sein mag: Versuchen Sie, sich selbst ein guter Freund zu sein. *Sie* haben genau die gleiche Anteilnahme verdient.

Das Ziel der dritten Säule ist die Kultivierung eines Gefühls der Verbundenheit mit der Menschheit an sich. Es geht um die schlichte Einsicht, dass wir alle miteinander ein unvollkommenes Leben führen. Nüchtern betrachtet ist das eine Selbstverständlichkeit, doch emotional gestaltet es sich oft anders: Wenn etwas nicht rund läuft oder wir ein wichtiges Ziel nicht erreichen, denken wir fast automatisch: »Das sollte ausgerechnet mir nicht passieren«. Dies kann mitunter dazu führen, sich einsam und abgesondert zu fühlen. Wir werden dann nicht nur mit dem Fehlschlag selbst konfrontiert, sondern auch mit Gefühlen wie Zweifel und Scham. Doch all das ist – zumal in einer Ausnahmesituation wie der Corona-Krise – Teil der normalen Erfahrung des Menschseins. Unser Kummer trennt uns nicht von den anderen, er verbindet uns mit ihnen.

Selbstmitgefühl bedeutet nicht aussitzen
Auf den ersten Blick mag sich Selbstmitgefühl »schwach« anhören, gerade im Vergleich zu den todesmutig voranschreitenden Helden, wie sie gerne in Hollywood gezeichnet werden. Kristin Neff wird allerdings nicht müde zu betonen, dass Selbstgefühl nicht nur aus der akzeptierenden Variante besteht. Sie spricht als Analogie von einer Yin- und Yang-Seite: Der weiche Yin-Anteil steht für die interne Perspektive, die fürsorgliche Dimension. Der harte Yang-Anteil ist nach außen gerichtet und fragt: »Wie kann ich mich in dieser Situation schützen?« Oder: »Was muss ich jetzt tun, um voranzukommen?« Es wird deutlich, dass diese Dimension auch im Business eine wesentliche Rolle spielt. Allerdings gibt es in Unternehmen sowieso die Tendenz, sich auf diese Seite zu fokussieren. Folglich ist es, gerade in Krisenzeiten, essenzi-

ell für Führungskräfte, auch die weiche, fürsorgliche Dimension vorzuleben und bei anderen zu bestärken.

Fazit
Mir ist bewusst, dass sich das Konzept des Selbstmitgefühls für manche Menschen zunächst fremd anfühlen mag – gerade für all jene, die es gewohnt sind, vor allem zu »performen«. Vielleicht hilft Ihnen das folgende Bild: Stellen Sie sich Ihr Selbstmitgefühl als einen wohlmeinenden, konstruktiven Coach vor. Ein guter Coach wird uns nicht sagen, dass alles gut ist, wenn dies nicht der Fall ist. Er wird klärende Fragen stellen und uns ermutigen, ins Handeln zu kommen. Aber er wird uns niemals auf einer grundlegenden Ebene kritisieren.

Wir sind alle menschlich – und damit unvollkommen und verletzlich. Gestatten Sie sich diese Gefühle mindestens so sehr wie ihren Eltern, Partnern, Kindern oder Freunden. Sie haben es verdient.

Selbstverwirklichung: Hört mal auf, die Berufung zu finden!

Bernd Slaghuis

Die Suche nach Sinn und Erfüllung im Beruf ist für viele Angestellte eine unermüdliche Lebensaufgabe. Warum wir nicht verkrampft die Berufung suchen, sondern zu einem gesunden Maß an Zufriedenheit finden sollten.

Selbstverwirklichung steht heute bei vielen Angestellten ganz oben auf der Liste ihrer Karriereziele. Das zeigen Studien und das merke ich auch im Coaching. Seit Jahren boomen Ratgeber und Seminare, die uns versprechen: *»So findest auch du deine Berufung«*.

Diejenigen, die auf der Suche nach ihrer Berufung sind, die wollen selbstbestimmt den eigenen Träumen und Zielen folgen. Sie wollen endlich alles das zu tun, was ihnen wirklich liegt und wofür sie von ganzem Herzen brennen. Viele von ihnen sehen die Berufung als Erlösung von der heutigen Sinnlosigkeit ihres Jobs.

Sie wollen, dass endlich Schluss ist mit der täglichen Quälerei, der Überforderung oder Langeweile, ihren unfähigen Chefs, den nervigen Kollegen, fehlender Wertschätzung und für ihre Zukunft unklaren Perspektiven.

Jeder dieser passionierten Selbstoptimierer ist sich ganz sicher: Ist die Berufung einmal gefunden, dann ist auch der Rest erfüllt: Erfolg, Geld, Leidenschaft, Glück, Freude, Anerkennung, Wertschätzung, Sinn und alles, was noch wichtig sein könnte.

Das ewige Lied der »Tschakka, Du schaffst das auch!« Parolen
Sie kennen sicher auch die Berichte über den Ex-Konzernvorstand, der jetzt Inhaber einer Südsee-Bar ist, oder über die ehemalige Abteilungsleiterin, die jetzt hip einen auf Reisebloggerin macht. Wir bekommen ständig durch die Medien suggeriert, dass es heute eigentlich ganz leicht ist, seine buntesten Träume zu realisieren.

Wenn ich mir diese Tschakka-Gurus mit ihren »*Du musst es nur wollen, dann schaffst du es auch!*« Sprüchen ansehe, die sie der verzweifelten Menge von der großen Bühne aus zurufen, dann habe ich oft den Verdacht, dass sie selbst die größten Selbstverwirklicher auf der Suche nach dem schnellen Applaus sind.

Denn es ist doch so: So sehr Tschakka in der Gemeinschaft der frustriert Gleichgesinnten guttut und so schnell solche lauten Parolen in diesem Moment auch motivieren, tja, so schnell verpufft das gute Gefühl auch wieder.

Ich sehe in den Coachings, dass es erst die Übernahme von Selbstverantwortung ermöglicht, sich zu erlauben, überhaupt über neue Wege nachzudenken, geschweige denn auch die Entscheidung zu treffen, sie einzuschlagen.

Die Realität ist nun mal eine andere, als sie im Scheinwerferlicht der Parolen schwingenden Tschakka-Redner erscheint. Denn im echten Leben ist Sicherheit für die meisten Menschen am Ende doch wichtiger als Freiheit. Und für den neuen Traumjob mit der Familie umzuziehen, kommt doch nicht in Frage, weil der Partner seinen sicheren Job nicht aufgeben will oder die Jüngste gerade in die Schule gekommen ist.

»*Tschakka, du hast die Wahl*« wäre aus meiner Sicht die ehrlichere, wenn auch weniger sexy klingende Botschaft.

5 Freude & Sinn

Das Geschäft mit der Berufung boomt
Über 5.000 Produkte finde ich bei Amazon zum Begriff »Berufung«. Knapp 30.000 Einträge findet Google zu »Berufungs-Coaching«. Es gibt sogar einen speziellen Zertifikatslehrgang zum Berufungs-Coach. Die Zahlungsbereitschaft der Berufung Suchenden wächst in dem Maße, in dem die empfundene Unzufriedenheit in der immer komplexeren Arbeitswelt immer stärker wird.

Hinzu kommt noch: Die Treue zum eigenen Arbeitgeber lässt immer mehr zu wünschen übrig. Zwei Drittel machen angeblich nur noch Dienst nach Vorschrift, 15 Prozent haben sogar schon innerlich gekündigt, sagen Studien.

Ich mache die Erfahrung: Besonders die Vertreter der jungen Generationen haben heute den Anspruch, dass ihnen die Karriere Sicherheit und Halt bietet, gleichzeitig sind sie aber heiß auf Herausforderung, Abwechslung und eine große Portion Feelgood im Job.

Flucht aus dem alten Job oder echte Lust auf Neues?
Die meisten meiner Klienten, deren Anliegen eine berufliche Neuorientierung ist, kommen zu mir, wenn sie die Kündigung bereits auf dem Tisch liegen haben. Oder wenn ein Weiter-so gesundheitlich auf Dauer ganz sicher nicht mehr funktioniert.

Ihnen allen geht es um ein Weg-von statt um ein Hin-zu. Die bewusste Entscheidung für die freiwillige Aufgabe des bisherigen Jobs, um eine lang ersehnte Berufung zu realisieren, das ist die Ausnahme im Coaching.

Dennoch: Wem es nicht gelingt, die Flucht vor dem Alten in echte Neugierde auf Neues zu verwandeln, der wird weiter unzufrieden im Status quo verharren. Das Neue bleibt für immer die zweite Wahl. Das Ziel der Berufung bleibt unerreicht und damit weiter im Blick.

Und so wird Tag für Tag jegliche in der knappen Freizeit aufgetankte Energie in die Selbstoptimierung und die Suche nach dem Undefinierbaren investiert. Endlich im Beruf anzukommen, das ist der sehnlichste Wunsch. Raus aus der Denkschleife aus Unzufriedenheit und rastlosem Veränderungsdrang.

Ich finde es erschreckend, wie sehr viele Arbeitnehmer bei dieser verbissenen Berufungssuche die eigenen Erfolge und schönen Momente im Hier und Jetzt verpassen. Sie vergessen mit der Zeit, was sie alles Tolles in den letzten Jahren im Beruf erfahren und erreicht haben.

Und ich stelle fest: Der für ihre weitere berufliche Entwicklung eigentlich so wichtige Blick auf die eigenen Stärken und Talente wird immer mehr vernebelt.

Wir benötigen wieder ein gesundes Maß an Zufriedenheit
Ich persönlich kann ja nichts mit dem Begriff »*Berufung*« anfangen. Das ist mir zu hoch und ungreifbar. Ich verbinde hiermit eine Haltung der Passivität, nur darauf warten zu müssen, bis irgendeine Berufung vom Himmel fällt und mich endlich finden wird.

Ja klar, ich übe als Coach heute einen Beruf aus, der mir große Freude macht, den ich als sinnstiftend erfahre und der mir Freiheiten gibt, die mir im Leben wichtig sind. Ich bin sehr zufrieden mit der Entwicklung der letzten Jahre und ich bin neugierig auf das, was kommen wird. Doch, dass ich meine Berufung gefunden habe, so wie es manche Klienten von mir glauben, klingt für mich irgendwie nicht stimmig.

Ich bin zufrieden und habe Freude bei der Arbeit, mir reicht das. Und ich bin der Meinung, es täte auch unserer Gesellschaft gut, wieder zu einem gesunden Maß an Zufriedenheit zu finden.

Es ist gut und wichtig, die Möglichkeiten der heutigen Ausbildungs- und Arbeitslandschaft chancenorientiert zu entdecken, doch es ist auf Dauer ungesund, nur hinauf auf die perfektesten Äpfel und den grünsten Rasen in Nachbars Garten zu schielen.

Bei der Arbeit mit jungen Menschen beobachte ich ganz stark, dass manche von ihnen heute so sehr in einem behüteten Lebensumfeld aufwachsen, dass sie das Klettern am Baum gänzlich verlernt haben. Sie erwarten fast, dass jemand für sie am Baum rüttelt, ihnen die Berufung bequem in den Schoß fällt und endlich alles gut wird. Auch unser bis zum Master verschultes Bildungssystem ist hierfür mit verantwortlich.

Zufriedenheit darf keine Second-best-Lösung aus Resignation über das Unerreichbare sein. Sie sollte vielmehr eine gesunde Haltung sein, die jeder individuell für sich und sein Leben einnehmen kann.

> Zufriedenheit ist die Gelassenheit, die positiven Seiten des Heute bewusst zu erleben, Chancen von morgen zu erkennen und sie selbstbestimmt ergreifen zu dürfen.

Es geht aus meiner Erfahrung nicht um diese eine, riesig große Stellschraube »Berufung«, sondern um die vielen kleinen Stellschräubchen in unserem Alltag. Die, an denen wir alle als Chef unseres eigenen Lebens leicht selbst drehen können, um etwas in eine positive Richtung zu verändern. Übrigens nicht nur im Beruf.

Wer bin ich auf der Arbeit – und wenn ja, wie viele?

Nico Rose

Jeder Mensch ist ein Sammelsurium aus verschiedenen Persönlichkeitsanteilen, Wünschen, Hoffnungen und Zielen. Unternehmen wollen meist nur einen kleinen Teil davon im Büro sehen. Das ist nicht zu Ende gedacht.

Es ist völlig normal, dass wir im Leben verschiedenste Rollen einnehmen und uns in diesen Rollen auch unterschiedlich verhalten, weil sie mit unterschiedlichen Erwartungen sowie Rechten und Pflichten einhergehen. Mein Chef würde sich wundern, spräche ich mit ihm genauso wie mit meinen Kindern. Er würde sich vermutlich ebenso am Kopf kratzen, gerierte ich mich ihm gegenüber so, wie gegenüber den Menschen, auf die ich bei meinen regelmäßigen Besuchen von Heavy-Metal-Konzerten treffe. Wenn ich ihm im Kontext unserer gemeinsamen Arbeit begegne, erwartet er zu Recht, dass ich mein Verhalten und auch mein Aussehen zumindest in einem angemessenen Maße dem gegebenen Kontext anpasse. Er kann verlangen, dass ich ein Stück weit zum – wie manche es abwertend nennen – Industrieschauspieler werde.

Wenn man für eine Organisation arbeitet, dann wird erwartet, dass man »performed«. Obwohl die meisten Menschen kaum darüber nachdenken, ist somit implizit das Thema einer Bühne mitgedacht. Eine Performance erwarten wir von Schauspielern, Musikern, Artisten. Mit dem Aspekt des Schauspiels verknüpft ist das Konzept der

Persona. In der Psychologie wird damit sozial angepasstes Rollenverhalten bezeichnet, das Menschen in Abhängigkeit zu einem Kontext präsentieren. Die Persona kann mehr oder weniger mit der eigentlichen Persönlichkeit des Menschen verknüpft sein. Der Begriff Persona lässt sich zurückführen auf die Masken, die Schauspieler früher im Rahmen der Aufführung von griechischen Tragödien trugen. Etymologisch geht es um den Klang der Stimme, welcher durch die Maske hindurchtönt (»per sonare«).

Frederick Taylors langer Schatten
In dieser Hinsicht lässt sich fragen, wie viel von unserer Persönlichkeit durch unsere Business-Persona hindurchtönt. Im Extrem bleibt diese komplett maskenhaft und starr. Man kann dann den eigentlichen Menschen dahinter kaum erahnen. Unternehmen unterstützen diese Form der Normierung in unterschiedlich starkem Ausmaß, beispielsweise durch Dresscodes und Wertecodizes, Sprachregelungen, Compliance-Regeln und auch Leistungsbewertungen. Diese Gleichschaltung, diese subtil eingeforderte Beschränkung auf unsere Business-Persona entspringt dem tayloristischen Denken. Demnach ist das Unternehmen eine große Maschine, jeder Arbeitsschritt wird geplant und kleinteilig von der Unternehmensleitung gesteuert. Es wird vom Menschen gefordert, er möge sich glatt und austauschbar machen, auf dass er im Falle des Falles leicht in unterschiedliche Arbeitsprozesse integriert werden kann. Er ist nicht viel mehr als ein Teil der Maschine.

Humane Ressourcen
Das Problem: In der Wissensgesellschaft und noch viel mehr in der algorithmisierten Welt, in die wir gerade hineinwachsen, werden solche leicht steuerbaren, auf Effizienz getrimmten Arbeitskontexte zunehmend obsolet aus menschlicher Sicht. Viele Arbeitnehmer fragen sich aktuell, wie es sein wird, wenn sie demnächst Seite an Seite mit Robotern oder teilautonomen Computerprogrammen arbeiten müssen. Böse Zungen behaupten: Sie tun es heute schon, nur dass die Maschinen derzeit eben aus Fleisch und Blut bestehen.

Es gibt Forscher, die der Ansicht sind, dass Algorithmen den Menschen in den kommenden 20 bis 50 Jahren in jeder Hinsicht überflügeln werden, zumindest, was jegliche Art von kognitiver Fähigkeit betrifft. Doch wird eine Maschine jemals echtes Bewusstsein erlangen, wird sie jemals wirklich (mit-)fühlen können? Wird ein Roboter an sich selbst zweifeln können, mit sich selbst uneins sein? Wird ein Algorithmus jemals etwas anderes sein wollen als eine komplexe Folge von Einsen und Nullen – oder wenigstens ein besserer Algorithmus als er gestern war? Wird ein Computerprogramm wirklich verstehen, was Freude ist, oder wie es ist zu leiden? Wie es sich anfühlt, jemanden abgöttisch zu lieben oder unter Schmerzen zu vermissen? Wird eine Software jemals erkennen, dass das Wichtigste oft zwischen den Zeilen steht, oder warum etwas lustig sein kann, gerade *weil* es unlustig ist?

Ich verstehe nicht genug von künstlicher Intelligenz, um auf diese Fragen eine fundierte Antwort zu geben. Aber ich ahne, dass Menschen den Maschinen in dieser Sphäre des nicht Eineindeutigen, des mehr Spürenden als Verstehenden, des Begreifens und Verinnerlichens im Kontrast zur kalten Analyse – dass wir ihnen hier noch lange Zeit Lichtjahre voraus sein werden, wenn sie uns in dieser Domäne überhaupt je einholen können. Genau um diesen komparativen Vorteil des Menschen fruchtbar zu machen, müssen Unternehmen umdenken. Sie müssen mehr wollen, mehr verlangen von den Menschen, die für sie arbeiten. Organisationen müssen sich mehr Mensch zumuten, sich weiter öffnen für das spezifisch Menschliche an der humanen Ressource.

Heavy-Metal-Management?
Dies bringt mich zurück zum Anfang dieses Beitrags. Üblicherweise rühmen sich Menschen in der Unternehmenswelt ob ihrer Professionalität. Das bedeutet jedoch meist kaum mehr, als alle Lebensrollen abseits der Business-Persona bestmöglich zu ignorieren. Meine Frage: Können sich die verschiedenen Lebensrollen nicht gegenseitig befruchten und uns derart zu besseren Business-Menschen machen?
- Wie viel von meiner Kreativität und Fähigkeit zum abseitigen Denken geht höchstwahrscheinlich verloren, wenn ich den Headbanger in mir zuhause lasse?
- Welche neuen Dienstleistungen oder Produkte mögen mir nicht einfallen, weil ich auf der Arbeit zu wenig daran denke, dass ich auch Ehemann und Papa bin?
- Wie viel von meiner Gestaltungsfähigkeit büße ich ein, weil ich nicht genug auf jene Kompetenzen vertraue, die ich mir in verschiedenen Ehrenämtern erarbeitet habe?

Machen wir den Denkrahmen etwas größer und abstrahieren von meiner Person, dann stehen auf einmal die folgenden Fragen im Raum:
- Würden Unternehmen intensiver über verschiedene Aspekte von Nachhaltigkeit nachdenken, wenn deutlicher als bisher würde, dass da vor allem auch die Eltern von Kindern jeglichen Alters arbeiten?
- Würden Unternehmen ein anderes Bewusstsein für neuartige Arbeitsformen entwickeln, beispielsweise Führung in Teilzeit, wenn alle Mitarbeiter mehr von

ihren weiteren Familienrollen durchscheinen lassen könnten, etwa die Notwendigkeit der Betreuung von pflegebedürftigen Eltern?
- Würden Unternehmen anders über Führungskräfte-Entwicklung und Karrieren nachdenken, wenn klarer als bisher werden würde, dass Menschen im beruflichen Kontext »einfache Mitarbeiter«, in anderen Bereichen des Lebens, zum Beispiel einem Ehrenamt, jedoch äußert arrivierte Führungskräfte sein können?

Sicher, wenn wir alle mehr von unseren verschiedenen Lebensrollen, Interessen und auch Schrulligkeiten zur Arbeit bringen – dann werden wir weniger austauschbar, vielleicht auch weniger steuerbar. Doch genau diese Eigentümlichkeiten sind es, durch die wir uns heute und künftig von Maschinen und Algorithmen unterscheiden werden. Wenn wir alle weiterarbeiten wie die Roboter, müssen wir uns nicht wundern, dass wir bald durch solche ersetzt werden.

Was macht eine Führungskraft »awesome«?
Vielleicht sollten wir Business-Menschen, insbesondere Führungskräfte, öfter mal »aweseome« sein. Der amerikanische Philosophie-Professor Nick Riggle hat ein amüsantes wie lehrreiches Buch über diese Eigenschaft von Menschen bzw. ihren Handlungen geschrieben – und dabei auch versucht, den Begriff von ähnlichen positiven Beschreibungen abzugrenzen. Nach Riggle kann eine Band beispielweise exzellent spielen, wenn sie anspruchsvolle Musik in Perfektion darbietet, ohne dabei notwendigerweise »awesome« zu sein. Das zentrale Merkmal von »Awesomeness« ist das, was der Philosoph ein »Social Opening« nennt. Im Kern geht es darum, dass Menschen, wenn auch nur für kurze Zeit, angestammte Rollenerwartungen sozialer oder beruflicher Natur eine Stück weit beiseitelegen, dass sie auf eine schöpferische Art und Weise etablierte Skripte verlassen und somit ihrer Individualität jenseits der Rolle mehr Raum geben.

Wirklich »awesome« wird eine Person bzw. ihre Handlung nach Riggle allerdings erst dann, wenn sie durch ihren Regelbruch anderen anwesenden Personen ebenfalls zu mehr Individualität verhilft. Es geht also darum, (implizit) eine Einladung an die Anwesenden zu richten, für eine gewisse Zeit ihrer ureigenen Persönlichkeit mehr Raum zu geben – auf dass übergangsweise ein Kollektiv von Menschen entsteht, die sich gegenseitig in ihrer Individualität würdigen und bestärken. Noch ist das Gros der Unternehmen Lichtjahre davon entfernt, einer solchen Kultur Raum zu geben. Aber verdammte Axt, es wäre doch »awesome«, wenn ich das noch erleben könnte.

6 Karriere & Jobwechsel

Was bedeutet Karriere für Sie? Für viele Arbeitnehmer definiert sich Erfolg im Beruf nicht mehr über höher, schneller, weiter. Trotzdem hält sich diese alte Karriere-Denke immer noch hartnäckig in vielen Personalabteilungen und ist auch in den Köpfen mancher Arbeitnehmer noch tief verankert. Auch wenn der Arbeitsmarkt längst zum Bewerbermarkt geworden ist und Arbeitgeber den Fachkräftemangel ausgerufen haben, quälen sich Jobwechsler durch Motivationsschreiben durch, erfüllen brav Erwartungen in Job-Interviews und führen sich wie Bittsteller auf. Wir sind der Meinung, es wird Zeit, uns von den alten Karriere-Fesseln zu befreien und Karriere neu zu denken.

Denn Karriere ist individuelle Ansichtssache anstatt eines vorgeschriebenen geraden Aufstiegs an die Spitze. Einmal Führungskraft, immer Führungskraft – das ist nicht mehr zeitgemäß. Doch eine berufliche Neuorientierung oder der Jobwechsel als Quereinsteiger stoßen in der Praxis noch an Grenzen und gelingen nicht mal eben so, wie es uns einige Medien mit Beispielen von gestern noch Topmanagern und morgen schon Surflehrer in der Südsee vorgaukeln.

Die folgenden Beiträge sind aus den Erfahrungen entstanden, die wir im Rahmen unserer Arbeit mit Jobwechslern, Quereinsteigern, Downshiftern sowie Mitarbeitern und Führungskräften auf der Suche nach beruflicher Orientierung gewonnen haben. Wir möchten Ihnen Impulse zur Reflexion geben und Sie dabei unterstützen, einen Beruf und Arbeitgeber zu finden, bei dem erfüllt ist, was Ihnen wirklich wichtig ist. Denn im schnellen Tagesgeschäft fehlt vielen Angestellten immer mehr die Zeit für persönliche Selbstreflexion und stärkenorientierte Entwicklung.

Und wir werfen einen Blick in die Zukunft: Worauf wird es bei Karriere und Jobwechsel ankommen? Werden Generalisten, die alles nicht richtig, aber vieles ein wenig können, mehr gefragt sein als Spezialisten? Was sollten Sie als Jobwechsler beachten, bevor Sie Ihrem Arbeitgeber die Kündigung aussprechen? Lesen Sie, welche 10 Fragen Sie vorher mit »Ja« beantworten sollten. Und Sie erfahren, welcher Trick hilft, um im Gespräch mit dem Chef mehr Gehalt zu verhandeln.

Im War for Talents sind Bewerber die Verlierer

Bernd Slaghuis

Der Kampf um die besten Talente tobt. Arbeitgeber rüsten ihr Recruiting auf, Bewerber feuern ihre Lebensläufe in die Welt hinaus. Beide Seiten stöhnen und finden nicht so richtig zusammen. Was läuft im Bewerbermarkt schief?

Ein Blick hinein in die Hochschulen, in die Welt der Job- und Karriere-Messen, in die wie Pilze aus dem Boden sprießenden Online-Stellenbörsen oder auf die Berater und Dienstleister im Recruiting Markt zeigt es: Der Kampf um die besten Talente tobt und wird zunehmend härter.

Und so ködert der kleine Pflegedienst seine neuen Mitarbeiter nicht nur mit unbefristeten Arbeitsverhältnissen und Mitsprache bei der Dienstplangestaltung, sondern mit dem Firmenwagen zur privaten Nutzung oder dem Urlaub in den firmeneigenen Ferienhäusern an der Ostsee.

Auch die großen Player rüsten auf und greifen tief in die Kassen: Sei es die Unternehmensberatung, die infolge ihrer Grow-or-Go-Politik jedes Jahr einen immensen Bedarf an frischen Absolventen hat und sie zu Workshops nach Mailand statt ins triste Büro zum Assessment-Center einlädt, oder der Traditionskonzern, der voller Spirit Persönlichkeiten mit Ecken und Kanten vollmundig eine Karriere nach der Tripple-Two-Philosophie inklusive Jobrotation verspricht – was auch immer das zu bedeuten hat.

Geld allein macht Recruiting nicht erfolgreich
Manager tun, was sie gerne tun, um Probleme kurzfristig zu lösen: Sie stocken Budgets auf. In diesem Fall für HR-Kampagnen, Sichtbarkeit auf Karriere-Messen, pompöse Recruiting-Events und gut klingende Karriere-Websites mit bunten Bildern glücklicher Mitarbeiter.

Sie stellen Social-Media-affine Mitarbeiter im neu geschaffenen Employer-Branding-Team ein und investieren Millionen in schicke Bewerbermanagement-Systeme – natürlich alles für die beste Candidate Experience. Doch es ist ein Denkfehler, dass Geld allein Recruiting erfolgreich macht.

Was bringt es, wenn mit Top-Arbeitgeber-Siegeln werbende Unternehmen imposante Stände auf Karriere-Messen errichten, doch Bewerber dort von HR-Verantwortlichen Visitenkarten in die Hand gedrückt bekommen mit der Bitte, auf der Homepage selbst nach offenen Stellen zu suchen?

Was bringt es, in die Arbeitgebermarke zu investieren, sich in Hochglanzbroschüren gut klingenden Werten zu verpflichten, doch dem Bewerber mit der standardisiert unpersönlichen Absagemail mitzuteilen, dass er sich in den nächsten Jahren nicht wieder bewerben soll?

Was bringt es, Mitarbeitern Kickertische, frisches Obst und eine gute Work-Life-Balance zu versprechen, wenn Jobwechsler anhand der AGG-konformen und profillosen Stellenanzeigen nicht mehr erkennen können, um welche Aufgaben es geht und wer tatsächlich gesucht wird?

Bewerber sind die Verlierer im War for Talents
Auf der anderen Seite sehen sich Absolventen und Jobwechsler mit einer immer größeren Vielfalt an Möglichkeiten konfrontiert, die ihnen von außen suggeriert werden. Die Komplexität der Einstiegs- und Entwicklungsoptionen ist schier unüberschaubar geworden. Was einerseits bunte Karrieren ermöglicht und Chancen zur Veränderung eröffnet, führt doch bei Bewerbern vor allem zu großer Unsicherheit sowie zu Angst über ihre berufliche Zukunft.

Digitalisierung sei Dank können sie einfach per Knopfdruck ihre Lebensläufe in die ganze Welt verschicken. »*Ich weiß nicht genau, was ich kann und wohin ich möchte, aber irgendwo wird es schon klappen!*«, so die Haltung vieler Bewerber, die mir begegnen. Das Angebot »*Per Klick zum Traumjob*« hat Suchende zur Strategie »*Per Massenpost zum Job*« verleitet. Eine Entwicklung, die Kandidaten für Recruiter immer weniger greifbar und damit im Auswahlprozess immer schlechter individuell bewertbar macht.

Die durchoptimierten Standardbewerbungen enthalten heute genauso viele nichtssagende Keywords wie die meisten Stellenanzeigen. Bewerber lernen brav die besten Antworten auf die Standardfragen von Personalern auswendig und spulen sie im Gespräch ab. Sie haben Angst vor der Macht der Recruiter und Sorge, es könne etwas ans Licht kommen, was ihnen die Chance auf den Traumjob nimmt. Selbst die kürzeste Phase einer Arbeitslosigkeit wird als Sabbatical oder Zeit der Neuorientierung getarnt, um der Suche nach Lücken im Lebenslauf zu entfliehen.

Ich habe selten eine so große Unsicherheit und so ein mangelndes Selbstbewusstsein bei Bewerbern erlebt, wie heute. Sei es der Abiturient, der nach dem passenden Einstieg Ausschau hält oder der erfahrene Manager auf dem Sprung aufs nächste Karriere-Level. Manchmal kommt es mir so vor, als ob die attraktivsten Talente vor den mächtigen Recruiting-Maschinerien der händeringend suchenden Arbeitgeber verängstigt in Deckung gehen.

Trotz Digitalisierung geht es um Menschen
Es geht auch anders. Werfe ich einen Blick auf die vielen positiven Beispiele, in denen sich Arbeitgeber und Bewerber gut gefunden haben, dann sind es Klarheit in der Kommunikation sowie echtes Interesse auf beiden Seiten, die sie zueinander geführt haben.

Was ist für einen Arbeitgeber wichtig, um im War for Talents erfolgreich zu sein? Er sollte sich darüber bewusst sein, welche Kompetenzen, Erfahrungen und Persönlichkeit den idealen Bewerber ausmachen und dies in der Ansprache klar formulieren. Er sollte im Gespräch darüber, was ein Bewerber alles mitbringt und was an Potenzialen noch verborgen ist und entwickelt werden kann, echte Neugierde zeigen. Ferner sollte er ein echtes Interesse daran haben, was einem Menschen wichtig im Beruf ist und alles das mit der zu besetzenden Position ehrlich abgleichen.

Was sollte ein Bewerber mitbringen? Er sollte Zeit investieren, um sich über für ihn attraktive Arbeitgeber und Positionen bewusst zu werden. Er sollte mit Kreativität gezielt nach interessanten Stellen suchen. Er muss Lust darauf haben, alles über das Unternehmen, seine Produkte und die beschäftigten Personen zu erfahren. Ferner sollte er sich darüber klar sein, wie wichtig es ist, mit einer einzigartigen Bewerbung seine Motivation zu vermitteln. Und er sollte Kante zeigen, um sich als Bewerber greifbar zu machen. Schließlich sollte er die zukünftige Aufgabe, den Chef und die Kollegen mit Neugier unter die Lupe nehmen und er sollte den Mut haben, eine Stelle auch abzulehnen, wenn sie nicht passt.

So sieht mein Idealbild einer Haltung zweier Interessenten auf einem funktionierenden Recruiting- und Bewerbermarkt aus. Auch wenn es heute vielfach nicht so ist, können beide Seiten daran arbeiten. Indem sie Klarheit im eigenen Bewusstsein und auch in der Kommunikation nach außen schaffen. Indem sie mit dem irreführenden Schauspiel aufhören und stattdessen ein echtes Interesse daran entwickeln, sich gegenseitig zu öffnen und wertschätzend zu prüfen, ob es wirklich passt.

Weder das größte Budget für Recruiting-Kampagnen noch die ausgefeilteste Bewerbung führen zum Ziel, es ist vielmehr die richtige Haltung als Mensch anderen Menschen gegenüber.

Wir müssen Karriere endlich neu denken

Bernd Slaghuis

Erfolg im Beruf ist heute mehr als lediglich höher, schneller, weiter. Doch die alte Karriere-Denke ist immer noch tief in Unternehmen und den Köpfen vieler Arbeitnehmer verankert. Warum wir uns von den alten, den gesellschaftlichen Normen entsprechenden Karriere-Fesseln befreien und Karriere zur persönlichen Ansichtssache erklären sollten.

Wer es in der Hierarchie nach oben geschafft hat, der ist beruflich erfolgreich. Dieses Verständnis von Karriere hat über Jahrzehnte die Generationen der Arbeiter und Angestellten und ihr Handeln geprägt. Einfluss, Status, Geld und Ansehen sind Maßstäbe für beruflichen Erfolg. Aufstieg als sichtbares Symbol für Karriere ist auch heute noch tief in vielen Köpfen sowie im Wertesystem unserer Gesellschaft verankert.

Selbst wenn das alte Bild von Karriere mit dem Wandel in der Arbeitswelt und einer veränderten Haltung von Berufseinsteigern und Arbeitnehmern der jungen Generationen Y und Z in den vergangenen Jahren sehr stark ins Wanken geraten ist, lassen sich die durch Erziehung und Gesellschaft geprägten Werte und Denkmuster offensichtlich nicht einfach so wegradieren.

Höher, schneller, weiter als Maß für erfolgreiche Karrieren?
Längst sollte vielen Managern und Personalverantwortlichen klar sein, dass Status und Macht auf der persönlichen Werteskala der meisten Arbeitnehmer inzwischen weit unten rangieren, doch weiterhin wird in Stellenanzeigen und auf Karriereseiten an erster Stelle mit hervorragenden Aufstiegs- und Verdienstmöglichkeiten geworben.

In der Schlacht um die besten Talente übertreffen sich Arbeitgeber mit großartig klingenden Positionen und machen etwa aus dem Kundenbetreuer den Senior Customer Success Manager. Dabei fühlen sich viele Bewerber durch die kreativen Titel und vielversprechenden Job-Aussichten mehr verängstigt als angezogen. Die alte Karriere klingt noch gut, doch sie dockt immer weniger bei der Zielgruppe an.

Arbeitgeber wünschen sich Quereinsteiger, rufen die Vereinbarkeit von Beruf und Familie aus und locken mit flexiblen Arbeitszeiten oder sogar Homeoffice, doch hinter der bunt schimmernden Employer-Branding-Fassade versteckt sich bei genauem Hinsehen oftmals immer noch stures, hierarchisches Leiterklettern.

Up or out! Bei der HR-Politik in den großen Managementberatungen sowie in den mächtigen markenstarken Konzernen und bei Arbeitgebern mit ihren Managern der alten Schule ist die erfolgserprobte Wachstumsideologie vom Höher, Schneller, Weiter immer noch das Maß für erfolgreiche Karrieren.

Akzeptanz neuer Karrierewege: Außen hui – innen pfui
Die Möglichkeit, von einer Führungsposition wieder zurück ins Team oder temporär zwischen Führung, Fachexperte oder Projektarbeit zu wechseln, wird im heutigen Recruiting und Talentmanagement in der Unternehmenspraxis nur selten angesprochen. Ganz im Gegenteil: Bewerber ohne geradlinigen Lebenslauf werden – wenn sie nicht vorher bereits durch das Robot-Recruiting automatisch aussortiert wurden – schräg angesehen und besonders kritisch geprüft.

Führungskräfte, die bewusst Verantwortung abgeben oder Angestellte, die mit einer 4-Tage-Woche andere wichtige Ziele in ihrem Leben realisieren möchten, werden blindlings als nicht belastbar abgestempelt. Downshifter und Neuorientierer haben als Bewerber in Unternehmen mit solchem Verständnis von Karriere keine Chancen, denn sie passen niemals so gut zu einem Stellenprofil wie ein Kandidat mit dem klassischen roten Faden in seinem Karriereweg.

Viele der heutigen Strategien zur Personalentwicklung, die meisten Feedbackprozesse für Jahresgespräche und Programme zur Mitarbeiterbindung basieren weiterhin auf den alten an Aufstieg, Gehalt und Status orientierten Karrieremodellen. Und so wird auch morgen noch der beste Experte in seinem Fach zum Chef erkoren und darf sich stolz mit mehr Geld und einem Firmenwagen in seiner Führungsposition ausprobieren, um ihn nicht mangels Entwicklungsalternativen in den Dienst nach Vorschrift zu treiben oder sogar an die Konkurrenz zu verlieren.

Angestellte suchen nach alternativen Karrieremodellen
Wo ist diese schöne neue Arbeitswelt, von der so häufig die Rede ist? Was ist mit der Mosaik- statt Kaminkarriere, der Gleichstellung von Experten- und Führungslaufbahn, der echten Vereinbarkeit von Familie und Beruf, der Angleichung des Gender-Pay-Gaps, einer vollwertigen Teilzeit abseits vom Mutti-Image? Was ist mit den bekannten Erfolgsgeschichten über Aussteiger, Downshifter und berufliche Neuorientierer, die ihre Träume verwirklicht und Glück und Berufung in ihren neuen Berufen gefunden haben?

Es scheint, als sei die Sehnsucht vieler Arbeitnehmer nach mehr Freiheit und Flexibilität im Beruf sowie auch das gesellschaftliche Interesse an einer neuen Sicht auf Karriere, die den Menschen mit seinen individuellen Stärken, Werten und Zielen in den Fokus stellt, stärker, als es die starren Prozesse und Gewohnheiten als Resultat einer lange gehegten Kultur aus autoritärer Führung und eingeengtem Blick auf Karriere in den Organisationen heute bereits erlauben.

Doch auch viele Mitarbeiter selbst stecken noch fest im Spannungsfeld zwischen dem Wunsch nach Selbstverwirklichung mit der Haltung »*Die Karriere kann mich mal!*« auf der einen Seite und andererseits der alten Welt des Wettlaufs die Karriereleiter hoch im Wettbewerb um Ansehen und Zugehörigkeit. Sie möchten zwar ihre eigenen Potenziale stärker unabhängig von gesellschaftlichen Konventionen und mit weniger Blick auf Aufstieg, Status und Einkommen frei entfalten, doch im nächsten Moment stellt sich auch bei ihnen immer noch das Gefühl von Neid oder Frustration ein, wenn der Kollege gleichen Alters oder Werdegangs im Job vorbeizieht und die Beförderung samt wichtig klingendem Titel in den sozialen Netzwerken postet.

Karriere muss persönliche Ansichtssache sein
Ein neues, stärker durch Individualität und Freiheit statt durch Gleichartigkeit, Anpassung und Status geprägtes Verständnis von Karriere wird sich erst durchsetzen, wenn das eigene Denken mit dem alten Bild von Erfolg im Beruf Frieden schließt. Und wenn auch Arbeitgeber Bewerbern und Mitarbeitern glaubhaft zeigen, dass Karriere für sie nicht länger gesellschaftliche Normerfüllung, sondern eine individuelle, persönliche Entscheidung ist.

Fachliche und persönliche Weiterentwicklung ist der Motor für Motivation und Erfolg im Beruf – und wird dies in Zukunft noch viel stärker sein. Doch die Entscheidung über Richtung und Tempo sollte jeder in Zukunft individuell treffen und im Laufe seines Lebens auch anpassen dürfen.

Karriere ist die berufliche Entwicklung eines Menschen entsprechend der persönlichen Werte und Ziele in seiner individuellen Lebenssituation. Erst wenn Karriere für Arbeitnehmer und Arbeitgeber gleichermaßen zur reinen Ansichtssache wird, werden die vielfältigen Ressourcen und Potenziale von Menschen effizient und gesund mit den neuen Möglichkeiten einer digitalen Arbeitswelt kombiniert und so wird die nächsthöhere Entwicklungsstufe erreicht werden können.

Führung und (k)ein Weg zurück

Nico Rose

Wer in einer Organisation einmal eine Führungslaufbahn eingeschlagen hat, kann kaum noch in eine Nicht-Führungsposition zurückwechseln – zu schwer wiegt der (vermeintliche) Gesichtsverlust. Doch das muss nicht so sein.

Gute Führung ist Mangelware in Unternehmen. So könnte das Fazit lauten, wenn man die Vielzahl an verfügbaren Studien zu diesem Thema übereinanderlegt. Mich wundert dieser Umstand nicht. Mein persönlicher Eindruck: Führung ist außerordentlich schwierig. Führung ist nichts, was man aus der Hüfte macht und auch nichts, was man »einfach so« kann. Stattdessen ist Führung ein ständiger Lernprozess, ein Hinfallen und wieder Aufstehen im schnellen Wechsel, so wie Kinder auch das Laufen erlernen. Glücklich darf sich schätzen, wer geduldige Mitarbeiter hat, die nicht jedes Wort und jede Tat auf die Goldwaage legen, sondern der Führungskraft ihre Fehler verzeihen. Zusätzlich zur Tatsache, dass gute Führung einfach schwieriger ist, als es von außen scheinen mag, gibt es in den meisten Organisationen meines Erachtens ein strukturelles Problem, das dafür sorgt, dass vieles im Argen liegt: Führung ist vielerorts immer noch eine Einbahnstraße.

Einmal Führungskraft, immer Führungskraft
Wer einmal als Führungskraft gearbeitet hat, muss es bleiben. Selbst, wenn über die Zeit erkannt wird, dass ein Mensch nicht besonders gut führen kann, oder dieser vielleicht auch für sich selbst erkennt, dass er gar nicht (mehr) führen möchte,

führt kaum ein Weg zurück. Denn dies bedeutet nach gängiger Auffassung von Karriere zumeist das Ende derselben innerhalb des Unternehmens. In jedem Fall ist es ein spürbarer Gesichtsverlust. Auch bei einem Unternehmenswechsel ist der Weg zurück in die Fachlaufbahn häufig verwehrt. Wer sich mit Führungserfahrung extern für eine Nicht-Führungsposition bewirbt, muss schon sehr gute Argumente vorbringen. Es steht schnell der Vorwurf mangelnder Ambition im Raum.

Was ist zu tun? Unternehmen sollten aktiv auf eine gemeinsame Haltung hinarbeiten, nach der ein Führungsjob »nichts Besonderes« mehr ist, sondern eine wichtige Aufgabe unter vielen. Ein wichtiger Schritt auf diesem Weg ist die Stärkung von Fachlaufbahnen. Es geht hier um Karrierepfade, die in puncto Verantwortung, Wertigkeit, Ansehen und Gehaltsentwicklung mit der klassischen Führungslaufbahn annähernd vergleichbar sind.

Noch allgemeiner gedacht wäre es vermutlich hilfreich, sich vom Begriff der Berufslaufbahn weitgehend zu verabschieden. Schon die Metapher kolportiert das Bild einer vorgegebenen Richtung, eindimensional und begrenzt – Umdrehen unerwünscht. Es muss in Organisationen normal werden, nach links, nach rechts und nach draußen schauen zu können und zu dürfen – oder eben auch (wieder) nach unten, um in der Bildsprache des Organigramms zu bleiben.

In der Forschung wird über solche Ideen schon seit Jahrzehnten nachgedacht, dort finden sich Konzepte wie die »Boundaryless Career« oder die »proteische Karriere«. Auch in der Praxis finden entsprechende Vorstellungen immer mehr Anklang, beispielsweise in Form der »Mosaik-Karriere«. Der Begriff wurde durch die HR-Beratung von Rundstedt popularisiert.

Ein entscheidender Baustein auf diesem Weg dürfte sein, grundsätzlich neu über die organisationale Legitimierung von Führungsrollen nachzudenken. In der weitaus überwiegenden Anzahl von Organisationen werden Führungskräfte von oben ernannt. Es wirkt wie ein Ritterschlag – den erhält man in der Regel auch auf Lebenszeit. Ein natürlicher, wenn auch nicht vollkommen »schmerzfreier« Weg zurück ist dort gegeben, wo Führungsrollen demokratisch legitimiert, sprich: von den Mitarbeitern gewählt werden, aber auch abberufen und zu einem späteren Zeitpunkt neu gewählt werden können.

Laufen, hinfallen, wieder aufstehen. Nochmal von vorne. Kann so verkehrt nicht sein...

Karriere? – Sorry, keine Zeit!

Bernd Slaghuis

Wieviel Zeit investieren Sie in Ihre berufliche Entwicklung? Warum Selbstreflexion und Mitarbeiterentwicklung oft zu kurz kommen und was Sie tun können, damit Ihre Karriere nicht auf der Strecke bleibt.

»Auf meine Karriere habe ich doch heute eh keinen Einfluss mehr«, denken Sie womöglich an dieser Stelle, überlassen Ihre berufliche Entwicklung lieber dem Zufall und lassen sich treiben. Der Frust ist bei vielen Mitarbeitern und Führungskräften hoch, die Wechselbereitschaft auch. Doch selbst etwas verändern? Besser nicht! Zu gefährlich, zu unsicher, zu schwierig. Sorgen und Ängste im Zusammenhang mit Veränderungen sind völlig normal, sie definieren die Grenzen unserer persönlichen, durch Gewohnheiten geprägten Komfortzone. Doch zu ihnen gesellt sich neuerdings ein weiterer Grund für Nichtveränderung, Stillstand und Aushalten: »*Keine Zeit!*«

Selbstreflexion? – Das passt ›grad‹ ganz schlecht!

Regelmäßig sagen mir Klienten im Coaching, dass sie in ihrem Alltag keine Zeit mehr finden, über sich, ihr Leben und ihre berufliche Zukunft nachzudenken. Sie kommen zu mir und ich spüre förmlich, wie sehr sie die Zeit genießen, in der es einmal ausschließlich nur um sie geht. Um das, was aktuell und in den nächsten Jahren wirklich wichtig ist im Beruf und auch im Leben. Darum, ob der einmal eingeschlagene und oftmals inzwischen ausgetrampelte Weg und seine Richtung noch hierzu passen. Sie finden sonst keine Zeit zum Innehalten, zum Beobachten mit Abstand von außen, zum gelassen neugierigen Entdecken sich bietender Möglichkeiten und Chancen.

Dabei scheint »*Keine Zeit!*« immer mehr zum Selbstschutz-Reflex oder sogar zum Statussymbol in unserer schnellen Arbeitswelt zu werden. Es geht längst nicht mehr darum, zu entscheiden, wie die knappe Ressource Zeit möglichst effizient genutzt werden kann. Wer Stress hat, ist wichtig und erfolgreich. Wer keinen Stress hat, ist uncool – so kommt es mir manchmal vor. Eine Haltung, die bei vielen Angestellten nicht nur mit der Zeit an der Gesundheit nagt, sondern mit der sowohl Karriere als auch Privatleben Gefahr laufen, auf der Strecke zu bleiben.

Veränderung ist ein Prozess und braucht Zeit. Wer sie sich nicht nimmt, kann schnell in eine Abwärtsspirale aus wachsender Unzufriedenheit sowie einer durch Frust gespeisten Suche nach Orientierung und Klarheit geraten, die immer noch mehr Zeit frisst. Wer hingegen Zeit in positive Veränderung investiert, wird nicht nur Zufriedenheit, sondern in der Folge auch mehr Zeit gewinnen.

Mitarbeiterführung? – Sorry, keine Zeit!
Was für Angestellte innerhalb einer Organisation zutrifft, gilt vielfach auch für Arbeitgeber im Großen. Führungskräfte verlieren im Druck des von hektischem Baustellenmanagement geprägten Tagesgeschäfts immer stärker den persönlichen Kontakt zu ihrem Team, jeder wurstelt irgendwie für sich. Die 2018 durchgeführte Forsa-Studie »Führungsbarometer«[34] kommt zu dem Ergebnis, dass Führungskräfte im Schnitt 21 Prozent ihrer Zeit für sämtliche Führungsaufgaben und 10 Prozent zur ungebundenen Selbstreflexion verwenden. Für die individuelle Förderung von Mitarbeitern im Team wird gerade einmal 1 Stunde pro Woche eingesetzt. *»Für Führung bleibt mir kaum Zeit, das Tagesgeschäft geht schließlich vor«*, höre ich häufig bei der Arbeit mit Führungskräften.

Viele Angestellte kommen am Jahresanfang zu mir und berichten enttäuscht von ihren Jahresgesprächen mit ihrer Führungskraft. Die Regel sind kurze Gespräche mit standardisierten Bewertungsbögen zur Dokumentation von Leistungen und Zielen. Und dann Ablage P – wie Personalakte. Sie hätten gerne intensiver und offener mit ihren Vorgesetzten über ihre mögliche Entwicklung im Unternehmen gesprochen. Und auch Führungskräfte selbst beklagen, dass sie die vielen Gespräche mit ihren Mitarbeitern kaum noch eingeplant bekommen, manchmal ziehen sie sich weit in das Folgejahr. Selbst für ein lediglich einmal im Jahr stattfindendes ausführliches Mitarbeitergespräch gibt es *»keine Zeit«*. Kein Wunder, dass in den Medien die Forderung *»Schafft das Jahresgespräch ab!«* jedes Jahrs aufs Neue die Runde macht, denn so wird Mitarbeiterentwicklung zur lästigen Pflichtveranstaltung ohne echtes Interesse.

Führung ist das Management guter Beziehungen. Wie kann eine Führungskraft zu seinen Mitarbeitern in Kontakt kommen und eine gute Beziehungsebene aufbauen, wenn sich Kommunikation auf E-Mail-Einzeiler oder Kurznachrichten beschränkt. Wie kann eine Führungskraft Mitarbeiter gezielt entwickeln, wenn sie nicht weiß, was jedem einzelnen Menschen im Team persönlich wichtig ist, welche die individuellen Stärken und Talente sind und welche Ziele er oder sie verfolgt?

Wer bewusst Zeit in Führung und den Aufbau guter Beziehungen zu seinen Mitarbeitern investiert, der wird nicht nur motivierte und gesunde Mitarbeiter sowie gute

Leistungen, sondern in der Folge auch wieder mehr Zeit für sich selbst und die aus der Funktion als Führungskraft resultierenden eigenen Themen ernten.

Personalentwicklung? – Vielleicht nächstes Jahr!
Eine Ebene höher ein ähnliches Bild: HR-Abteilungen mit immer dünnerer Personaldecke, die kaum noch das Tagesgeschäft rund um Gehaltsabrechnung, Recruiting und Einstellung sowie Aus- und Weiterbildung schaffen, und sich in der restlichen Zeit heute vor allem mit sich selbst und ihrer Daseinsberechtigung beschäftigen. Für echte und somit individuelle Personalentwicklung bleibt in vielen Organisationen keine Zeit mehr – oder wie sieht es bei Ihnen aus?

Wer geht, wird ersetzt, so die heute immer noch vielfach gelebte Praxis von HR und Management. Die Entwicklung und Bindung guter Mitarbeiter erfordert nicht nur eine klare strategische Ausrichtung von HR und hierzu passende Maßnahmen, sondern auch Zeit für und mit jedem einzelnen Potenzialträger. Zeit, die heute oftmals aus Gewohnheit lieber in das Recruiting neuer Mitarbeiter und ihre Einarbeitung investiert wird. Angesichts des immer wieder insbesondere von Arbeitgebern laut ausgerufenen Fachkräftemangels ein wie ich finde erstaunlich paradoxes Verhalten.

Zeit für Karriere und persönliche Entwicklung
Karriere bedeutet für viele Angestellte heute nicht mehr einfach nur höher, schneller, weiter. Nicht mehr Geld, Macht oder Status. Karriere ist die berufliche Entwicklung, die zur aktuellen Lebenssituation sowie den individuellen Werten und persönlichen Zielen eines Menschen passt. Denn mit Mitte 20 ist uns anderes wichtig als mit 40. Lebenserfahrung, aber auch Familie und andere prägende Ereignisse verändern den Blick auf unser Umfeld und auf uns selbst.

Wer es im Trubel des Tagesgeschäfts vergisst, die Veränderung dessen, was im Beruf und im Leben wichtig ist, bewusst wahrzunehmen und seinen eigenen Weg individuell daran anzupassen, der läuft irgendwann seinen gestrigen Zielen hinterher. Dieses im Alltagstrubel vernachlässigte Selbst-Bewusstsein erlangt jedoch nur, wer sich bewusst die Zeit nimmt, sich selbst bewusst zu werden.

Keine Zeit zu haben als Grund vorzuschieben, um sich nicht mit sich selbst, dem Heute und der eigenen Zukunft zu beschäftigen, ist ein bequemer Vorwand. Vielleicht aus Angst vor Veränderung in einer ohnehin schon komplexen und dynamischen Welt, vielleicht inzwischen aber auch nur aus purer Gewohnheit.

Stattdessen sollte es für uns alle zur neuen Routine und Gewohnheit werden, regelmäßig bewusst die aktuelle Situation zu reflektieren, sich mit der eigenen beruflichen Entwicklung zu beschäftigen und sich selbst zu erlauben, einen einmal eingeschlagenen Weg anzupassen, sofern er nicht mehr passt.

»Keine Zeit« ist Ihre Entscheidung
Achten Sie in den nächsten Wochen doch darauf, wann Sie zu sich wieder einmal »*Keine Zeit!*« sagen oder es auch nur denken. Haben Sie tatsächlich keine Zeit oder wäre es vielleicht doch wichtig, die Entscheidung zu treffen, sich diese Zeit bewusst zu nehmen? Für sich selbst und Ihre berufliche Entwicklung, als Chef oder HR-Verantwortlicher für Mitarbeiter, als Kollege oder Partner.

Lassen Sie nicht zu, dass »*Keine Zeit!*« aus Gewohnheit zum Reflex wird! Entscheiden Sie sich dafür, sich mehr Zeit zu nehmen für das, was Ihnen wirklich wichtig ist. Nehmen Sie sich die Zeit, um sich ganz bewusst gegen »*Keine Zeit!*« und für mehr Zeit für sich selbst, Ihre Mitarbeiter oder andere Menschen in Ihrem Umfeld zu entscheiden. Auch wenn es für Sie heute ungewohnt klingen mag: Wir alle sind als Chef unseres eigenen Lebens auch der Chef über unsere Zeit.

Einmal berufliche Neuorientierung, bitte!

Bernd Slaghuis

Vom Topmanager zum Surflehrer in der Südsee. Einfach mal was Neues machen. Ist das überhaupt realistisch? Wie die berufliche Neuorientierung (nicht) gelingen kann.

Selbstverwirklichung im Beruf ist Trend. Hoch ist die Wechselbereitschaft der Deutschen. Kein Wunder, denn die Identifikation mit dem eigenen Arbeitgeber sinkt laut Studien jedes Jahr weiter. Warum es also jetzt nicht auch einmal versuchen, selbst eine größere Kehrtwende im Beruf zu schaffen und endlich die eigene Berufung zu finden?

Bunte Beispiele für erfolgreiche Neuorientierungen gibt es da draußen reichlich: Der frühere Art Director einer Agentur, der jetzt Hochzeiten plant. Der Jurist, der nun Schuhe maßanfertigt. Oder der TV-Moderator Tobias Schlegl, der zum Rettungssanitäter umsattelte.

Tschakka, DU kannst das auch!
Glauben wir den Glücks-Gurus, die von ihren großen Bühnen aus den chronisch Job Frustrierten Mut machende Parolen zurufen wie »*Folge deiner Berufung! Tue, was du liebst, und du wirst glücklich! Alles ist möglich, du musst es nur selbst richtig wollen!*«, dann scheint das mit der Neuorientierung ganz einfach zu sein.

Ich bin mir sicher, das ist für viele ihrer Anhänger eine für den kurzen Moment motivierende Welt voller Energie und schier unendlichen Möglichkeiten, doch am Ende zahlt das alles mehr auf das Konto der Heil Versprechenden ein, als dass es den Weg zur nachhaltigen Veränderung ebnet.

Manchmal habe ich den Eindruck, die bequeme Konsumentenhaltung unserer modernen Wegwerfgesellschaft ist längst auch im Berufsleben angekommen. Wem es in seinem Job zu anstrengend oder unbequem wird, der sucht sich lieber flott etwas Neues, anstatt sich ernsthaft mit den Hintergründen für die eigene Unzufriedenheit sowie den echten eigenen Bedürfnissen und Zielen zu beschäftigen. Was sind schon zwanzig Jahre Berufserfahrung und tiefes Expertenwissen wert, wenn jetzt endlich die Berufung winkt – und das auch noch so einfach ist?

Dabei ist eigentlich allen Angestellten klar, dass sie den Job nicht wie ihre Unterhose tauschen können. Doch spätestens je näher der 50. Geburtstag rückt, desto größer wird die Torschlusspanik, die letzte Chance zu verpassen, doch noch ein wenig mehr von Glück, Erfüllung, Freude oder Sinn im Beruf verspüren zu dürfen.

Eine Bewerbung als Quereinsteiger ist kein Zuckerschlecken
Wer sich mit einem Jobwechsel beschäftigt, weiß aus dem Kollegen- und Freundeskreis, wie lange Bewerber heute mitunter suchen, bis sie sogar als Experten in ihrer Branche einen neuen Arbeitgeber gefunden haben. Wie soll das bei einer Neuorientierung und somit dem Quereinstieg als Branchenfremder funktionieren?

Ja, so vielfältig die Möglichkeiten für neue Karrierewege in unserer Arbeitswelt heute sind, so schmal erscheint mir gleichzeitig auch der Spalt in der Tür potenzieller neuer Arbeitgeber geworden zu sein, in den man als Neuorientierer mit nicht-linearem Lebenslauf einen Fuß hinein bekommen möchte.

Auch wenn die Karriere-Webseiten von Deutschlands Top-Arbeitgebern verkünden, Quereinsteiger, frisches Denken und Diversity seien höchst willkommen, gewinnt doch zu oft der Kandidat das Rennen, dessen Profil für den HRler leicht verständlich ist und einfach logisch zur offenen Stelle passt.

Das ist eine echte Hürde für alle Neuorientierer, die sich entweder nur durch eine exzellente Bewerbungsstrategie nehmen lässt, noch besser jedoch über andere Wege außerhalb des klassischen Bewerbungsprozesses, etwa durch persönliche Kontakte oder Empfehlungen, überwindbar ist.

Die Alternative, der Schritt in die Selbstständigkeit, kommt nur für sehr wenige Neuorientierer, die ich im Coaching kennenlerne, in Betracht. Je länger sie angestellt waren, desto unwahrscheinlicher wird der Weg in die Selbstständigkeit – es sei denn, das Konto ist gut gefüllt und der neue Beruf ist mehr Hobby als Existenz. Vielen fehlt die zündende Idee für das eigene Business und die finanziellen Risiken erscheinen mit zunehmendem Alter, Lebensstandard und Verpflichtungen zu hoch. Hinzu kommen der Respekt vor der plötzlich maximalen Eigenverantwortung sowie die Angst vorm Scheitern und dem Gesichtsverlust.

Neuorientierung ist ein intensiver Prozess
Es tut mir leid, wenn ich jetzt das schöne Luftschlösschen von der beruflichen Neuorientierung so schonungslos zunichte gemacht habe. Eine berufliche Neuorientierung lässt sich weder bei Amazon in den Einkaufswagen legen, noch zücke ich als Coach das Silbertablett und präsentiere Ihnen den neuen Traumjob beim Wunsch-Arbeitgeber um die Ecke, der immer schon auf Sie gewartet hat.

Doch ich wäre ein schlechter Coach, es so stehen zu lassen. Berufliche Veränderungen sind möglich, wenn auch aus meiner Erfahrung in bestimmten Grenzen und manchmal nur über einen längeren Zeitraum der Vorbereitung.

Zum Glück haben wir heute mehr denn je die Möglichkeiten und auch die Freiheiten, bewusst und gezielt etwas im Beruf (und auch im Leben) zu verändern. Frei einen Weg einzuschlagen, von dem wir glauben, dass er uns in Zukunft guttut, zur momentanen Lebenssituation passt und uns stärker zu dem hinführen wird, was uns als Ziel für die Zukunft besonders wichtig ist.

Und zwar unabhängig davon, ob wir Arbeit suchend, angestellt, selbstständig, Führungskraft oder Topmanager sind: Wir alle sind der Chef und damit Gestalter des eigenen Lebens. Manche mögen über bessere Voraussetzungen für Veränderungen im Beruf verfügen als andere, doch Möglichkeiten besitzen wir alle.

Im wahrsten Sinne des Wortes ist Neu-Orientierung ein Prozess. Es bedarf eines sich Umschauens, eines Blicks nach vorne, zur Seite und manchmal eben auch nach hinten. Eines Hinschauen auf das, was im eigenen Umfeld geschieht. Man muss neugierig sein, Trends schnüffeln und Entwicklungen beobachten. In der eigenen Branche und auch global. Networking ist wichtig, ebenso wie interessanten Menschen zuzuhören und Impulse aufzunehmen, sie wirken zu lassen und zu beobachten, wo sie hinführen. Das Unterbewusste wahrzunehmen. Auf die Ratio wie die Emotio zu hören. Es ist wichtig, offen zu sein und echtes Interesse für Neues zu entwickeln, Flexibilität und das Verlassen der eigenen Komfortzone zu trainieren, Entscheidungen zu treffen, etwas auszuprobieren und bewusst zu bewerten, was geschieht und ob es in die richtige Richtung führt.

Echte Klarheit und innere Haltung entscheiden
Es gibt zentrale Voraussetzungen, die zu erfüllen sind, damit eine berufliche Neuorientierung funktionieren kann. Wichtig ist, Klarheit über die eigenen Stärken, Talente, Werte und Ziele, über echte Motive und auch hinderlichen Ängste und Sorgen zu haben. Klarheit über die Ziel-Position und die Aufgaben, die Ihren Werten wieder mehr gerecht werden. Das passende Arbeitsumfeld, die Kultur in einem Unternehmen und die Menschen, die um Sie herum sein werden, Sie auf Ihrem Weg begleiten, führen und unterstützen.

Sie sollten ferner Klarheit über den Weg dorthin haben, zumindest über die ersten Schritte, die Sie gehen können – und auch gehen möchten. Klarheit über das, was Sie hierfür vielleicht auch noch benötigen und tun können. Klarheit darüber, wer Sie hierbei begleiten, unterstützen und motivieren kann.

Neues darf auch Angst machen, Zeit beanspruchen und anstrengend sein. Veränderung darf genauso auch leicht sein und schnell gehen. Sie dürfen Fehler machen und Erfolge feiern. Sie dürfen Ihren Weg unterwegs anpassen, Stufen überspringen, innehalten und auch ein Stück zurückgehen.

Wer mit offenen Augen durch die Welt geht, neugierig ist, Chancen entdeckt statt ausschließlich Gefahren abwehrt, in Lösungen statt in Problemen denkt, flexibel auf Neues reagieren kann und gleichzeitig das Alte zu schätzen weiß, der hat heute und in Zukunft unfassbar viele Optionen für positive Veränderungen. Und manchmal ist es vielleicht auch gerade gut und alles darf so bleiben, wie es ist.

Spießer – oder: von inkrementeller und disruptiver Persönlichkeitsentwicklung

Nico Rose

Würden wir uns in der Gegenwart anders entscheiden, wenn wir wüssten, was eine ältere (und potenziell weisere) Version unseres Selbst rückblickend für richtig gehalten hätte. Die Idee des gereiften Selbst als Mentor klingt verlockend – funktioniert aber nur bedingt.

Spätestens seit den berühmten Marshmallow-Experimenten von Walter Mischel gegen Ende der 1960er-Jahre nimmt das Konzept der Willenskraft einen festen Platz in der Psychologie ein. Bis heute sind sich verschiedene Forscher allerdings noch nicht so recht einig, was Willenskraft überhaupt ist: Ist sie einer Persönlichkeitseigenschaft ähnlich? Handelt es sich um eine bestimmte Art zu denken? Oder ist sie eher wie ein Energiereservoir, das wir anzapfen und durch die Nutzung dann auch erschöpfen können? Eine Definition von Willenskraft, die mir persönlich gut gefällt, lautet wie folgt:

Willenskraft ist Empathie mit unserem zukünftigen Selbst
Die Ratio: Wenn wir zu einem gegebenen Zeitpunkt bereits erspüren könnten, was eine zukünftige Version unseres Ichs für die betreffende Situation in der Vergangenheit gutgeheißen hätte, dann würden wir uns – mit einer gewissen Wahrscheinlichkeit – »zukunftskonform« verhalten, selbst, wenn das gegenwärtige Selbst in die andere Richtung votiert. Auf diesem Motiv basiert beispielsweise die klassische Weihnachtsgeschichte von Charles Dickens rund um den Geizhals Ebenezer Scrouge.

An dieser Stelle tut sich allerdings eine Schwierigkeit auf, von der ich mit meinen 42 Jahren zumindest ein kleines Liedchen pfeifen kann. Die verschiedenen Versionen unseres Ichs lassen sich – bildlich gesprochen – nicht ordentlich aneinander aufreihen, eine neben der anderen, wie bei einer Perlenkette. Stattdessen kommt es, nicht zwingend, aber doch für die meisten Menschen, zu veritablen Brüchen in der Entwicklung (wertfrei zu verstehen), meist induziert durch umfassende Veränderungen der Lebensumstände, bisweilen aber auch schlicht durch den regulären Alterungsprozess.

Mir ist natürlich klar, dass mein heutiges Ich eine Art Fortführung meiner zwanzigjährigen Version ist. Doch auf mehr als nur eine Weise ist sie auch ein völlig anderer Mensch – mit anderen Herausforderungen, Prioritäten und Bedürfnissen. Ein Beispiel: Würde mein derzeitiges Ich versuchen, dem Zwanzigjährigen zu erklären, dass die Idealvorstellung von einem perfekten Freitagabend viel damit zu hat, im Eigenheim mit einem Glas Rheingauer Riesling auf der Couch zu sitzen und die auf den Oberschenkeln schlummernde Katze zu streicheln, hätte der junge Mann vermutlich das Wort »Spießer« auf den Lippen. Ich bin heute allerdings an vielen, wenn auch nicht an allen Tagen, gerne ein Spießer.

Wenn die alte Hülle nicht mehr passt
In diesem Sinne ist die Idee von der Empathie mit dem zukünftigen Selbst eine gute – doch wahrscheinlich nur bis zu einem gewissen Ereignishorizont. Die zwanzigjährige Version meines Ichs hätte sich vielleicht noch in den Berufsanfänger fünf Jahre später hineinversetzen können – doch auf keinen Fall in den Vater von zwei jungen Kindern fünfzehn Jahre weiter. Konkreter: Natürlich kann sich ein zwanzigjähriger, kinderloser Studienanfänger gedanklich in einen Vater mit Anfang vierzig hineinversetzen. Aber die Erfahrung wird kaum Relevanz haben, weil ihm die zugehörigen Gefühle und Motive völlig fremd erscheinen würden. Manche Erfahrungen können wir als Menschen vorausdenken. Doch wie sie sich anfühlen, wissen wir erst, wenn sie Realität geworden sind.

Menschen können über viele Jahre wachsen, ohne dass sich grundlegend etwas ändern würde. Die meisten von uns kommen jedoch irgendwann an einen Punkt, an dem das Potenzial für inkrementelles Wachstum nahezu erschöpft ist. Dann durchlaufen wir (im besten Fall) eine Veränderung, die in ihrer Natur radikal ist: uns von der Wurzel her transformiert. Während dieser disruptiven Episoden sind wir als Persönlichkeit besonders verwundbar. Wie ein Hummer, der gerade seinen alten Panzer abgeworfen hat und in der Folge einige Wochen fast schutzlos ist (bis die neue Hülle ausgehärtet ist), sind auch wir dann besonders angreifbar – anders als der Hummer aber vor allem psychisch –, weil viele Erfahrungen, Vorstellungen und Überzeugungen, die uns vorher Halt gegeben haben, nicht mehr tragfähig sind.

Vom Selbstvertrauen zum Vertrauen in »den Anderen«
Wenn unsere eigenen Erfahrungen keinen sicheren Boden mehr bieten, müssen wir uns an anderen Instanzen orientieren. Mein Impuls in solchen Situationen lautet zunächst: Kauf dir erstmal zwei, drei Bücher, irgendetwas Nützliches wird schon hängenbleiben. Allerdings habe ich in den vergangenen zehn Jahren eine weitere entscheidende Erkenntnis gewonnen: Ich sollte, zumindest was die großen Lebensentscheidungen betrifft (wo, wie und für wen wollen wir leben?), mehr auf meine Frau hören. Es hat sich herausgestellt, dass sie regelmäßig – lange bevor die entsprechende Erkenntnis auch in mir gereift ist – verstanden hat, was mir und uns als Familie guttun wird.

Ganz subjektiv betrachtet ist das für mich eine schönes Entwicklungslinie. Weg vom reinen Selbstvertrauen – hin zu mehr Vertrauen in »den Anderen«. Solange wir jung und ungebunden sind, ist es ein Privileg, eigene Erfahrungen und gerne auch viele Fehler machen zu dürfen. Doch spätestens an dem Punkt, an dem man Verantwortung für andere übernimmt, ist das nur noch bedingt eine gute Option.

Auch im Beruf kommen viele Menschen an jenen besonderen Punkt, an dem sie Verantwortung für andere Personen übernehmen, entweder als Führungskraft oder als Unternehmer. Auch hier bin ich davon überzeugt, dass wir bloß mit Selbstvertrauen irgendwann nicht mehr gut weiterkommen. Wir brauchen dann einen Mentor, der uns zwei bis drei Sprünge voraus ist – oder gerne auch einen guten Coach. In den Worten von Ralph Waldo Emerson: »Wessen wir am meisten im Leben bedürfen ist jemand, der uns dazu bringt, das zu tun, wozu wir fähig sind.«

Laufbahn B: Über Inspiration und das ungelebte Leben

Nico Rose

Die meisten Menschen in normalen Berufen haben irgendwann einmal von einem anderen, aufregenderen Leben geträumt, vielleicht als Musiker, Sport-Champion oder Künstler. Auch, wenn nur die wenigsten Menschen diese Träume in die Tat umsetzen können – es lohnt sich, mit ihnen »in Kontakt« zu bleiben.

Als ich im Frühjahr 2010 bei meinem zukünftigen Arbeitgeber Bertelsmann vorstellig wurde, überraschte mich mein (werdender) Chef – echt spät im Gespräch – mit einer Frage, die mir so vorher noch nie gestellt wurde. Er schaute mich an und fragte:

Was ist dein »Leben B«?
Ich gestand, dass ich nicht wusste, worauf er hinauswolle. Er antwortete sinngemäß: »Ich glaube, dass die meisten, aber nicht alle Menschen, ein »Leben B« haben. Das »Leben A« ist jenes, wofür wir uns entschieden haben, jenes, was wir eben leben. Der eine wird Manager, der andere Zahnarzt und ein Dritter Busfahrer. Aber die meisten Menschen haben noch ein »Leben B« – ein ungelebtes Leben. Es ist mindestens ebenso attraktiv wie das »Leben A« – doch aus irgendeinem Grund haben wir an einem bestimmten Punkt mehr oder weniger bewusst entschieden, uns dieses nicht zu eigen zu machen. Vielleicht, weil uns der Mut fehlte. Vielleicht, weil nie der richtige Zeitpunkt oder die Gelegenheit kam. Vielleicht, weil das »Leben A« einfach dem gesunden Menschenverstand entsprach und die Eltern ruhiger schlafen ließ. Also: Mal angenommen, du hättest so ein »Leben B« – was wäre das?«

Ich entgegnete, dass ich wohl Gitarrist in einer Heavy-Metal-Band wäre. Ich weiß nicht, ob diese Antwort damals irgendwie ausschlaggebend war, aber am Ende des Gespräches hatte ich den Job. Und war über acht Jahre an Bord, immer beim gleichen Chef.

Vollkommen lebendig
Ich war Personalmanager, Schwerpunkt Employer Branding und Recruiting. »Ich erkläre Menschen, dass es Spaß macht, bei Bertelsmann zu arbeiten« – so vermittelte ich meinem kleinen Sohn, wovon ich sein Spielzeug bezahle. Aber natürlich ist es noch da, mein »Leben B«. In der Zeit rund ums Abitur habe ich in einer lokalen Band gespielt, es gab ein Demo-Tape, ein paar Auftritte – und dann ging jeder seiner Wege, die meisten zum Studieren, an unterschiedlichen Orten der Republik. Ende der Geschichte.

Doch die Liebe zur Musik hat mich nie losgelassen und entgegen der Prognose meiner Eltern huldige ich auch mit über 40 immer noch hauptsächlich Gitarrenmusik der harten Gangart, laut, schnell, dreckig – aber virtuos. Nur wenige andere Empfindungen geben mir so sehr das Gefühl, am Leben zu sein, wie gedoppelte Lead-Gitarren über einem treibenden Rhythmus.

Über die Jahre im Recruiting habe ich mir bisweilen die »Leben B«-Frage ausgeborgt. Meistens dann, wenn mir der Lebenslauf eines Bewerbers allzu glatt erschien, oder wenn ich das Gefühl hatte, mein Gesprächspartner spult leb- und lieblos vorgefertigte Antworten herunter. Es zeigt sich: Nicht jeder Mensch hat ein »Leben B«. Manche vermittelten mir sehr kongruent, dass sie (mehr oder weniger) schon immer IFRS-Consultant werden wollten. Aber die meisten haben eines, ich schätze, etwa zwei Drittel. Oft werden künstlerische Tätigkeiten genannt, Musiker, Maler, Fotograf. Nicht wenige sind aus der Familientradition ausgebrochen und haben »dann doch nicht Medizin« studiert. Manchmal kamen aber auch ganz andere Sachen: Florist, Lehrer oder Pferdezüchter. Es gab fast nichts, was es nicht gibt. Allerdings lässt sich verallgemeinern: Nur sehr selten spielte sich ein »Leben B« in Büros und Konferenzräumen ab.

In den letzten Jahren sind viele Bücher über das Thema »Beruf und Berufung« geschrieben worden, ich habe auch ein paar davon im Schrank. Die recht einheitliche Botschaft lautet: Irgendwo da draußen wartet das einzig wahre Leben mit der einzig wahren Aufgabe auf uns. Und wenn wir das gefunden haben, werden wir glücklich sein bis ans Ende unserer (Berufs-)Jahre. Nun bin ich durchaus ein großer Fan davon, sich das Arbeitsleben so freudvoll und sinnhaft wie möglich zu gestalten. Aber ich bin nicht mehr davon überzeugt, dass sich jeder von uns auf den Weg machen sollte, seine »wahre Berufung« zu finden. Nur wenige haben ausreichend künstlerisches Talent, Mediziner gibt es genug und der Bedarf an Reitpferden ist bekanntlich auch eher rückläufig in den letzten hundert Jahren.

Das, was nicht sein sollte, inspiriert und belebt, was ist
Aber: Ich halte es für eminent wichtig, trotz allem mit unserem »Leben B« in Kontakt zu bleiben, so es existent und noch zugänglich ist. Ich begann mit dem Verfassen dieser Zeilen um 01:30 Uhr nachts, in einem Regionalexpress. Er brachte mich nachhause, nachdem ich im rheinischen Städtchen Viersen ein Konzert von Uli Jon Roth besucht habe. Uli hat von 1973 bis 1978 bei den »Scorpions« Gitarre gespielt und komponiert, ist aber noch vor dem ganz großen kommerziellen Erfolg mit voller Absicht ausgestiegen, um seine eigene künstlerische Vision zu verwirklichen. Er hat sich später unter anderem eine völlig neuartige Gitarre, die »Sky Guitar«, bauen lassen, mit der man in Lage ist, Töne zu spielen, die ansonsten nur auf einer Violine zu erreichen sind. Derart ausgestattet hat er zum Beispiel Vivaldis »Vier Jahreszeiten« mit Orchester aufgeführt, nur eben mit seiner Gitarre als erster Geige.

Wenn ich Uli beim Gitarrenspiel zuschaue, spüre ich instinktiv, dass das nur bedingt von dieser Welt ist. Es hat etwas Erhabenes und Erhebendes. Ganz so, wie wenn man Roger Federer in seinen besten Momenten beim Tennisspiel beobachten darf. Oder einen glasklaren doppelten Regenbogen erblickt oder Polarlichter. Es fällt in solchen

Momenten schwer, nicht an einen Gott, oder zumindest: das Göttliche zu glauben. Für mich ist es eine transzendente Erfahrung. Etwas, was über mein Leben und meinen Horizont weit hinaus reicht: ein Blick in eine andere Welt, die weniger greifbar, aber deswegen nicht weniger real ist.

Auf einer anderen Ebene erinnern uns Menschen wie Uli Jon Roth und Roger Federer daran, dass es durchaus möglich ist, sein »Leben B« zu leben – und damit Erfolg zu haben. Wenn Ausnahme-Talent auf außergewöhnliche Hingabe trifft, wenn die richtigen Lehrer und Vorbilder zur rechten Zeit auftauchen. Und wenn Fortuna sich als gnädig erweist.

Die zwei Stunden Musik heute Abend geben mir genug Kraft für die nächsten zwei Wochen im Büro. Sie haben mich aufgeladen und frisch gemacht. Sie spornen mich an, einen guten Job zu machen. Fairerweise: Es bleibt immer ein Quäntchen Wehmut, ein »Was wäre gewesen, wenn …?«. Das liegt in der Natur der Sache. Es ist ein süßer Schmerz. Vielleicht sollte ich meine Klampfe mal wieder aus dem Keller holen.

Während ich den Text nochmal auf Rechtschreiberfehler prüfte, sprang mich eine andere Frage an: Wie viele Rockmusiker da draußen wären vielleicht viel lieber Buchhalter, Tierarzt oder von mir aus auch Personalmanager? Ich habe keine Ahnung, wie es ist, fast immer auf Achse zu sein, jeden Abend mehr oder weniger die gleichen Lieder zu spielen, (zu) oft fern der geliebten Menschen zu sein. Wie war das nochmal mit dem Gras und der anderen Seite?

Generalisten verzweifelt auf Jobsuche

Bernd Slaghuis

Sie sind breit aufgestellt, flexibel und lieben das ständig Neue. Doch bei der Jobsuche und bei Bewerbung tun sich viele Generalisten heute schwer. Woran Alleskönner scheitern und worauf es stattdessen ankommt.

Mir sitzt Stefan (45, Name geändert) gegenüber. BWL-Studium mit gutem Abschluss, Praktika nebenher, Berufseinstieg als Trainee in einem Konzern, danach Stationen im Vertrieb und Marketing bei zwei Arbeitgebern, aktuell ist er Leiter Produktmanagement. Nach vier erfolgreichen Jahren in dieser Position ist ihm langweilig geworden und er sehnt sich nach Neuem.

Innerhalb des Unternehmens sieht er keine Entwicklungsmöglichkeit mehr, zudem habe er Lust auf eine neue Branche, erklärt er mir. 50 Bewerbungen seien verschickt, doch bis auf drei Telefon-Interviews scheine sich niemand so richtig für ihn zu interessieren.

Auf Klienten wie Stefan treffe ich auffallend häufig im Coaching. Sie sind Generalisten, gut ausgebildet und breit aufgestellt, vielseitig interessiert, wissbegierig und veränderungsbereit. Sie wissen um ihre vielfältigen Stärken und ihre bisherigen Erfolge im Beruf, doch in der Rolle als Bewerber haben sie das Gefühl, im Wettbewerb um ausgeschriebene Stellen zunehmend gegen Fachspezialisten und Branchenexperten zu verlieren.

Es frustriert sie, schließlich geht ihnen sonst alles so leicht von der Hand und sie waren sich doch bisher sicher, durch ihre Fähigkeit, sich flexibel in neue Themen hineindenken zu können, als Arbeitnehmer besonders attraktiv zu sein.

Alleskönner, bitte draußen bleiben?
Es klingt verrückt, denn trotz der nach wie vor beliebten Suche von Arbeitgebern nach der Eier legenden Wollmilchsau scheinen sie verstärkt Generalisten aufgrund der eingereichten Unterlagen schon in der ersten Runde des Bewerbungsprozesses aus dem Rennen zu kicken.

Sind solche Alleskönner etwa unerwünscht, da sie als Schwachstellenfinder mit Blick für das große Ganze ihren Finger in die Wunde legen, als guter Organisator Strukturen und Prozesse auf links krempeln oder als engagierter Teamgestalter Einfluss auf die Stimmung unter Kollegen nehmen?

Viel zu riskant, denkt sich womöglich mancher heute ohnehin überforderte Chef. Dann lieber den exakt zur Stelle passenden, fachkompetenten und detailverliebten, jedoch in der Breite ungefährlichen Spezialisten einstellen. Da weiß man schließlich, was man hat.

Und so scrollen sich Generalisten wie Stefan jeden Tag im Netz durch Hunderte neuer und immer wiederkehrender Jobangebote, von denen so viele irgendwie passen, doch keines so richtig. In dieser Frustspirale aus Ablehnung und orientierungsloser Suche beginnen sie, an der Fülle ihrer Stärken sowie dem echten Wert ihrer Berufserfahrung zu zweifeln.

Schließlich kennen sie das dumpfe Gefühl, sich immer irgendwie erfolgreich durchgewurstelt zu haben, ohne etwas so richtig gut zu können. Viele fragen sich, ob sie sich längst spezialisieren hätten müssen.

Auch Arbeitgeber tragen zu solchen Gedanken bei, wenn sie Stellen etwa als Projektleiter oder General Manager, in denen stärker generalistische Kompetenzen gefragt sind, in Ausschreibungen künstlich spezialisieren, um vorhandene Skills im ersten Bewerber-Screening leichter checken zu können. Wer durch automatisierte Recruiting-Prozesse systematisch seine Türen für Generalisten versperrt, dem werden in der Arbeitswelt von morgen wichtige Mitarbeiterkompetenzen fehlen.

Generalisten punkten als Bewerber mit klarem Profil
Bemerken Generalisten, dass sie als Bewerber auf Ablehnung stoßen, schrauben sie entweder ihre Stärken und Erfolge in den Unterlagen herab und stapeln tief oder sie belegen schnell einige Weiterbildungen, um zumindest den Anschein eines roten Fadens im Lebenslauf zu erwecken. Doch jeder Generalist, verkleidet als Spezialist, erzeugt noch mehr Fragezeichen in den Köpfen der Recruiter und verfolgt eine Vermeidungsstrategie, mit der er sich selbst schwächt.

Ich empfehle Generalisten stattdessen, ihre vielseitigen Stärken zu erkennen und selbst wertzuschätzen sowie noch gezielter nach solchen Arbeitgebern zu suchen, die ein echtes Interesse an ihrer Vielfalt und den oftmals hiermit verbundenen Macher-Qualitäten besitzen. Ich rate ihnen, konsequent nach Positionen Ausschau zu halten, die vor allem breites, statt tiefes Wissen und Denken erfordern und damit stärker konzeptionell/strategisch und weniger verwaltend/operativ ausgerichtet sind.

Erst wenn Generalisten über diese eigene Klarheit verfügen, können sie wie mit dem Fokus eines nach Jobtiteln suchenden Spezialisten im Dschungel der Jobbörsen die passenden Stellen finden.

Generalisten sind als Bewerber dann erfolgreich, wenn sie sich selbstbewusst als solche zu erkennen geben, jedoch einem Arbeitgeber nicht den bunten Blumenstrauß all ihrer Stärken vor die Füße werfen, sondern es ihnen gelingt, jenen Bruchteil zu identifizieren und klar mithilfe ihrer Bewerbung zu präsentieren, der für die Zielposition relevant ist. Besonders Generalisten müssen Kante zeigen, um sich als Kandidat für einen neuen Arbeitgeber richtig greifbar zu machen.

Unsere Arbeitswelt wird auch zukünftig sowohl Spezialisten mit Sinn für Details als auch Generalisten mit Weitblick benötigen. Damit sich beide Seiten besser finden, sollten auch Arbeitgeber ihre Recruiting-Prozesse ändern. Sie sollten sie so gestalten, dass sich Jobwechsler mit ihren jeweiligen Stärken-Richtungen eindeutiger in Stellenausschreibungen wiederfinden und dass Generalisten-Bewerber für Generalisten-Positionen nicht mangels Spezialisierung automatisch aussortiert, sondern ihre vielseitigen Fähigkeiten und echten Potenziale frühzeitig erkannt werden.

Zehn Fragen, die Sie vor einer Kündigung mit »Ja« beantworten sollten

Bernd Slaghuis

Den Job einfach kündigen oder doch noch bleiben? Eine schwierige Entscheidung für alle, die sich nach einer beruflichen Veränderung sehnen. Die folgenden zehn Fragen sollten Sie sich vor einer Kündigung stellen.

Nach etlichen Jahren bei einem Arbeitgeber plagt Sie die Langeweile oder Sie spüren schon lange ein Gefühl chronischer Unzufriedenheit? Sie sehnen sich nach einem neuen Umfeld, möchten sich fachlich und persönlich weiterentwickeln oder wieder stärker mit einer Branche oder den Produkten Ihres Arbeitgebers identifizieren?

Vielleicht fragen Sie sich sogar, ob Sie einfach kündigen sollten, ohne einen neuen Arbeitsvertrag in der Tasche zu haben. Oder sollten Sie doch lieber noch bleiben und hoffen, dass alles irgendwann wieder besser wird? Hier sind zehn Fragen, die Sie sich vor einer Kündigung stellen und mit »*Ja*« beantworten sollten, damit aus Stress, Langeweile oder Frust im Job keine übereilte Flucht, sondern eine gut überlegte Wechselentscheidung wird.

10 Fragen, die Sie sich vor einer Kündigung stellen sollten

1. Sind Sie wirklich bereit, die aktuelle Stelle samt Kollegen aufzugeben?

Jede Veränderung bedeutet, für etwas Neues auch Altes aufzugeben. Den täglichen Kontakt zu lieb gewonnenen Kollegen, bestimmte Aufgaben, die bisher Spaß machten oder besondere Vorzüge, die der jetzige Beruf oder Ihr Arbeitgeber mit sich bringen. Also, was geben Sie konkret alles auf, wenn Sie kündigen und sind Sie wirklich schon bereit, Abschied hiervon zu nehmen?

2. Gibt es gar nichts mehr, das Sie von der Kündigung abhalten könnte?

Auch wenn Ihr Frust hoch ist: Hätten Ihr Chef oder die Kollegen vielleicht doch noch eine Chance, Sie von einer Kündigung abzuhalten und wenn ja, womit? Was müsste geschehen, damit Sie bleiben? – Mehr Geld? Eine Beförderung? Neue Aufgaben? Eine offene Aussprache? Lohnt es sich, solche Themen mit Ihrem Chef oder den Kollegen zu besprechen und zu prüfen, ob es vielleicht doch noch eine gemeinsame Zukunft gibt? Und sofern es so etwas gibt, wie wahrscheinlich ist es, dass das, was Sie von der Kündigung abhalten würde, tatsächlich in Zukunft eintritt?

3. Ist Ihnen klar, was Sie sich von einem Jobwechsel versprechen?

Die meisten Angestellten, die mir im Coaching gegenübersitzen und an eine Kündigung denken, sind frustriert auf der Flucht. »*Hauptsache weg*« ist ihre Devise. Doch weg vom alten Arbeitgeber sagt noch nichts über ein gutes Ziel für die Zukunft aus. Haben Sie sich darüber Gedanken gemacht, was nach der Kündigung sein soll und was glauben Sie, warum es Ihnen nach einem Wechsel des Arbeitgebers besser gehen wird? Was genau ist Ihre echte Wechselmotivation und sind Sie sich sicher, dass diese Möglichkeiten zur Veränderung bei Ihrem aktuellen Arbeitgeber nicht bestehen?

4. Haben Sie alle Möglichkeiten bei Ihrem Arbeitgeber geprüft?

Viele Arbeitnehmer denken, dass ihre Position bei einem Arbeitgeber in Stein gemeißelt ist. Auf die Idee, sich proaktiv nach alternativen Entwicklungsmöglichkeiten innerhalb des Unternehmens umzuhören, darauf kommen sie meist nicht. Ist die Kündigung einmal ausgesprochen, ist es zu spät, um über interne Wechseloptionen nachzudenken. Also, über welche aus Ihrer Sicht vielleicht auch unrealistischen, jedoch attraktiven internen Veränderungsideen würde es sich lohnen, mit Ihrem Chef, anderen Führungskräften oder Mitarbeitern aus der Personalabteilung zu sprechen, bevor Sie endgültig Tschüss sagen?

5. Sind Sie in der Verfassung, um über Ihre Zukunft nachzudenken?

Im Coaching bemerke ich, dass es manchen Wechselwilligen extrem schwerfällt, über ihre berufliche Zukunft nachzudenken und über Ziele zu sprechen. Schon der flüchtige Gedanke an alles das, worunter sie in den letzten Wochen oder Monaten gelitten haben, treibt ihnen die Tränen in die Augen. Das Heute und Gestern bestimmt so sehr ihr Gedankenkarussell, dass in ihren Köpfen noch kein Platz für das Morgen ist. Auch hier wäre die Kündigung mehr übereilte Flucht als ein guter Beginn von etwas Neuem. Wie geht es Ihnen, wenn Sie an Ihre Ziele der nächsten Jahre sowie Ihre berufliche Zukunft denken? Sind Sie aktuell in einer so guten Verfassung, dass Sie an Ihrer Zukunft arbeiten, oder was können Sie zuerst Gutes für sich tun, um wieder neue Energie zu tanken?

6. Wissen Sie, nach welchen Positionen und Arbeitgebern Sie suchen?

Wie soll es nach der Kündigung weitergehen? Mit dem Gleichen, nur woanders? Eine neue Aufgabe bei einem Arbeitgeber in der gleichen Branche? Oder denken Sie sogar an eine größere Neuorientierung? Mit Ihrer Kündigung sollten Sie einen Plan in der Tasche haben, wohin Sie der nächste Schritt führen soll. Zu Aufgaben, bei deren Erfüllung Sie Ihr Fach- und Erfahrungswissen nützlich einbringen und Ihre Stärken zum Einsatz kommen können. Zu Unternehmen, mit deren Produkten oder Leistungen Sie sich identifizieren können. Mit Chefs und Kollegen, die Ihren persönlichen Vorstellungen von guter Zusammenarbeit entsprechen. In ein Arbeitsumfeld, in dem Sie sich wohlfühlen und entfalten können.

7. Kommen Sie damit klar, wie andere Ihre Entscheidung bewerten?

»Man kündigt doch nicht einfach so seinen Job!« Dieses Denken ist immer noch in weiten Teilen unserer Gesellschaft präsent. Besonders dann, wenn Ihre aktuelle Situation von anderen Menschen in Ihrem Umfeld als Luxusproblem bewertet wird. Sie werden Ihnen einreden, dass Sie es doch jetzt schon gut haben und es vielen anderen Angestellten so viel schlechter geht. Also, wie stark stehen Sie selbst zu Ihrer Entscheidung und was werden Sie solchen Bedenkenträgern und Besserwissern antworten?

8. Haben Sie Lust auf Bewerbungen und Vorstellungsgespräche?

Naja, von Lust werden Sie vermutlich nicht sprechen wollen. Ich habe jedenfalls noch keinen Jobwechsler kennengelernt, der sich auf ein Vorstellungsgespräch freut. Doch klar ist: Wenn Sie nicht gerade Programmierer oder Pfleger sind und vom Arbeitsmarkt mit offenen Armen erwartet werden, werden Sie wahrscheinlich einige Bewerbungen schreiben und so manches Vorstellungsgespräch bis zur Unterschrift des nächsten Arbeitsvertrages führen müssen. Mal ehrlich, sind Sie hierzu bereit und auch neugierig darauf, was Ihnen der Arbeitsmarkt Gutes zu bieten hat?

9. Werden Sie drei Monate ohne Einkommen überbrücken können?

Kündigen Sie selbst den Arbeitsvertrag, droht Ihnen im Normalfall eine 3-monatige Sperre des Arbeitslosengeldes. Reichen Ihre Reserven, um die Kosten und den Lebensunterhalt in dieser Zeit zu decken? Sollten Sie zum Zeitpunkt der Kündigung noch keinen neuen Job in Aussicht haben, können sich Bewerbungsprozesse schnell über ein halbes Jahr und länger hinziehen. Finanzieller Druck ist ein extrem schlechter Berater beim Jobwechsel. Also, werden Sie zwischen Kündigung und Antritt eines neuen Jobs ausreichend finanziell versorgt sein?

10. Passt der Jobwechsel zu Ihrer privaten Lebensplanung?

Arbeit ist längst zum integralen Bestandteil des Lebens geworden. Was sind Ihre privaten Pläne für die nächsten Jahre und hätten Ihre Kündigung und der Wechsel des Arbeitgebers Auswirkungen hierauf? Sind sie aktuell räumlich gebunden? Was bedeutet ein Jobwechsel für Ihre Familie und Ihr soziales Umfeld? Auf was müssten Sie womöglich im privaten Lebensbereich verzichten und wie wichtig ist Ihnen das alles? Oder gibt es etwas, das sich privat durch die Kündigung verbessern soll und was bedeutet dies für Ihre Suche nach einem neuen Arbeitgeber?

Kündigen: Planen Sie Ihren Abschied und den Wechsel
Steht Ihre Entscheidung, dass Sie Ihren aktuellen Arbeitgeber verlassen werden, fest, dann klären Sie den Trennungsprozess. Welche Kündigungsfristen sind zu beachten und was ist für Sie ein guter Kündigungstermin? Gibt es Aufgaben oder Projekte, die Sie erst zum erfolgreichen Abschluss bringen möchten, bevor Sie gehen? Vielleicht ist es Ihnen auch wichtig, Ihre offenen Themen in Ruhe an einen Nachfolger zu übergeben. Viele Angestellte möchten ihren Arbeitgeber im Guten verlassen und

kein Schlachtfeld hinterlassen. Wenn dies auch Ihnen wichtig ist, dann klären Sie, was Sie in der verbleibenden Zeit dazu beitragen können.

Vielleicht existieren bei Ihrem Arbeitgeber auch Programme zum Personalabbau und Sie kommen in den Genuss einer Abfindungsregelung oder einer Outplacement-Beratung, die Sie bei der Orientierung und Suche nach neuen Positionen unterstützt. Vielleicht kann es auch sinnvoll sein, mit Ihrem Arbeitgeber offen darüber zu sprechen, welche Seite die rechtlich wirksame Kündigung ausspricht. Mit allen Konsequenzen, die hiermit verbunden sind – von der Berechnung des Arbeitslosengeldes bis hin zur Formulierung in Ihrem Arbeitszeugnis.

Bleiben: Gestalten Sie Ihre alte Arbeit neu
Falls Sie sich zum jetzigen Zeitpunkt gegen die Kündigung entschieden haben, wird Sie ein »*Weiter so!*« auf Dauer vermutlich nicht zufriedenstellen. Selbst wenn Ihnen die Vorteile der Position beim heutigen Arbeitgeber wieder bewusster geworden sind und diese gegenüber einem Jobwechsel überwiegen, gibt es wahrscheinlich noch etwas, das Sie stört und in Zukunft weiter belasten wird.

Verfallen Sie jetzt nicht in eine »Dienst nach Vorschrift«-Haltung und gehen Sie nicht einfach wieder routiniert zum Tagesgeschäft über, sondern arbeiten Sie als Chef Ihres eigenen Lebens an den wichtigen Themen, die Sie durch Ihre Antworten auf meine zehn Fragen identifiziert haben. Denn auch als Angestellte besitzen Sie größere Gestaltungsspielräume, als Sie womöglich denken.

Mehr Gehalt verhandeln? Dieser simple Trick hilft nachweislich

Nico Rose

Selbst, wenn ein Vorstellungsprozess bis dahin freundschaftlich verlaufen ist: Wenn es um das zukünftige Gehalt geht, wird es oft nochmal haarig. Vielen Bewerbern ist es unangenehm, ihre Forderungen mit Nachdruck zu vertreten. Ein kleiner Trick kann hier Abhilfe schaffen.

Lassen Sie mich zunächst sagen: Ich mag keine Texte, welche die Worte »simpel« und »Trick« in der Überschrift tragen. Sie entsprechen nach meiner Erfahrung zumeist nicht der Realität, die einen im wahren Leben dann doch immer wieder einholt. Was »simpel« sein soll, ist oft übersimplifiziert – und der Trick klappt vor Publikum auf einmal doch nicht so gut, entweder aufgrund des Vorführeffekts oder weil der Auszutricksende den Trick auch schon kennt. Doch nun mache ich eine Ausnahme, weil das Ganze tatsächlich simpel ist – und wissenschaftlich überprüft.

Frauen verdienen im Schnitt weniger Geld als Männer, selbst wenn sie im gleichen Beruf und in gleicher Qualität arbeiten. Dies hat vielfältige Gründe, einige davon sind systemischer, andere aber auch individueller Natur (siehe dazu auch den Beitrag »Von Bergspitzen und Seilschaften ...« im Kapitel 2). Auf der individuellen Seite gibt es folgenden Befund: Frauen fordern im Mittel einfach weniger Geld – sie verhandeln weicher. Dies ist u. a. die Folge einer im Mittel ausgeprägteren Fähigkeit (oder Bereitschaft) zur Empathie. Sie können sich besser in andere Menschen hineinversetzen. Doch bei Verhandlungen kann uns genau diese Fähigkeit im Weg stehen.

Wenn uns Empathie schadet
Wer hoch empathisch ist, fühlt gewissermaßen deutlicher den »Schmerz«, den er oder sie dem Gegenüber zufügt, wenn man sich als harter Hund zeigt. Außerdem mögen wir es nicht, wenn andere uns als egoistisch bewerten – Frauen noch etwas weniger als Männer. Genau an dieser Stelle setzt nun auch der Trick an. Er funktioniert deshalb so gut, weil es in erster Linie darum geht, uns selbst auszutricksen – nicht etwa die andere Person.

Forscher[35] haben herausgefunden, dass ein »Re-Framing« der Verhandlungssituation einen gewaltigen Unterschied machen kann. Sie baten 176 Führungskräfte paarweise in ihr Labor. Eine Person gab den Chef, die jeweils andere sollte ihr neues Gehalt nach einer Beförderung im Unternehmen verhandeln. Ohne weitere Anweisungen zeigte sich folgendes Ergebnis: die männlichen Teilnehmer verhandelten für sich im Schnitt ein Gehalt von 146.000 Dollar, die Damen lagen mit 141.000 Dollar dahinter. Ein Teil der weiblichen Probanden landete hingegen bei 167.000 Dollar. Dieser Gruppe gab man zuvor folgende Anweisung: »Stellen sie sich bitte vor, sie seien ihr eigener Mentor – nicht sie selbst.«

Diese einfache mentale Neurahmung der Situation führte dazu, dass die betreffenden Personen härter und länger verhandelten – weil sie sich (gefühlt) für jemand anderen als sich selbst einsetzten. Ein weiteres Forscherteam konnte ähnliches nachweisen: In einer analogen Situation gaben sie ihren Teilnehmerinnen die Anweisung, sich vorzustellen, sie würden das Gehalt für eine gute Freundin verhandeln. Dies half ihnen, im Mittel 16 Prozent mehr Vergütung auszuhandeln als jene Frauen, denen diese Anweisung nicht gegeben wurde. Alternativ kann man sich auch vorstellen, dass man das Gehalt zum Wohlergehen der eigenen Familie steigern möchte. Im Grunde funktioniert alles, was den Fokus vom reinen Eigennutz weglenkt.

Im Übrigen: Die Personaler und Chefs auf Seiten der Unternehmen benötigen den Trick nicht. Sie verhandeln per Definition bereits für jemand anderen – idealerweise zum Wohle des Unternehmens. Letztlich schafft der Kniff also lediglich eine Art Waffengleichheit.

Quereinstieg: Wie der Jobwechsel durch die Seitentür gelingt

Bernd Slaghuis

Quereinsteiger willkommen, so die Botschaft vieler Arbeitgeber heute. Doch Bewerber spüren, dass sie es als Quereinsteiger schwer haben. Worauf Sie beim Jobwechsel durch die Seitentür achten sollten.

Quereinsteiger denken anders, bringen Vielfalt ins Team und Erfahrungen aus anderen Branchen mit. Soft-Skills zählen hierfür mehr als Fachwissen, so zumindest der Lockruf von Arbeitgebern auf der Suche nach Quereinsteigern. Die großen Strategieberatungen haben vor Jahren damit begonnen, offensiv auch fachfremde Absolventen vor allem aus den Natur- und Geisteswissenschaften für ihre Branche zu begeistern. Inzwischen wimmelt es in den großen Jobbörsen an Quereinsteiger-Jobs, vor allem für Stellen in personalintensiven Dienstleistungsbereichen und überall dort, wo tatsächlich ein Fachkräftemangel herrscht – Stichwort Pflege. Masse statt Klasse scheint hier die Devise, um überhaupt noch Bewerbungen zu erhalten.

Doch viele Jobwechsler, die als Quereinsteiger gezielt neues Terrain betreten möchten, bekommen hierzulande als Bewerber schnell zu spüren, dass eine Karriere durch die Seitentür immer noch alles andere als gewöhnlich ist.

Quereinsteiger willkommen! – Wirklich?
Neulich erhielt ich die Mail einer jungen Bewerberin, im Betreff stand: »*Keine Chance als Quereinsteigerin?*«. Ihren Lebenslauf hatte sie gleich mitgeschickt. Sie hat Mathe-

matik studiert und vor einigen Monaten ihren Master mit Eins bestanden. Während des Studiums hatte sie diverse Praktika und Auslandsaufenthalte absolviert. Sie interessiere sich für den Einstieg bei einer der großen Strategieberatungen, schrieb sie mir. Es sei ihr Ziel, viele unterschiedliche Unternehmen in Projekten kennenzulernen, sich in verschiedenen Themen Wissen anzueignen und sie schrecke auch vor langen Arbeitszeiten und vielen Nächten in Hotels nicht zurück. Ich spürte in der Mail die Begeisterung für diesen Karriereschritt und bis dahin war mir nicht klar, warum sie mir schrieb.

Sie hatte sich bei einigen Strategieberatungen beworben und viele positive Rückmeldungen erhalten. Sie wurde zu Recruiting-Event eingeladen und hatte Einzelgespräche geführt. In der nächsten Runde saß sie dann mit anderen Kandidaten im Assessment-Center – und hier hörte die Reise für sie auf. Denn sie hatte keine Antworten auf Fragen zu Methoden der Unternehmensbewertung und kannte weder die Balanced Scorecard noch das Modell des Kundenlebenszyklus. Ihre Mitbewerber mit betriebswirtschaftlichem Hintergrund konnten selbstverständlich besser punkten.

Sie fragt mich nun, ob sie sich das ganze BWL-Wissen schnell aneignen müsse, um überhaupt eine Chance zu haben. Ich bin der Meinung. wenn »*Diversity*« im Team und Vielfalt der Fachrichtungen mehr ist als lediglich ausgerufene bunte Fassade, dann kann und darf dies nicht die Lösung sein, um es als offensichtlich erwünschter Quereinsteiger durch den formalen Recruiting Prozess zu schaffen. Ich habe ihr geraten, das Thema anzusprechen, wenn sie das nächste Mal in der Situation ist, als Quereinsteigerin zwar höchst willkommen zu sein, jedoch nicht als solche im Bewerbungsprozess behandelt wird.

Quereinstieg: Die Jobs für Masse statt Klasse

Ich habe einmal in Jobbörsen nach dem Begriff »*Quereinsteiger*« gesucht. Die Deutsche Bahn präsentiert beispielsweise allerhand offene Stellen für Quereinsteiger, vom 1. Klasse Steward über den Fahrdienstleister bis zum Triebfahrzeugführer. Auch für die Besetzung von Lehrerstellen gibt es je nach Bundesland mitunter sehr lockere Regelungen für Seiteneinsteiger, jedoch auch eine, wie ich finde, berechtigte Diskussion[36] darüber, ob zwei Wochen pädagogischer Crash-Kurs ausreichen, um Lehrer ohne Lehramtsstudium auf den heutigen Schulalltag vorzubereiten.

Die Durchsicht der Stellenangebote in den großen Jobbörsen zeigt, dass Quereinsteiger vor allem dort gefragt sind, wo die Zahl der offenen Stellen das Angebot im Markt um ein Vielfaches übersteigt und es daher um Masse geht: In vielen Bereichen der kommunalen Verwaltung sowie insbesondere in den Gesundheits- und Pflegeberufen. Auch etliche Positionen im Vertrieb bei Banken und Versicherungen sind dabei, häufig als selbstständige Handelsvertreter. Unter den Stellen finden sich ebenfalls Angebote von Franchise-Systemen, die Quereinsteiger aller Couleur als Franchise-Nehmer suchen. Und auch in personalintensiven Bereichen, wie etwa im Call-Center oder der Kundenbetreuung werden sie gesucht:

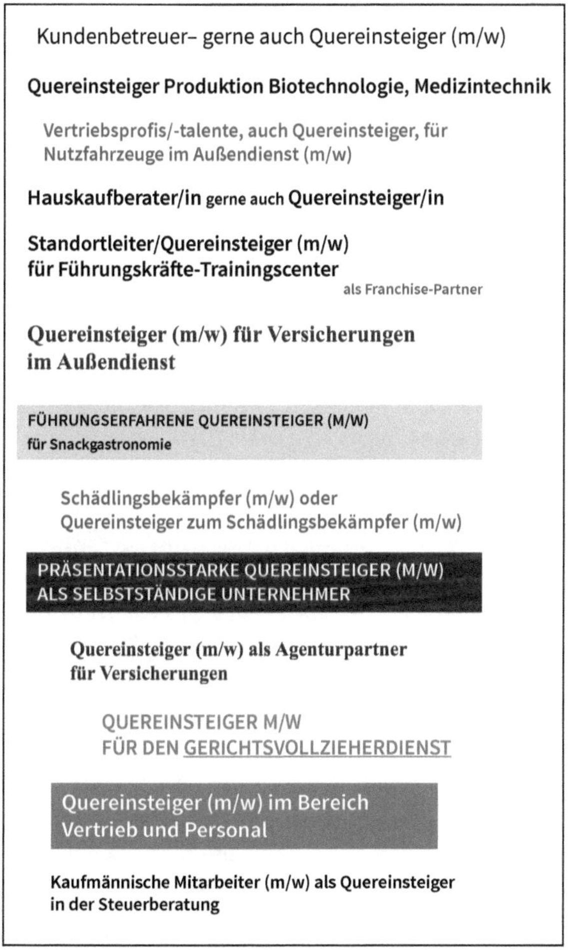

> Kundenbetreuer- gerne auch Quereinsteiger (m/w)
>
> Quereinsteiger Produktion Biotechnologie, Medizintechnik
>
> Vertriebsprofis/-talente, auch Quereinsteiger, für Nutzfahrzeuge im Außendienst (m/w)
>
> Hauskaufberater/in gerne auch Quereinsteiger/in
>
> Standortleiter/Quereinsteiger (m/w) für Führungskräfte-Trainingscenter
> als Franchise-Partner
>
> Quereinsteiger (m/w) für Versicherungen im Außendienst
>
> FÜHRUNGSERFAHRENE QUEREINSTEIGER (M/W) für Snackgastronomie
>
> Schädlingsbekämpfer (m/w) oder Quereinsteiger zum Schädlingsbekämpfer (m/w)
>
> PRÄSENTATIONSSTARKE QUEREINSTEIGER (M/W) ALS SELBSTSTÄNDIGE UNTERNEHMER
>
> Quereinsteiger (m/w) als Agenturpartner für Versicherungen
>
> QUEREINSTEIGER M/W FÜR DEN GERICHTSVOLLZIEHERDIENST
>
> Quereinsteiger (m/w) im Bereich Vertrieb und Personal
>
> Kaufmännische Mitarbeiter (m/w) als Quereinsteiger in der Steuerberatung

Abb. 5: Stellenangebote für Quereinsteiger

Mich hat bei meiner Recherche überrascht, dass es mitunter auch stark spezialisierte Positionen sind, für die Quereinsteiger gesucht werden. Arbeitgeber werben damit, dass neue Mitarbeiter eine intensive Einarbeitung und fachliche Schulung durchlaufen, bevor sie mit dem Job starten. Liegt es womöglich daran, dass Schädlingsbekämpfer, Gerichtsvollzieher, Steuerberater oder Kundenberater im Jobcenter nicht zu den beliebtesten Berufen zählen und nur der Stempel »*Quereinsteiger erwünscht!*« überhaupt noch zum Eingang von Bewerbungen führt?

Alle diese Positionen haben eines gemeinsam: Auf ein bereits vorhandenes Fachwissen – ob aus Studium, Ausbildung oder Berufserfahrung – kommt es den Arbeitgebern hier offenbar nicht an. Die Soft-Skills stehen angeblich im Vordergrund, wenn es um Vertriebspersönlichkeiten oder Kundenberater geht. Ich frage mich, wie sehr vor allem bei den vertriebsorientierten Jobs Quereinsteiger mit attraktiven Verdienstmöglichkeiten, Homeoffice-Freiheiten und der Chance auf ein neues Berufsleben gelockt werden.

Es wird suggeriert, jeder einigermaßen Aufgeweckte könne im Außendienst nach einer fachlichen Schulung erfolgreich Lebensversicherungen verkaufen oder ein eigenes Geschäft als Franchise-Nehmer hochziehen. Sind das wirklich alles Spielplätze für jedermann oder ziehen sich Unternehmen hier vor allem solche Bewerber an Land, die aus orientierungsloser Verzweiflung naiv blindlings zuschlagen?

Als Bewerber sollten Sie genau hinschauen und spätestens im gemeinsamen Gespräch in Erfahrung bringen, was hinter »*Quereinsteiger willkommen!*« wirklich steckt: Geht es nur darum, die Zahl der Bewerbungen zu erhöhen, am Ende jedoch zur Sicherheit den Fachexperten zu favorisieren oder hat ein Arbeitgeber tatsächlich echtes Interesse daran, offene Stellen als Bereicherung für das Team mit fachfremden Persönlichkeiten zu besetzen?

Fragen Sie sich zudem bei allen Quereinsteiger-Jobs, für die Sie durch eine »*kurze Einarbeitung*« fachlich qualifiziert werden sollen, ob Sie diese in der Regel durch einen hohen Anteil an Routineaufgaben geprägten Jobs (wie etwa als Servicekraft im Bahn Bistro) mehrere Monate oder Jahre ausüben möchten oder ob die Gefahr besteht, dass Ihnen allzu schnell und auf Dauer langweilig wird.

Quereinstieg nach beruflicher Neuorientierung
Ich begleite viele Angestellte bei einer beruflichen Neuorientierung. Sie möchten nach Jahren im Beruf noch einmal etwas ganz anderes beginnen. Auch wenn sie reichlich Berufserfahrung besitzen und mit beiden Beinen im Leben stehen, werden Sie zu diesem Zeitpunkt immer zu Quereinsteigern. Sie stehen vor der Aufgabe, einem neuen Arbeitgeber in einer für sie fremden, aber spannenden Branche nicht nur zu erklären, dass sie den an eine Position gestellten Anforderungen gewachsen sind, sondern warum er sich nicht für einen Bewerber vom Fach mit Erfahrungen in der Branche und geradlinigem Lebenslauf entscheiden soll.

Bei einer beruflichen Neuorientierung nach solchen Massen-Quereinsteiger-Positionen zu suchen, wie ich sie gefunden und oben aufgelistet habe, halte ich nicht für sinnvoll. Das wäre maximal Plan B. Denn die Neuorientierer, die ich kennenlerne, suchen mehr als einen Job für jedermann mit kurzer Fachschulung. Sie entscheiden sich ganz bewusst für Branchen, Arbeitgeber und Aufgaben, die ihren heutigen Wertevorstellungen, Zielen und vor allem Anforderungen an ein für sie optimales Arbeitsumfeld genügen. Sie haben einen sehr klaren Plan im Kopf, was und wer zu ihnen passt, womit sie sich identifizieren können, was sie ausfüllt und in den nächsten Jahren motivieren wird.

Und genau dies ist es aus meiner Sicht, was echte Neuorientierungs-Quereinsteiger von anderen Bewerbern unterscheidet, die Stellenausschreibungen für Quereinsteiger als willkommene Aufforderung betrachten, ihre Unterlagen unreflektiert weiter zu streuen. Quereinsteiger hingegen, die ganz bewusst diesen Weg beschreiten möchten, haben sich intensiv mit ihren Fähigkeiten und Stärken auseinandergesetzt und ihre Ziele definiert. Ein Arbeitgeber kann nach einem solchen Prozess relativ sicher sein, dass sein neuer Mitarbeiter hoch motiviert ist und ein großes Interesse daran hat, sich vor allem fachlich, aber auch persönlich weiterzuentwickeln.

Jeder Quereinstieg erfordert quere Bewerbungsstrategien
Wer sich in letzter Zeit beworben hat, der weiß, dass undurchsichtige Lebensläufe und ein nicht greifbares Bewerberprofil kaum Begeisterung bei Personalern hervorrufen. Recruiter, die sich maximal wenige Minuten Zeit für die erste Sichtung einer Bewerbung nehmen, können es nicht schaffen, den Lebenslauf und die echte Motivation eines Quereinsteigers zu verstehen. Zu viele Fragezeichen bleiben am Ende

stehen und führen dazu, dem fachfremden Kandidaten entweder abzusagen oder seine Bewerbung auf den Stapel »*Sonstiges*« zu legen.

Als Quereinsteiger benötigen Sie eine andere Bewerbungsstrategie als Ihre Mitbewerber, deren Werdegang und Ausbildung perfekt zum gesuchten Profil passen. Ich gehe noch einen Schritt weiter und bezweifele, dass Sie es als echter Quereinsteiger selbst mit einem perfekten, aber klassischen Anschreiben sowie Ihrem formal korrekten Lebenslauf über die Hürde der Unterlagenprüfung schaffen. Oft höre ich von Quereinsteigern auch, dass die Bewerbungsportale der Unternehmen keine ausreichenden Möglichkeiten bieten, die Besonderheiten ihres Werdegangs zu erfassen. Standardprozesse sind einfach nicht für Ausnahmen gemacht.

Ich rate allen Quereinsteigern daher zu alternativen Bewerbungswegen. Suchen Sie den direkten Kontakt zu Entscheidern aus dem Unternehmen außerhalb des normalen Bewerbungsprozesses. Das können Job- und Karrieremessen sein, eigene öffentliche Recruiting-Veranstaltungen des Unternehmens oder auch die direkte Ansprache von Mitarbeitern aus HR- oder Fachabteilungen, beispielsweise über XING oder LinkedIn. Oder gehen Sie mit für Sie interessanten Menschen einfach mal einen Kaffee trinken und besprechen Ihre Ideen und Visionen für eine mögliche Zusammenarbeit.

Entscheiden Sie sich doch für den klassischen Weg der Bewerbung, dann sollten Sie mit Ihrem Anschreiben echte Klarheit schaffen, warum der Quereinstieg ein gut überlegter Schritt für Ihre berufliche Entwicklung ist und welche Kompetenzen, Berufserfahrungen sowie auch Soft-Skills Sie für die Zielposition konkret mitbringen. Schließlich sind Sie als Quereinsteiger alles andere als ein Einsteiger. Auch eine Initiativbewerbung kann erfolgreich sein, wenn es Ihnen gelingt, sich als Quereinsteiger Ihrem Wunsch-Arbeitgeber mit Ihrer Idee für eine neue Position im Unternehmen selbst auf dem Silbertablett zu präsentieren.

Arbeitgeber sollten ihre Türen im Recruiting öffnen
Viele Arbeitgeber haben heue erkannt, dass Quereinsteiger wertvolle Ressourcen in ein Unternehmen und in Teams einbringen. Hier meine ich weniger die Arbeitgeber mit Jobs für massenweise jedermann, sondern solche, die Vielfalt echt leben.

Doch dazu gehört in der Konsequenz, auch im Recruiting wirklich echtes Interesse an außergewöhnlichen Werdegängen zu zeigen und bunte Lebensläufe nicht automatisiert systematisch auszusortieren, sondern ein zweites Mal hinzuschauen, wenn Bewerber auf den ersten Blick nicht die gewünschten Standards erfüllen. Sonst gehen die ungeschliffenen Rohdiamanten der Quereinsteiger am Ende doch wieder im Getümmel der gleichförmig breiten Masse unter.

Quereinstieg: Echte Klarheit auf beiden Seiten schaffen
Sowohl die Motivation als Jobwechsler als auch die Motivation für die Suche von Arbeitgebern nach Quereinsteigern ist sehr unterschiedlich. Wie bei jeder beruflichen Veränderung sollten Sie für sich selbst zuerst Klarheit schaffen, was Ihnen in den nächsten Jahren wichtig ist und was genau hinter Ihrem Wunsch steckt, in einem anderen Berufsfeld zu arbeiten. Erst wenn Sie selbst Klarheit über Ihre Motivation für den beruflichen Schritt zur Seite besitzen, werden Sie diese auch gegenüber einem neuen Arbeitgeber vermitteln können.

Auf der anderen Seite sollten sich auch Arbeitgeber stärker bewusst machen, warum sie Positionen explizit für Quereinsteiger ausschreiben und was dies für ihren Recruiting-Prozess bedeutet. Geht es wirklich um Vielfalt, frisches Denken und Know-how aus anderen Branchen? Oder verfolgt die Ausschreibung von Stellen für Quereinsteiger nur das Ziel, sich als hippes Unternehmen zu präsentieren sowie die Anzahl der Bewerbungen zu maximieren, um HR-Kennzahlen zu erfüllen?

Als Jobwechsler sollten Sie in ihrer Rolle als Quereinsteiger also nicht nur ein klares Profil zeigen und Ihre Motivation für diesen Schritt seitwärts in der Bewerbung kundtun, sondern anhand gezielter Fragen im Gespräch auch in Erfahrung bringen, was hinter »*Quereinsteiger willkommen!*« tatsächlich steckt. Denn wer möchte schließlich in einem Job für jedermann landen?

7 Ausblick

Besser arbeiten? Freude im Beruf? Eine humanere Arbeitswelt? Manche Menschen werden uns angesichts solcher Ideen Naivität unterstellen, oder zumindest Realitätsferne. Wir hoffen jedoch, dass Ihnen die 66 Beiträge in diesem Buch zeigen konnten, dass dem nicht so ist.

Es ist wahr: Arbeit wird niemals ein Ponyhof sein und auch kein Zuckerschlecken. Arbeit wird uns auch niemals durchgehend Freude bereiten. Zudem wird es in Organisationen notwendigerweise immer wieder Situationen geben, die nicht das Beste im Menschen hervorbringen. Wir sind und bleiben jedoch Optimisten in dieser Angelegenheit. Arbeit ist im Laufe der letzten 150 Jahre für die meisten Menschen in vielen Regionen der Welt kontinuierlich besser geworden. Sie ist sicherer geworden, sie ist angenehmer geworden, sie ist menschlicher geworden. Gleichzeitig wurden in nahezu allen Branchen schier unglaubliche Produktivitätsfortschritte erzielt. Wir wüssten nicht, warum dieser langlebige Trend auf einmal zum Erliegen kommen oder sich gar umkehren sollte.[37]

Viele dieser Verbesserungen wurden von Arbeitnehmern und Gewerkschaften hart erkämpft. In den letzten etwa 30 Jahren erkennen Arbeitgeber jedoch auch zunehmend von selbst, dass sie betriebswirtschaftlich schlicht besser dastehen, wenn sie sich ausnehmend gut um ihre Angestellten kümmern. Es war uns wichtig, in diesem Buch beiden Perspektiven einen Raum zu geben. Ein Teil der Anregungen wendet sich an den einzelnen Arbeitnehmer, ein Teil betrifft in erster Linie die Führungskräfte in Unternehmen, ein anderer Teil wendet sich vornehmlich an Organisationen als Ganzes und ihre Topmanagement-Etagen.

Am Ende des Tages gilt: Arbeit wird vor allem dann (noch) besser werden, wenn alle Beteiligten an einem Strang ziehen, wenn allseitig intelligent daran gearbeitet wird, den Kuchen größer zu machen, anstatt vorrangig das eigene Kuchenstück im Blick zu haben. Wir kommen aus einer Ära, in der Wirtschaften vor allem als Nullsummenspiel betrachtet wurde. Hast du mehr, so habe ich weniger – und umgekehrt. Wettbewerb als Ringen um die beste Lösung und den größten Kundennutzen wird auch weiterhin eine Triebfeder sein für unternehmerischen Fortschritt und Erfolg. Wir sind jedoch zuversichtlich, dass dieser Fortschritt in Zukunft vielerorts ganzheitlicher gedacht werden wird, ja: gedacht werden muss.

7 Ausblick

Die Corona-Krise als (Ver-)Störung von Unternehmenslandschaften
Wie in der Einleitung beschrieben, entstehen diese Zeilen im Frühjahr 2020 unter dem Eindruck der Corona-Krise. Es war und ist spannend zu beobachten, wie dadurch in vielen Organisationen urplötzlich Dinge möglich (gemacht) wurden, die vorher als nahezu unmöglich betrachtet wurden. Spitzfindig könnte man sagen, dass die Maßnahmen zur Eindämmung des Virus die deutschen Bürolandschaften schneller und umfassender digitalisiert haben, als es je ein Chief Digital Officer in Normalzeiten hätte erreichen können. Viele Menschen nutzen plötzlich Videokonferenzen und digitale Kollaborationswerkzeuge, als hätten sie nie etwas anderes gemacht. Not macht erfinderisch, sie kann gesellschaftlichen und organisationalen Wandel befeuern. Was bis vor einigen Wochen noch weitgehend als Beratergeschwafel abgetan werden konnte, wird nun immer deutlicher greifbare Realität: Ein ordentlicher Hauch von New Work liegt über der Republik.

Nun gehört zu New Work – insbesondere gemäß der Lesart des Pioniers Frithjof Bergmann – deutlich mehr, als nervenaufreibende Konferenzen von Angesicht zu Angesicht durch nervenaufreibende Videokonferenzen zu ersetzen. Und trotzdem ist durch die Corona-Krise sicherlich das eine oder andere Paradigma ins Wanken geraten. Auch altgediente, traditionell orientierte Führungskräfte mussten schlechterdings lernen, ein Stück weit loszulassen, Kontrolle abzugeben, ihren Mitarbeitern stärker zu vertrauen. Uns ist klar, dass dieser durch eine externe Krise induzierte und somit notgedrungene Schub in puncto Digitalisierung und Kulturwandel nicht mit einer von innen, aus fester Überzeugung vorangetriebenen Transformation gleichzusetzen ist. Jedoch: Wenn der Geist erst einmal aus der Flasche geschlüpft ist, lässt er sich erfahrungsgemäß nur noch ungern wieder hineinquetschen. Selbst, wenn es gelingt, sitzt der Deckel meist deutlich lockerer als zuvor. Es wird zu beobachten sein, welche Unternehmen im Angesicht dieses akuten »Wind of Change« Mauern errichten und welche Organisationen Windmühlen bauen werden – um einem klassischen chinesischen Sprichwort die Ehre zu geben.

Das System ist nicht allmächtig
Letztendlich wäre es aus unserer Sicht übrigens falsch – gleich, ob als Führungskraft oder einfacher Mitarbeiter – darauf zu warten, dass »das System« sich endlich wandelt. Als erfahrene Praktiker mit vielen Jahren an Erfahrung im Konzernumfeld wissen wir um die normative Wirkung von Regeln, Strukturen und Hierarchien. Gleichwohl haben wir beide die Erfahrung gemacht, für uns selbst, wie als Begleiter von Menschen, dass Mitarbeiter, ganz für sich alleine oder in kleineren Gruppen, einen

7 Ausblick

Unterschied machen können, der einen Unterschied macht. So, wie es im Breisgau meist ein bisschen wärmer und sonniger ist als im Rest von Deutschland, so können wir in Unternehmen absichtsvoll darauf hinwirken, ein »lokales Mikroklima« zu erschaffen, das sich bewusst in positiver Weise von der Umgebung abhebt. Ein Klima, in dem Personen mehr von sich zeigen dürfen als ihre glattgebügelte Business-Persona. In dem ein bisschen wertschätzender, vielleicht sogar liebevoller, miteinander umgegangen wird und ein Klima, in dem das Wohlergehen des Menschen Vorrang hat vor dem Prosperieren des Unternehmens. Weil alle erkannt haben, dass das Zweite ohne das Erste dauerhaft keinen Sinn ergibt.

Zu diesem »positiven Klimawandel« in Organisationen können wir alle in unterschiedlichen Rollen eigenverantwortlich etwas beitragen. Wir sind gespannt, von Ihren Erfahrungen zu hören. Schreiben Sie uns gerne an mail@bernd-slaghuis.de und/oder office@nicorose.de.

Die Autoren

Dr. Nico Rose ist »der Sinnput-Geber«. Seit 2019 ist er Professor für Wirtschaftspsychologie an der International School of Management (ISM) in Dortmund. Von 2010 bis 2018 arbeitete er für die Bertelsmann-Gruppe, zuletzt als Vice President im Stab des Personalvorstands. Zuvor arbeitete er für die CC&C Group, die EBS Business School und L'Oréal Deutschland. Der Harvard Business Manager bezeichnet ihn als einen »führenden Experten für Positive Psychologie in Deutschland«.

Nico Rose ist Diplom-Psychologe (WWU Münster) und wurde an der EBS Business School in BWL promoviert. Zusätzlich hat er ein Master-Studium in angewandter Positiver Psychologie an der University of Pennsylvania abgeschlossen. Er lernte dort bei Martin Seligman, Mitbegründer der Positiven Psychologie, und einigen seiner engsten Kollegen, beispielsweise Angela Duckworth, Adam Grant und Jane Dutton.

Neben den Büchern »Führen mit Sinn«, »Arbeit besser machen« und »Lizenz zur Zufriedenheit« veröffentlichte Nico Rose bislang mehr als 80 Fachartikel und Buchbeiträge. Er schreibt regelmäßig Beiträge für Medien wie die WirtschaftsWoche, den Harvard Business Manager sowie die Business Punk und kann auf eine Vielzahl von Einsätzen als Experte in TV und Radio zurückblicken. Seine Vorträge und Workshops führten ihn bislang in 12 Länder.

Nico Rose lebt mit seiner Frau, zwei Kindern und zwei Katzen in Hamm, laut TAZ einem der »dunkelsten Löcher« in Westfalen. Wenn er nicht arbeitet oder Zeit mit seiner Familie verbringt, trifft man ihn mit großer Wahrscheinlichkeit auf Heavy-Metal-Konzerten.

 **Dr. Bernd Slaghuis** ist selbstständiger Karriere- und Business-Coach und hat in den letzten Jahren über 1.000 Angestellte, Führungskräfte und Unternehmer aus ganz Deutschland bei ihrer beruflichen Veränderung begleitet. Als Karriere-Coach steht Slaghuis für ein neues Karriereverständnis, in dem beruflicher Erfolg nicht nur hierarchischer Aufstieg ist, sondern die Erfüllung der persönlichen Werte und Ziele eines Menschen im Mittelpunkt steht. Mit Bewerbern arbeitet er getreu seinem Motto »Bewerber, zeigt Kante!« an einem Auftritt auf Augenhöhe sowie mit Führungskräften an einer gesunden Haltung sich selbst und ihren Mitarbeitern gegenüber.

Bernd Slaghuis, Jahrgang 1972, ist in Mönchengladbach aufgewachsen und hat dort nach Abitur und Zivildienst eine Ausbildung zum Bankkaufmann absolviert. Im Anschluss studierte er Wirtschaftswissenschaft an der Ruhr-Universität Bochum, arbeitete nach seinem Abschluss als Diplom-Ökonom am Lehrstuhl für Unternehmensforschung und promovierte dort zum Thema »Vertragsmanagement für Investitionsprojekte«. 2005 begann er bei der ROLAND Rechtsschutz Versicherung in Köln zunächst als Referent des Vorstandsvorsitzenden und wechselte nach zwei Jahren in den Bereich »Unternehmensentwicklung & Controlling«, dessen Leitung er später übernahm. Nach seiner Ausbildung zum diplomierten systemischen Coach ist er 2011 den Schritt in die Selbstständigkeit gegangen. Seitdem hat er als externer Berater Projekte geleitet, ist Vortragsredner auf Job- und Karrieremessen und hat diverse Team- und Führungskräfte-Workshops moderiert. Inzwischen arbeitet er überwiegend mit Einzelpersonen in seinem Büro in der Kölner Innenstadt zu Anliegen rund um Karriere, Bewerbung und Führung.

Sein Blog »Perspektivwechsel« zählt mit jährlich über 1 Mio. Lesern zu einem der meistgelesenen deutschen Karriere-Blogs. Als Karriere-Experte ist er gefragter Gast im TV und Hörfunk sowie Interview-Partner für viele Print- und Online-Medien, u. a. DIE WELT, ZEIT, Handelsblatt, Süddeutsche Zeitung, SPIEGEL Online und Focus. Seine Beiträge und Videos auf XING sind bei den 18 Mio. Mitgliedern des Business-Netzwerks so beliebt, dass er dort mehrfach als »Top-Mind« ausgezeichnet worden ist.

Weitere Informationen: www.bernd-slaghuis.de

Stichwortverzeichnis

4-Tage-Woche 42, 44

A
Achtsamkeit 193
ACR 148
Active Constructive Responding 148
AGG 114
Agilität 35
Alleskönner 225
Allgemeines Gleichbehandlungsgesetzt 114
Ampel 79, 80
Anerkennung 98
Arbeiten 4.0 32, 37, 47, 49
Arbeitsleid 18
Arbeitswelt 17
Arbeitszeit 130
— reduzieren 176
Arbeitszeiterfassung 129, 131
Arbeitszeitmodelle 17
Arbeitszufriedenheit 133
— Ausprägungen 133
Autonomie 179

B
Basisdemokratie 40
Belonging Uncertainty 162, 163, 164
Berufserfahrung 21, 22, 27, 237
— Kompetenzen 23
Berufung 194, 196, 197, 223
Beschäftigungstherapie 53
Bescheidenheit 105, 106, 107
Bestrafung 33
betriebliches Vorschlagswesen 86

Bewerber 206
Bewerbungsgespräch 125
Bewerbungsschreiben 123, 126
Bewerbungsstrategie 238
Beziehung 61
Beziehungen 179
Bock, Laszlo 128
Boreout 189, 190
Boundaryless Career 211
Branchenkompetenz 22
Brohm-Badry, Michaele 20
Bruggemann, Agnes 133
Burnout 190
Business-Persona 199, 200

C
Cameron, Kim 20
Chamorro-Premuzic, Tomas 102
Change-Kommunikation 159
Change-Management 53, 158, 160
Chef-Bashing 71, 73
Chief Experience Officer 119
Coaching 84, 92, 93, 94, 142
CXO 118

D
demografischen Entwicklung 28
Digitalisierung 17, 22, 27, 85, 205
Digitalkompetenz 22
Diversity 49, 51, 161, 234
Doppler, Klaus 53
Downshifting 175, 176, 177, 203
Dresscode 122
Dutton, Jane 147

E

Edmans, Alex 139
Edmondson, Amy 129
Ellenbogen-Karriere 151, 152
Emotionen 149
— positive 149
Empathie 220, 232
Employer Branding 125, 204, 208

F

Feedback 147
Feelgood 44, 196
Feelgood-Management 111, 175
Fehler 32, 33, 34, 36, 59, 67, 89, 218, 221
— Angst vor 33
— Bestrafung 33
Fehlerkultur 81, 89
Fehlertoleranz 34, 35
Flexibilität 35, 85
flexible Arbeitszeiten 46
Fortschritt 87
Fragen 82
Frauenquote 74, 78
Freiheit 35
Freiheit im Beruf 182, 186
Freude 173
Freude im Beruf 142, 143, 144
Führen durch Fragen 82, 83
Führung 57
— gewählt 39
Führungskompetenz 107
Führungskraft 57, 58, 61, 210
— als Coach 92, 95
— bewerten 58
Führungslaufbahn 210
Führungsqualitäten 58

G

Gable, Shelly 148
Gallup 71, 90, 100
Gallup Engagement Index 89
Gefährdungsanalyse 13
geführt werden
— Selbsttest 60
Gehalt 231, 232
— verhandeln 231
Gehalt frei bestimmen 40
Generalist 65, 124, 224, 225
geplante Folgenlosigkeit 53, 54
Gestaltungswille 170
gewählte Führung 39
Glück in der Arbeit 178
Güte 193

H

heiße Leistung 20
heliotroper Effekt 20
Hierarchie 69
Hochstatus 101
Homeoffice 46, 47
HR 109, 111, 139
Human Resources 109, 110, 112

I

Individualität 127, 209
Industrie 4.0 33, 42
Innovation 67, 87, 89

J

Jobbörsen 226
Job Characteristics Model 112
Job Crafting 169, 170
— Nutzen 171
Jobwechsel 203, 227
Jobwechsler 27

Stichwortverzeichnis

K
Kahneman, Daniel 159
kalte Leistung 20
Karriere 203, 207
Karriere-Messen 204
Karrieremodelle 209
Karriere-Websites 204
Kooperation 19
Kreativität 65, 67, 85, 87, 88, 89, 101, 112, 125, 127, 170, 184
Kulturwandel 121
Kündigung 227, 228
— 10 Fragen 227
— planen 230
künstliche Intelligenz 200

L
Langeweile im Beruf 190
Leadership Value Chain 122
Lebenslauf 31, 114, 116, 124
Lebenszweck 179
Loyalität 103, 104
Lustgewinn 38

M
Macher 64, 65
— Bewerbung 67
— Jobsuche 66
— Vorstellungsgespräch 67
Management 57
Management by Ampelmännchen 82
Management-Metaphern 68
Marshmallow-Experimenten 219
Metapher 68, 70, 75
Mischel, Walter 219
Mission 175, 187
Mitarbeiterbindung 57, 103
Mitarbeiterwohl 127

Mitarbeiterzufriedenheit 103, 132
Mitgefühl 192
Moonshot Goal 137
Mosaik-Karriere 211
Motivation 28, 65
— mangelnde 28

N
Neuorientierung 215, 216, 217, 218, 237
New Work 17, 35, 47, 49, 124
— einführen 36
Nullsummenspiele 19

O
Onlinekompetenz 22
Owen, Robert 43
Owens, Bradley 106

P
PAT 18
People Management 109
Persona 199
Personalarbeit 139
Personalentwicklung 208, 214
POS 19
Positive Organizational Scholarship 19
Positive Psychologie 146
Präsenzkultur 183
Precht, Richard David 38
Prinzipal-Agent-Theorie 18
Proaktivität 170
proteische Karriere 211
Pseudo-Chef 95, 98
Psychohygiene 45
Psychological Safety 128
Psychology Safety 129
Purpose 175, 187, 188

Stichwortverzeichnis

Q
Querdenker 49
Quereinsteiger 203, 216, 233, 234, 236, 238
— Bewerbungsstrategie 238
Quinn, Roberrt 122

R
Recruiter 116, 118, 205, 226, 237
Recruiting 31, 109, 114, 204, 206
Recruitingkosten 125
Reflexionsvermögen 85
Respekt 62
Riggle, Nick 201
Robot-Recruiting 208
Röhl, Heiko 53
Rollen 198
Roth, Uli Jon 223

S
Saarinen, Esa 154
scheitern 32
Schmerzvermeidung 38
Selbstakzeptanz 179
Selbstbestimmung 35
Selbstbewusstsein 101
Selbstmanagement 156
Selbstmitgefühl 192
— drei Säulen 193
Selbstoptimierung 196
Selbstorganisation 40
Selbstreflexion 212
Selbstverantwortung 85
Selbstverwirklichung 194
Selbstwirksamkeit 65
Sense of Purpose 175
Sinn 173, 179
Sinnerfahrung 174

Sinnerleben 173, 174
Soziokratie 137
Sprenger, Reinhard K. 87
Standardisierung 85
Stechuhr 46, 130
Störung 51, 52
Storytelling 75

T
Tagesgeschäft 165
Talentmanagement 208
Taylor, Frederik 199
Teams 73, 141, 170
Teilzeit 29
Teilzeitquote 30
Think Tank 87, 88
Transparenz 41

U
Umweltgestaltung 179
Unternehmenskrise 173
Unternehmenskultur 138, 140
Unzufriedenheit 196

V
Veränderung 53
Verantwortung 35
Verbundenheit 193
Vertrauen 98, 146
Vertrauensarbeitszeit 130
Vision 175
Vorschlagswesen 86

W
Wachstum 179
War for Talents 204, 205
Wechselentscheidung 227

Wertschätzung 63, 99, 165, 167, 168
Wohlbefinden 179
— Achsen 181
— eudaimonisches 179
— hedonisches 179
Work-Life-Balance 43

Z
Zeit 212, 213, 214
Zeiterfassungssysteme 131

Zeitmanagement 156, 157
Ziele 134, 136, 137
— Spannungsfelder 135
Zielvereinbarungen 134
Zielvereinbarungssystem 135
Zielvorgaben 134, 135
Zufriedenheit 132, 197
Zukunftsgestaltung 53
Zusammenarbeit 141

Endnoten

1. Wir haben uns aus Gründen der einfacheren Lesbarkeit dazu entschieden, an vielen Stellen das generische Maskulinum zu nutzen. Wir möchten jedoch ausdrücklich betonen, dass sich alle Menschen (m/w/d) angesprochen fühlen sollen.
2. Siehe https://scilogs.spektrum.de/positive-psychologie-und-motivation/heisse-leistung-kalte-leistung-warum-wir-leistung-neu-denken-sollten/
3. Siehe https://www.faz.net/aktuell/finanzen/meine-finanzen/vorsorgen-fuer-das-alter/was-spricht-eigentlich-gegen-die-rente-mit-73-14398020.html
4. Siehe https://de.statista.com/statistik/daten/studie/38796/umfrage/teilzeitquote-von-maennern-und-frauen-mit-kindern/
5. Siehe https://www.xing.com/news/articles/fuhrung-es-fuhrt-der-gut-dessen-mitarbeiter-abends-aufrechter-nach-hause-gehen-1263281
6. Siehe http://reports.weforum.org/future-of-jobs-2018
7. Siehe https://blog.xing.com/wp-content/uploads/2018/11/XING-New-Work-Trendbook.pdf
8. Siehe http://docs.dpaq.de/14511-arbeit_solidarita_t_menschlichkeit__190206.pdf
9. Siehe https://www.diw.de/documents/publikationen/73/diw_01.c.526036.de/16-5.pdf
10. Siehe www.respectresearchgroup.org/respekt/definition
11. Ich bin Mitglied des Wirtschaftsforums der FDP. Und ich befürworte Frauenquoten, einen höheren Mindestlohn – und noch ein paar andere Maßnahmen, die gemeinhin als nicht liberal betrachtet werden. Wenn darüber jemandem der Kopf platzt: nicht mein Problem.
12. Siehe https://www.nytimes.com/2018/03/16/health/women-leadership-workplace.html
13. Siehe https://www.gallup.de/183104/engagement-index-deutschland.aspx
14. Siehe https://www.wiwo.de/erfolg/management/entwicklung-von-fuehrungskraeften-solchen-menschen-darf-man-keine-mitarbeiter-anvertrauen/14608668.html
15. Siehe https://hbr.org/2018/08/managers-think-theyre-good-at-coaching-theyre-not
16. Siehe https://www.allbright-stiftung.de/s/Allbright-Bericht-2017-Thomas.pdf
17. Siehe https://hbr.org/2013/08/why-do-so-many-incompetent-men
18. Zitate basieren auf persönlicher Kommunikation.
19. Siehe https://www.focus.de/wissen/technik/wirtschaft-und-geld-maschine-denkt_id_4652036.html
20. Siehe https://persoblogger.de/2019/09/16/recruiting-von-studierenden-wie-digital-muss-es-sein/
21. Siehe https://www.reif.org/blog/kennen-sie-ihre-kosten-fuer-fluktuation/
22. Siehe https://www.hzaborowski.de/2018/08/16/personalauswahl-aus-der-steinzeit-nix-gelernt/
23. Siehe https://en.wikipedia.org/wiki/Chief_experience_officer
24. Siehe https://www.youtube.com/watch?v=vJG698U2Mvo
25. Siehe https://hbr.org/2016/03/28-years-of-stock-market-data-shows-a-link-between-employee-satisfaction-and-long-term-value
26. Selbstverständlich geht es nicht um die Katzenvideos per se. Aber jeder Mensch hat etwas, was ihn zuverlässig glücklich macht. Ich schaue auch gerne kurze Videos von meinen Kindern oder von Heavy-Metal-Konzerten.

Endnoten

27 Siehe https://www.emerald.com/insight/content/doi/10.1108/00483480710726136/full/html. Eine ähnliche Überblicksarbeit aus dem Jahr 2017 kommt weiterhin zu dem Fazit, dass eine direkte Wirkung von Zeitmanagement-Techniken auf die Leistung von Mitarbeitern kaum nachzuweisen ist.

28 Siehe http://science.sciencemag.org/content/331/6023/1447

29 Siehe https://www.sinnforschung.org/mein-lebenssinn/26-lebensbedeutungen

30 Siehe https://www.bernd-slaghuis.de/karriere-blog/studie-karrieretrends-2016-1/

31 Siehe https://en.wikipedia.org/wiki/Six-factor_Model_of_Psychological_Well-being

32 Auswertung Werte im Beruf von 100 Klienten: http://www.bernd-slaghuis.de/karriere-blog/frust-im-job/

33 Siehe https://www.randstad.de/ueber-randstad/news/20180731/warum-wechseln-die-deutschen-den-job

34 Siehe https://www.presseportal.de/pm/102324/3981706

35 Siehe http://econpapers.repec.org/paper/eclharjfk/rwp05-051.htm

36 Siehe https://www.tagesschau.de/inland/lehrerverband-quereinsteiger-101.html

37 Wobei wir anerkennen, dass der sich abzeichnende Klimawandel hier eine große Herausforderung darstellt.

HAUFE.

Ihr Feedback ist uns wichtig!
Bitte nehmen Sie sich eine Minute Zeit

www.haufe.de/feedback-buch